审 判 前 沿 观 察

2012年　第2辑

《审判前沿观察》编委会　编

上海交通大學出版社

内 容 提 要

本书共分专题研究、审判实务、调查分析、改革探索、判案评析、域外法制和研讨纪实等七大板块，主要展示了上海市第一中级人民法院各级法官及兄弟法院就审判实务中的热点、重点和难点问题所作的研究和思考。本书旨在通过研讨案例、分享经验和深化认识来推动司法实务的进步；与此同时，立足于关注法学前沿动态，吸取来自法学界的先进成果，从而构建法学界与司法界交流的平台。

图书在版编目(CIP)数据

审判前沿观察. 2012年. 第2辑 /《审判前沿观察》编委会编. —上海：上海交通大学出版社，2012
（法官文库）
ISBN 978 - 7 - 313 - 09193 - 2

Ⅰ. ①审⋯　Ⅱ. ①审⋯　Ⅲ. ①审判－研究－中国－丛刊　Ⅳ. ①D925.04 - 55

中国版本图书馆 CIP 数据核字（2012）第 265094 号

审判前沿观察

2012年　第2辑

《审判前沿观察》编委会　编

上海交通大学 出版社出版发行
（上海市番禺路 951 号　邮政编码 200030）
电话：64071208　出版人：韩建民
上海交大印务有限公司印刷　全国新华书店经销
开本：787mm×960mm　1/16　印张：19.25　字数：304 千字
2012年12月第1版　2012年12月第1次印刷
ISBN 978 - 7 - 313 - 09193 - 2/D　定价：35.00 元

Contents|目录
審判前沿观察

1

调 查 分 析

改 革 探 索

判 案 评 析

域 外 法 制

研 讨 纪 实

专题研究

信息时代的司法公开
——以上海市第一中级人民法院实践为样本

孙建国 *

党的十七大报告对深化司法体制改革作了战略部署，提出让权力在阳光下运行，要求各级政法机关提高司法透明度，增强司法公信力。最高人民法院《人民法院第三个五年改革纲要》（以下简称为"三五改革纲要"）也指出，司法公开制度改革是重要的改革任务之一。人民法院要深入贯彻十七大报告与"三五改革纲要"意见，努力推动司法公开不断向前发展。同时，随着我国大力推动信息化建设，互联网得到快速发展和广泛应用，我国社会已逐步进入信息时代①，公众获取信息、表达意见的方式有了新改变，对司法公开也有了新期待。人民法院要顺应时代发展，抓住历史机遇，借助信息技术革新司法公开理念、拓宽司法公开领域、提升司法公开质量。近年来，上海市第一中级人民法院在结合信息时代特点，推动司法公开方面作了一定的探索和尝试，不断努力推进信息时代司法公开。

一 信息时代司法公开的实践考察

司法公开是人民法院深入推进三项重点工作的核心内容，也是推动司法公正、提升司法公信、树立司法权威的重要保障。在信息时代，人民法院更要以信息技术为手段、以信息平台为依托，提升信息发布权威性、司法服务便民性，助推司法公开的贯彻落实。

---

* 上海市第一中级人民法院院长。

① 据中国互联网络信息中心发布的《第 29 次中国互联网络发展状况调查统计报告》，截至 2011 年 12 月底，我国网民数量达 5.13 亿，互联网普及率达 38.3%，其中微博用户达 2.5 亿，较上一年底增长 296%。载 http://www.cnnic.cn/research/bgxz/tjbg/201201/t20120116_23668.html，2012 年 6 月 1 日访问。

（一）以司法公开促进司法公信

王胜俊院长强调，新的形势下，人民法院要更加关注网上舆情，及时回应社会关切，不断加强和改进人民法院工作①。在信息时代，人民法院要建设好各类信息平台，公开司法信息，促进互动交流，增进社会共识，提升司法公信。

（1）及时发布司法信息，树立司法威信。互联网集聚传播信息的功能强大，在互联网语境下，公众对司法信息需求不断增大，法院传统的信息发布途径已无法全面满足公众需求。人民法院要借助各类信息技术挖掘信息内容深度，提高信息发布速度，扩大信息传播广度，增强司法工作透明度。同时，互联网不可避免地催生了一些不够准确的信息，并在短时间内形成负面的网络反应，一定程度上影响了司法工作正常进行。人民法院要借助各类信息平台及时发布权威信息，正确引导舆论导向，争取司法公开主动。例如，我院官方网站集庭审信息公开、审务信息公开、网络庭审直播、在线诉讼服务、裁判文书查询等多种功能于一体，我院通过网站全面发布司法工作相关信息，帮助公众了解并认同司法工作。

（2）主动加强互动交流，增进社会共识。在信息时代，人民法院要善于利用信息技术，做到重大问题不缺位、关键时刻不失语，有效传递司法理念，凝聚社会共识，并及时发现、评估和回应公众期待。人民法院要充分借助信息平台，与公众进行有效沟通，主动接受公众监督，更全面地维护公众权利，更深入地树立公正、高效、为民、廉洁的司法形象。例如，我院于2010年在新民网、腾讯网等门户网站开通了官方微博，已累计发布微博500余条；官方微博设"法律咨询"、"法官提醒"、"法院快讯"、"以案说法"、"法律法规"等多个板块，向社会公开司法信息，与公众开展密切互动，取得了良好的成效。

（二）以司法公开保障公众权利

党中央历来重视保障公民的知情权、参与权、表达权、监督权。在2012年全国政法宣传工作会议上，周永康同志也指出，面对新形势，要统筹建设好、运用好传统媒体和新兴媒体，不断增强政法宣传工作的覆盖面和传播力，更好地满足人民群众对政法工作的知情权、参与权、表达权、监督权。

（1）以司法公开信息化建设保障知情权。信息社会是一个大规模生产和使用

---

① 参见王胜俊院长在十一届全国人大五次会议上所作《最高人民法院工作报告》（2012年），载新华网，http://news.xinhuanet.com/politics/2012lh/2012-03/19/c_111672109.htm，2012年6月1日访问。

信息与知识的社会，人民法院在推进司法公开时，要突破原有的信息公开手段，开发新技术，搭建新平台，更快更好地向社会提供司法信息服务。例如，我院在全国法院系统中率先开通"社会公众查阅电子诉讼档案服务平台"，电子档案数据库中共收录了 26 万余卷诉讼档案材料，供当事人调取查阅；我院于 2011 年建立了执行事务中心，拟于 2012 年在官方网站上建立"网上执行事务中心"，为公众提供执行信息查询、财产线索报告、在线咨询等服务，保障当事人在执行阶段的权利。

（2）以司法公开信息化建设保障表达权。党的十七大报告首次提出了公民表达权的概念，主要是指，公民依法享有的公开发表传递思想观点，而不受非法干涉的权利[1]。正如马克思所言："发表意见的自由是一切自由中最神圣的，因为它是一切的基础[2]。"在信息时代，法院要努力为公众了解司法活动，表达合理意见提供方便。例如，我院自主研发了一站式、集约化"在线诉讼服务中心"，为当事人提供案件查询、文书送达、材料收转、证据交换、委托鉴定、判后答疑等服务，被社会称为我国首家"网络法院"，该"中心"还设有"在线咨询"、"院长在线"、"判后答疑"等板块，供公众发表意见、主张诉求。

（3）以司法公开信息化建设保障参与权。随着我国政治现代化程度的提高，公民的政治参与范围也会不断扩大，其中当然包括对司法工作的参与[3]。亚里士多德曾说过："公民的本质是凡得参加司法实务和治权机构的人或凡有权参加议事和审判职能的人[4]。"在信息时代，人民法院要积极扩大当事人参与司法活动的范围，完善当事人参与司法活动的途径。例如，我院于 2007 年底启用了远程审判系统，使案件当事人能在远程法庭参加庭审、提审等审判活动，提高了诉讼效率、避免了当事人因各种障碍无法参加审判的情况，保障了当事人的司法参与权。截至 2011 年底，我院共利用远程审判系统审理案件 1167 件（次），涉及刑事、民事等类型，审判效果与社会效果俱佳。

（4）以司法公开信息化建设保障监督权。司法权来自于人民，应当接受人民的监督。信息化时代，公众行使监督权的意识不断增强、手段不断多元，在司法工作中，人民法院要顺应社会变化，为公众监督提供便利，做到行使权力与接受

---

① 章舜钦：《和谐社会公民表达权的法治保障》，《法治论丛》2007 年第 7 期。
② 马克思、恩格斯：《马克思恩格斯选集》（第 11 卷），人民出版社 1995 年版，第 573 页。
③ 参见王雅琴：《公民参与权及其保障思路》，载《理论探索》2011 年第 6 期。
④ ［古希腊］亚里士多德：《政治学》，吴寿彭译，商务印书馆 1983 年版，第 109—113 页。

监督的平衡、履行职权与遵守职责的平衡。例如，我院大力推行网络庭审直播、裁判文书上网等制度，公众可以通过观看庭审直播、检索裁判文书监督审判工作：2011年，我院共利用网络媒体开展106次庭审直播，公布裁判文书7631篇，供公众查阅监督；同时，我院非常重视公众的监督意见，对于公众指出的错误，及时分析改正；对于公众提出的建议，及时研究内化。

二 信息时代司法公开的利益协调

近年来，最高人民法院发布了多项司法公开规范性文件，强调要在司法公开中处理好不同利益的关系①。在信息时代，司法公开中的利益冲突主要表现为公众司法参与权利与社会公共利益的冲突，以及民意表达权利与司法审判规律之间的冲突，人民法院要以多维价值理念协调好各种利益，把握好公开尺度。

（一）司法活动参与权利与社会公共利益的协调

司法公开中，人民法院要保障公众的知情权、表达权、参与权、监督权等司法活动参与权，也要维护国家秘密、审判秘密、商业秘密、个人隐私等社会公共利益，这容易引发利益冲突。在信息时代，借助互联网的信息传播扩散，此类冲突越发频繁，人民法院要主动改进工作机制，妥善平衡不同主体的诉求。

（1）深入认识各项利益的统一性。司法活动参与权与社会公共利益均是社会主义司法体系的重要保障对象，两者在本质上是统一的。一方面，保障司法活动参与权，是推进司法民主的需要。在信息时代，公众对司法活动的态度已从被动旁观向主动参与转变，期待更多地参与司法过程、了解司法运作、感受司法实践②；尤其是在互联网上，公众期待参与司法活动的诉求将被成倍放大，当诉求得不到满足时，也更容易引发普遍关注。人民法院要强化"为大局服务，为人民司法"的工作理念，完善各项便民措施，保障公众的司法活动参与权，推动司法民主不断发展。另一方面，保护社会公共利益，是维护司法公正的需要。司法公正的基本内涵，是要在司法活动的过程和结果中体现公平、平等、正当、正义的

① 参见《关于司法公开的六项规定》、《关于人民法院接受新闻媒体舆论监督的若干规定》、《司法公开示范法院标准》、《关于人民法院在互联网公布裁判文书的规定》、《关于人民法院直播录播庭审活动的规定》等规定。
② 公丕祥：《挑战与回应：有效满足人民群众司法新需求的时代思考》，载《法律适用》2009年第1期。

精神，这意味着司法活动必须保护审判秘密、国家秘密、商业秘密、个人隐私等对社会至关重要的利益，维护司法公正。

（2）有效协调各项利益的差异性。司法公开过程中，司法活动参与权与社会公共利益的冲突主要表现为，某些情况下，人民法院公开的工作信息、庭审过程、裁判文书可能会泄露国家秘密、商业秘密、个人隐私、审判秘密，损害社会公共利益。一方面，人民法院要注意规范司法公开程序，通过严格的工作程序协调不同利益间的冲突，做到"到位不越位，有为不滥为"。例如，我院根据上级法院的相关规定，专门制发《关于上海市第一中级人民法院生效裁判文书上网发布工作常态化处理相关事项的通知》，规范了裁判文书上网工作，明确了不予上网文书的范围及审批程序。规范的程序既保障了公众的司法活动参与权，也维护了社会公共利益。另一方面，人民法院要注意规范司法公开内容。司法公开的目的在于促使司法权在阳光下运行，而不在于暴露国家秘密、商业秘密、个人隐私、审判秘密，法院要利用技术手段屏蔽不宜公开的信息。近年我院建立完善了"裁判文书选编系统"，整合了全院裁判文书预选、审核、发布功能，采用技术手段，在保证文书内容连续性、完整性的前提下，隐去相关信息内容，避免不恰当的公开。

（二）民意表达权利与司法审判规律的协调

随着我国现代化发展与法治化进程不断深入，公民权利意识不断觉醒，人们开始注重维护个人权利，也开始注重履行公民义务[1]。在信息时代，公众越发广泛地关注社会热点事件，积极利用各类信息渠道表达意见与诉求。在当前社会矛盾多发的背景下，各类司法判决始终是公众关注的焦点，一些与法院裁判相左的言论容易在互联网上生成，经过发酵传播，最终对司法工作产生影响。人民法院要处理好民意表达权利与司法审判规律的关系，既要倾听社情民意，接受舆论监督，也要保证依法审判、公正执法。

（1）保障表达权利，吸纳公众合理意见。在一些情况下，司法案件成为社会关注焦点并引发公众负面评价，原因在于司法机关审判过程不透明、发布信息不及时。人民法院要主动走上信息发布前台，减少公众对司法工作的误解：一是要尊重公众的信息获取权，利用信息平台，及时发布工作信息，压缩不实消息的传播空间；利用庭审直播，全面公开审判过程，建立公众对司法工作的信任；利用

---

[1] 朱立恒：《法院裁判与民意冲突的法理解析》，载《政治与法律》2011年第4期。

网络数据库，广泛公布裁判文书，加强司法工作的透明度。二是要尊重公众的意见表达权，要改变以往"怕舆论、躲舆论"的思想，主动听取公众意见，认真分析民意诉求，对于合理性的内容，要敢于吸纳、积极回应；对于建设性的意见，要认真研究，适时内化为工作规则，转变为进步动力。

（2）坚持司法规律，引导社会舆论导向。在另一些情况下，公众对司法工作产生误解，原因在于媒体报道不全，消息传播不实，公民法律认识不足①。在互联网上，上述因素的影响将被成倍放大，更容易产生监督失序、信息失实、恶意炒作等现象，出现以非理性舆论干预审判的问题，给司法公信和权威带来冲击②。人民法院要积极引导公众客观看待问题，为司法工作营造理性平和的法治舆论氛围：一是要主动引导社会舆论。借助信息平台，通达社情民意，宣传法院工作，传播法律知识，弘扬法治精神，引导公众增强法治意识，尊重人民法院的宪法地位，支持人民法院依法开展的审判执行工作，鼓励依法监督司法工作。二是要坚持依法公正审理。面对部分不全面、不客观、不理性的言论，人民法院也要增强抗压能力，敢于排除不当干扰，确保司法程序、司法裁判的公正性，维护最广大人民的根本利益。

三 信息时代司法公开的机制完善

司法公开是促进司法民主的重要基础，实现司法公正的基本保障，树立司法公信的重要途径，体现政治文明的重要标志，确保司法廉洁的有效手段。在信息时代，人民法院要把司法公开提升到一个更高的层面，完善信息平台各项功能，以先进的科学技术促进和深化司法公开；健全配套保障机制，以长效的工作机制保障和落实司法公开。

（一）强化信息公开功能，提升司法公开质量

在信息时代，公众对司法公开的新要求包括：信息公开更充分，互动交流更恳切，司法服务更全面。为此，人民法院要与时俱进，不断探索司法公开新方法。

---

① 朱立恒：《国外法院裁判与民意冲突解决的基本经验》，载《比较法研究》2012年第2期。

② 沈德咏在第七次上海合作组织成员国最高法院院长会议上的发言：《司法与传媒在互联网时代的良性互动与科学发展》，载 http://www.legaldaily.com.cn/index/content/2012-04/25/content_3527803.htm?node＝20908，2012年6月5日访问。

(1) 强化信息发布功能。一是要完善信息公开平台。我国法院大量开通了官方网站、官方微博,但信息平台建设整体水平还不高。调研发现,我国仅有 11 个省、自治区、直辖市的中级法院建有有效网站;人民法院工作信息、诉讼指南、审判信息、执行信息乃至司法统计数据的公开情况总体上不理想①。人民法院要加强网站版面设计,提高信息平台的易用性;减少杂乱无关信息,注重信息公开的便民性。二是要提升信息发布质量。一方面,人民法院要保证信息的充实性,全面公开司法工作、案件审理、执行工作等当事人关注的信息,并适时研究公开审判部门职能信息、审判工作人员信息、年度工作报告等信息,如广东、海南、河南等省高级人民法院等已率先作出尝试,其做法值得研究探索。另一方面,人民法院也要保证信息的严肃性,在发布各类信息时要明确自身定位,要避免流于形式,也要避免哗众取宠。在这一点上,国外先进经验值得借鉴,如英国最高法院的微博内容主要包括庭期日程表、最新判决链接地址、官方声明或法庭通讯,并且明确不提供法律服务,不讨论已公布判决,不谈论政党政治议题②。

(2) 强化互动交流功能。"三五改革纲要"强调,要研究建立人民法院网络民意表达和民意调查制度,方便广大人民群众通过网络渠道直接向人民法院提出意见或建议。因此,人民法院要搭建互动平台,转变沟通模式,提升交流效果:一是要从单向传播转变为互动沟通。在信息时代,公众已不再满足被动地接受信息,人民法院要允许公众评价司法工作,鼓励公众提出意见建议,反馈公众各项诉求,要在交流中传递信息、在沟通中形成共识。二是要从层级沟通转变为平等沟通。在互联网上,只要法院或法官言论失当,即有可能遭致公众的批评与质疑,人民法院要具备平等意识与对话能力,与公众进行诚恳沟通;具备包容意识,接受公众的合理批评;具备民意收集意识,吸收公众的意见建议。

(3) 强化司法服务功能。人民性是中国特色社会主义司法制度的本质属性,强调以人为本是人民司法的光荣传统③。在信息时代,人民法院也要坚持人民性,

---

① 中国社会科学院法学研究所法治国情调研组:《中国司法透明度年度报告 (2011) ——以法院网站信息公开为视角》,载李林主编:《中国法治发展报告 (2012)》,社会科学文献出版社 2012 年版,第 260 页。

② 葛峰:《英国最高法院谨慎发微博》,载 http://www.infzm.com/content/75525,2012 年 6 月 10 日访问。

③ 齐奇:《统筹八项司法　服务科学发展》,载《人民司法·应用》2009 年第 15 期。

更好地提供司法便民服务：一是继续做好诉讼便民服务。要利用网络平台，为公众提供立案、审判等流程的司法服务，便于当事人参与诉讼，行使权利。二是逐步拓展执行便民服务。执行工作是维护当事人诉讼利益的重要保障，也是司法公开的重要组成部分。人民法院要进一步公开执行工作，增强执行工作透明度。

（二）完善配套保障机制，强化司法公开成效

为保障司法公开信息化建设长效落实，人民法院要加强司法能力培养，从源头夯实司法公开基础；强化管理评估机制，从过程保障司法公开落实；加强救济机制建设，从事后约束公开不当行为。

（1）注重司法能力培养。"三五"改革纲要①指出，深化人民法院司法体制和工作机制改革的目标之一，是着力解决人民群众日益增长的司法需求与人民法院司法能力相对不足的矛盾。在信息时代，法官要主动提升各项能力，促进司法公开的法律效果与社会效果统一：一是要提高审判工作能力。提高法律认知能力、矛盾化解能力，保证司法公开结果公正；提高庭审驾驭能力、文书制作能力，保证司法公开形式得当。二是要提高群众工作能力。当今社会，人们思想活动的独立性、选择性、多变性、差异性明显增强，人民法院要提升群众观念，增进为民意识，贴近公众需求，提供全面的司法服务；提高大局把握能力、舆情应对能力，关注社会热点，引导公众客观认识司法工作。

（2）强化管理评估机制。人民法院要在完善司法公开管理制度上狠下功夫，以科学的管理保障司法公开不断深入：一是要建立有效的管理机制。要规范考核管理，保障各类信息平台成为发布信息、汇集民意的长效平台；订立工作规则，指导司法公开各项工作措施得当、成效显著；组建专门队伍，为司法公开信息化建设提供人力、物力保障。我院即于 2011 年组建网络宣传科，负责维护官方网站，更新官方微博，落实庭审直播，搜集网络舆情等工作，为司法公开提供智力保障。二是要建立科学的评价机制。要探索建立科学的评价机制，检验司法公开成效，推动司法公开进步。评价机制要体现司法规律，也要反映公众感受；要能反映实际情况，也要指明未来发展方向。

（3）加强救济机制建设。司法公开既是一项法律制度，也是当事人的诉讼权

---

① 最高人民法院 2009 年 3 月 25 日召开新闻发布会公布了《人民法院第三个五年改革纲要（2009～2013）》（简称"三五"改革纲要）。

利，人民法院未公开相关信息时，要赋予当事人寻求救济的权利，要完善现有救济机制，使公众认为权利被侵害时有"异议机制"，提出诉求后有"审查机制"及补救措施。同时，司法公开涉及审判工作整个流程，各流程的公开要求不一致，对公众权利保护的侧重也不一致，救济机制要考虑到不同流程公开的具体情况，设置不同的救济方法。

从宏观到微观：
法院信息化建设路径探析
——以效益最大化为目标

信息化随着信息技术的飞速发展而产生，信息化程度已成为衡量一个国家综合国力的重要标志。法院置身于社会进步的洪流中，不能逆势而动、停滞不前，只能遵循事物发展的客观规律，顺势而为，"量体裁衣"，打造符合自身特色的信息化工作模式。

一 宏观层面：对法院信息化的深化认识

法院的工作职责是执法办案，化解矛盾纠纷，促进社会和谐稳定。随着经济社会的快速发展，案件急速增长，公正与效率之间的平衡愈发难以驾驭，法院工作面临严峻挑战，因此，需要借助一些手段、一些工具、一些方法来优化流程，提高效率，以确保公正和效率。

（一）为什么信息化

（1）外部因素。信息技术的迅猛发展，为法院信息化建设提供了充足的可供选择的硬件、软件资源和客观条件。同时，法院所占有的公共资源需要与社会其他资源共享、互动、对接，在外部环境已悄然发生信息化变革的大背景下，法院如果仍坚持纯手工的办案模式，在与其他社会资源对接时，传统模式与信息化模式之间的信息资源转换将增加大量社会成本，这就背离了社会发展的趋势和潮流。因此，"司法产品"的生产过程也应经历信息技术的洗礼。

（2）内部因素。从 20 世纪 90 年代开始，特别是 2000 年以后，法院案件数量呈现出大幅增长趋势，而办案法官远无法跟上案件增长的步伐[1]。与此同时，传

---

[1] 例如，从 2006 年到 2012 年，全国法院审执结案件数量从 855.5 万上升至 1221.4 万件，而法官人数停留在 19 万上下。参见最高人民法院网，http://www.court.gov.cn/qwfb/sfsj/201103/t20110324 19082.htm，2012 年 7 月访问。

统办案模式的效率尚比较低，短期内难以满足案件数量增长的需求，在无法削减案件数量的前提下，法院只能从管理模式、办案方式等方面寻求突破路径。信息化模式与传统办案方式相比，因借助先进的信息技术，可实现办案、办公方式与信息技术的深度融合，为工作效率提升提供了大幅增长空间。同时，法院的管理理念、管理模式也与时俱进，需要借助信息化手段才能更加迅速高效地履行职能，从而为发展创造更为宽广的平台。

（二）效益提升：信息化于法院工作的功能展望

信息化带来的最大收益之一就是效率的大幅提升，即用尽量少的资源取得尽量多的工作成效。如果把整个法院工作视为一个生产流水线，裁判结果无疑就是流水线上的产品。信息化是影响流水线运转效率的一个重要因素，与操作员的熟练程度、流水线的科学程度、老化程度等诸多因素共同影响流水线的生产效率和质量。信息化对于法院工作的影响，需从厘清以下三种关系入手。

（1）信息化与执法办案。执法办案是法院工作的核心，信息化也是重点围绕执法办案展开。目前，重庆法院执法办案的信息化主要是审执质效管理的信息化，仍停留在信息海量录入阶段，这样虽能够初步实现数据自动采集，综合分析研判审判态势，但由于信息化水平偏低，重复录入、补充录入大量存在，有时因系统存在漏洞，还存在数据失真现象。另一方面，一线办案法官，尤其是书记员的工作量不降反增，因为目前信息化的效果仅在于方便流程管理和决策者掌控态势，信息录入和数据采集仍需手动操作，且重复操作大量存在。

表1　重庆一中院关于审管系统对于工作量增加的问卷调查[①]

影响程度	弃权	不清楚	没有增加	一定程度增加	大大增加
数值	47	31	40	517	525
所占比例（％）	4	3	3	45	45

以上现象都是信息化建设初期必须经历的"阵痛"，执法办案的信息化，不仅仅是方便流程管理、决策分析，而降低办案力量的录入工作量，提高信息的准确

---

① 重庆一中法院以市高法院发布的信息化建设情况调研提纲为蓝本，在辖区两级法院开展了对信息化建设情况的问卷调查，本次调查共计发出问卷1306份，收回有效问卷1160份，调查率为88.9％，调查对象包括两级法院的院领导、中层干部、其他法官、书记员和部分后勤综合人员，基本覆盖日常使用信息化系统的人员。

性、有效性才是根本。信息流转顺畅才能带来执法办案质的提升，为实现这一目标，应通过软件信息系统的科学设置，让信息仅需一次性录入（高层级的信息化可实现自动采集信息），并通过信息资源共享，实现案件信息系统与数字化法庭、电子立案、送达、信访等功能模块的整合。

（2）信息化与政务管理。法院虽为审判机关，仍有大量行政性事务需要处理，主要包括文件起草、审批、流转，宣传，档案管理，装备管理，后勤保障等方面。与执法办案不同，政务管理的行政性、管理性更强，其信息化改造的进程比执法办案更为顺畅，因为，当前政务管理的信息化对数据资源的共享和分析研判的要求较低，各个模块之间的整合仅需实现互通即可。由于要求相对较低，重庆法院OA系统运用比率和档案数字化程度两个方面相对较好。但是，政务管理信息化系统的功能模块并未全部启用，没有涵盖政务管理的各个方面，传统办公方式与信息化办公方式同时存在，仍是当前存在的主要问题。

表2　重庆一中法院关于OA系统模块设计科学性的问卷调查①

原因	其他	跟实际工作对接不畅	程序瑕疵较多	操作过程繁琐
数值	94	464	333	451
所占比例（%）	8	40	29	39

政务管理的信息化，工作效率的提升效果更为直接、明显，对执法办案也将起到保障作用。随着信息化的深入推进，法院工作对现代化办公、通信工具依赖程度不断加深，政务管理的信息化更应从适应现代化功能和流程再造着手，构建符合现代化要求的办公流程和功能模块，实现工作效率的大幅提升。

（3）信息化与队伍建设。人始终是推动事物发展的主体因素，信息化建设需要兼具法学功底和开创意识的年轻人，以及经验丰富但又与时俱进的资深法官来共同推进。除此之外，从另一个角度来讲，法院信息化建设需要两类人，一类是使用者，即法官、书记员和其他干警，另一类是维护者，即专业技术人员。前者决定了信息化的推进程度，后者则决定了信息化的推进水平。对于前者而言，主

---

① 重庆一中法院以市高法院发布的信息化建设情况调研提纲为蓝本，在辖区两级法院开展了对信息化建设情况的问卷调查，本次调查共计发出问卷1306份，收回有效问卷1160份，调查率为88.9%，调查对象包括两级法院的院领导、中层干部、其他法官、书记员和部分后勤综合人员，基本覆盖日常使用信息化系统的人员。

要依赖对信息化的充分认同和基本技巧的熟练掌握，后者则需具备较高的专业技术水平和看问题的独到眼光。

另外，信息化对于队伍建设的积极作用，应从业绩考核、学习培训、廉政监督等方面进行构建和完善，由于审判工作的信息化要求更为迫切，这块工作相较执法办案、政务管理重视程度较低，导致信息化程度较低。实质上，队伍建设的信息化，与执法办案、政务管理的信息系统紧密相连，要实现考核、培训功能的延伸，其信息源都要从前述系统采集，才能实现对人的信息化管理，队伍建设的信息化，要通过法院内部所有信息化系统的整合才能实现，其要求较前者更为苛刻。

二 微观层面：法院信息化建设的价值分析

如前所述，信息化建设的目的在于实现工作效益的最大化，根据"信息流"理论，信息化过程中，信息是以"信息粒子"形态存在的。信息粒子流转越快，在系统运转中消耗的能量越少，信息就越具有价值。法院信息化建设亦应体现这种价值。

（一）信息价值公式的提出

$$\text{Valueinf} = \lambda \times Q \times P \times 1/T\text{[①]}$$

Valueinf 指信息流价值，也是信息流所具有的综合价值，包括经济价值和非经济价值。笔者认为，信息流价值在法院信息化建设过程中体现为公正高效的处理矛盾纠纷，并取得良好的法律效果和社会效果，由于法院是非盈利性机构，这种价值对于法院而言是非经济性的，但对于社会而言，是可以通过经济价值来衡量的[②]。具体而言，λ 是综合扰动系数，与管理模式、信息系统质量、信息系统覆盖面、外部环境因素有关，具有动态、复合等特征。Q 代表信息流中的信息量，容量越大，管理决策的准确度越高。T 代表信息在系统中的停留时间，包括等待和处理时间，P 则代表管理系统所具有的信息处理能力。

[①] 引自王谦、黄双喜、郑铁松：《面向信息化效益评价的信息流价值微观分析》，载《制造业自动化》2007 年第 12 期。

[②] 法院公正、高效的处理矛盾纠纷，让社会秩序趋于有序，各方经济利益得以平衡，正是基于法院对权利的保护，各方主体的合理、合法的可期待利益可以顺利实现，而这种利益大多可以用经济价值来衡量。

（二）理论分析：各项指标于法院工作的映射

（1）管理理念与信息系统的融合。在法院信息化建设初期，存在两个管理平台，一个是信息化操作平台，另一个是管理者平台，二者互不交集，独立存在。信息需要不断重复录入，才能在二者之间实现流转，因此，需要耗费大量的人力物力，这也是信息化建设初期工作量不降反增的主要原因。信息化是实现管理的重要工具之一，管理理念决定信息化建设的覆盖面和深入程度，决定信息化建设的模式与方向。

对法院来说，最高层级的信息化，即是审执流程管理系统，政务工作管理系统等信息化管理系统与实际操作趋于一致，让实际工作与信息系统合二为一，实现"信息粒子"的零距离跃迁。当然，这是一种理想状态，信息化建设正是在向这一状态无限趋近，而这一过程受制于法院管理理念的科学程度，以及社会公众对电子文书、电子证据等以信息技术形式展现媒介的认可接受程度等诸多因素影响，仅凭法院一己之力难以实现。要实现这一目标，法院能够做出的努力即是不断更新自身的管理理念，让管理理念始终符合法院建设的基本规律，最大限度的让信息系统取代手工操作，并随着社会公众对信息技术接受水平的提升，推广信息技术在执法办案、法院管理过程中的应用领域。

（2）信息量与信息处理能力。信息量与信息处理能力可决定两个方面，一是可供决策和参考的信息的范围和准确度，二是在信息系统中滞留时间的长短，即"信息粒子"向工作成效转换过程的长短。信息技术的快速变革，让大容量数据库和快速处理信息在软件、硬件上成为可能。

对于法院信息化建设而言，运用信息化手段提高决策水平和工作能力，绝非仅仅取决于软件和硬件的质量。法院信息化建设过程中，对信息量的掌控主要取决于两个方面：一是案件、档案、公文等的绝对数量，这与当地经济社会发展水平，即纠纷发生频繁程度，以及法院本身的体量大小等因素有关；二是信息系统对信息的分析反映能力，表现为信息系统能对在其中存储、运行的信息进行系统归类，并能根据需要，对一段时间审执质效进行精确、快速的态势分析，如某类案件数量的突增或骤减，某个业务条线结案天数、结案数量的波动等。

信息处理能力取决于三个方面，一是法院干警对信息系统的操作熟练程度，需要随着技术的不断更新，及时开展技能培训，并在日常工作中，积淀信息化的工作经验和工作习惯。二是信息系统宏观建设规划，信息系统软、硬件架构要满足当前和今后一段时期办案、办公需要，尽可能缩短"信息粒子"的运转路径，并提高系统的信息处理速率。三是信息系统的及时维护。应实时监控、检测，提高日常养护频率，并储备足够的技术力量独立化解较高层次的技术问题，能够快速排除故障恢复系统稳定。

（3）外部环境与主观因素。这两个要素是最不容易把握的不确定的因素。"外部环境"主要指独立于信息系统的法院环境，法院环境又包括法院内部环境和法院外部环境。法院内部环境主要包括对信息化的认知水平，勤勉、廉洁的工作作风，团结向上的精神风貌等；法院外部环境，主要包括社会公众对法院裁判过程、结果的认可程度，影响性诉讼的舆论围观，以及对以信息化形式呈现的电子证据、电子文书的接受程度等。环境因素的不确定性将扰动信息化建设的理念，并影响一定时期信息化建设的方向和具体案件的操作流程。

主观因素，指信息化建设参与者思想意识层面的东西，与个人素质息息相关，具体表现为一种工作态度，主要包括全院干警对信息化建设的接受程度，对法院工作的认同感和从事工作的积极性等。主观因素与外部环境检验着信息化建设客观方面的科学程度，并且难以被法院自身掌控，若要二者对信息化建设产生积极影响，应从树立司法权威、司法公信等宏观层面着手，推动法院各项工作均衡发展，并充分发挥"人"在法院建设过程中的主观能动性，努力提高干警的综合素质，确保案件处理的法律效果、政治效果和社会效果有机统一。

三　建设方式：法院信息化建设的具体架构

在明确为什么信息化，信息化于法院的作用之后，笔者结合实现信息化价值最大化要素，探析法院信息化建设的路径。

（一）设计理念：法院信息化建设的三种意识

信息化是一种工作流程、工作方法、管理手段，信息化本身没有什么价值可言，只是一系列技术的集合体，只有在一定理念指引下，才能发挥其积极作用。法院信息化建设必须首先解决意识层面的问题。

（1）工具意识。法院的工作职责是化解矛盾、定分止争，信息化建设须遵循司法规律，围绕"执法办案"这个主题开展。无论是对审执程序的信息化改造，还是对政务管理、队伍建设信息化进程的推进，最终的落脚点都是法院的本职工作。法院工作可以通过信息化手段量化，但是法院工作不仅仅是数字，信息化是工具，只能促进工作，不能完全替代工作。如果信息化手段替代了实际工作，那就是脱离实践的虚无主义，在实践中就体现为，只重形式管理而不重视实质管理，只重视数据的堆砌，而忽视实质效果的提升。因此，信息化建设，必须要把握好"事"与"器"的关系，不能唯信息化论，不能因为"数字游戏"的"成效显著"忽略了法院的其他实体建设。同时，对于工具，要学用、懂用、善用。

（2）全局意识。"全局"包括两个方面，一是经济社会发展的全局，二是法院工作的全局。信息化建设是法院工作的重要方面，当前经济社会发展对司法功能的需求程度，是推进信息化进程不可忽视的关键问题，信息化建设要尽量满足这种需求。从法院工作全局的角度来看，一方面是建设过程中要贯彻服务决策、服务一线、服务公众的总体理念，另一方面是在各地法院信息化建设自成一路、"各自为战"的大背景下，各地法院都要突破一级法院、一个地区的本位主义思想，在向先进地区看齐的情况下，努力实现全国法院信息化系统的融通。

（3）创新意识。创新是推动事物发展的源动力，信息化建设是一项长久工程，信息技术在不断更新，管理理念也在迅速变化，只有创新才能与时俱进，保持生机，具体而言，包括理论创新、机制创新和技术创新三个方面。理论创新解决思想观念、意识形态的问题。理论创新是先驱，先有理论才能指导实施，应充分结合法院的具体工作，并引入法学、经济学、管理学理论，确保理论的结构单元科学而扎实。机制创新解决管理手段，具体操作层面的问题。机制创新应在科学的建设理论指导下，对各个层级的流程、权限等进行规制，保障信息化建设的顺利推进和信息粒子的流畅运转，最大限度克服环境和主观因素的干扰。技术创新解决装备水平、信息系统运转效率的问题。技术创新需要对当前信息系统的风险、隐患有足够的认识，并借助专业力量，在系统架构上向更加便捷高效的方向发展，确保信息系统的稳定性。

（二）主体因素：积淀信息化工作模式

信息化工作模式的养成也并非一朝一夕，需要不断总结和逐渐积淀，影响、改造行动主体就是先决条件。

（1）加深信息化认知。如前所述，人是推动信息化进程的关键要素，对信息化建设的认知水平，决定信息化建设的推动阻力。受传统观念、工作惯性影响，在信息化建设初期录入量大幅增加的情况下，加之有些年长法官对新兴事物接受程度较低，信息化推进的阻力显而易见。因此，在信息化建设初期，提高信息化的认知水平尤为重要。首先要扭转思想观念，法院信息化是趋势，是方向，不会发生倒退，传统的办案、办公模式会逐渐被信息化工作方式取代。其次要强化教育培训，认识信息化建设的重要意义，并对信息化软件有足够清晰的了解，能够及时反馈使用过程中遇到的问题。最后要养成信息化工作习惯，及时录入、上传、处理信息系统中的工作信息，减少信息在系统内的停留时间。

（2）领导强力推动。虽然信息化建设是不可逆转的潮流，但在前进的过程中，总存在各种各样的制约因素，如不及时加以解决，就会像逆水行舟一样，逐渐远离信息化建设的目标。因此，要清醒认识到信息化建设不仅仅是开个会、跟个风而已，而是一项长期的系统工程。在法院内部，信息化建设覆盖法院工作的方方面面，如没有"一把手"的强推硬逼，启动、运行中的"摩擦力"就难以克服。各个层级的领导干部也要率先垂范，当好"助推手"和"润滑剂"，及时化解推进过程中的各种问题。同时，需要由"一把手"担纲成立一个强有力的机构来发现、搜集和解决信息化建设过程中的问题，并从机制和技术层面予以充分保障，确保信息化建设的"健康"推进。

（3）营造良好环境。环境会影响人，改造人，有利于信息化发展的内外环境，更加有利于挖掘潜力和发挥主观能动性，而良好内外环境的营造，则涉及法院的全面工作。如本文第二部分所述，环境因素的可控性较低，特别是法院的外部环境与司法公信、司法权威息息相关，社会公众对司法裁判公正高效的期待一定程度代表了信息化建设的目标，而在实现这个目标过程当中的信息化建设，也将反作用于司法权威的树立。相比之下，法院内部环境的营造更具有可控性，可通过加深认知、领导推动等主动因素加以影响，甚至可以将其作为法院文化建设的重要内容，提炼成一种精神，升华为一种自觉，在潜移默化中形成科学的信息化工作模式，从而达到较高的信息化水平。

（三）高度匹配：管理模式与信息系统的深度契合

无论是信息化工作模式的养成，还是信息化经验的积淀，抑或是信息化意识的培养，都可以纳为管理的范畴，因此，信息化最终是管理的信息化。信息化管理虽然是信息化建设最高层级的要求，管理模式与信息系统的契合程度却仅仅是信息化建设的一个重要方面。

（1）设计理念的契合。前文已经论述，管理模式与信息系统的契合程度，将决定信息化建设的最终效益。在架构信息系统时，就应充分考量法院管理模式的手段、目的、方法，而法院管理，是通过制度、机制的设计和执行来实现的。制度通常是从宏观、中观、微观三个层次进行设置，信息化系统也应一一对应满足三个层次的管理需求，从整体态势到具体某个数据的采集运用都应充分具备，确保实质管理与信息系统完全重合。另外，执行是实现管理目标的重中之重，信息系统的架构也应满足到时提醒、时间数据及时采集、动态考核指标及时体现等制度落实执行的要求。

（2）流程节点的契合。流程节点契合，主要取决于信息系统细节设置的科学程度。流程节点是上一程序的结束和下一程序的开始，是影响工作效率的关键要素。理论上讲，信息化让办案、办公流程节点的转换速率大幅提升，而实际操作中，一味追求传统模式与信息化模式的融合，并不能达到理想效果。因为，信息化对流程节点设置的科学性提出了更高的要求。信息化建设是对传统办公、办案模式的一次变革，某些在传统办案、办公模式下的流程节点，在信息化条件下是否还有必要存在，即传统模式下的节点是否科学本身就有待考究。因此，信息化系统的流程节点不能简单地与现在实际操作流程一一对应，其参照标准显得十分模糊。笔者认为，流程节点的契合，应以实现效率提升最大化为最终标准，且这种契合应是动态变化的，实时以有利于效率提升为原则进行调整。

（3）层级权限的契合。实际就是管理权限的契合，管理者在管理模式下扮演着主导者的角色，在法院管理体系中，管理主体主要包括院长、庭长及行使管理权的相关部门。信息化建设过程中，信息系统应充分满足管理者的管理需求，因为管理者的决策能够决定重大事项，影响法院的发展方向。信息系统可以通过设置赋予管理者管理权限，而这种权限的设置要求，取决于信息化建设的发展阶段。在较低水平的信息化建设阶段，仅仅停留在案件、文件的签批，重大事项的审批，因为信息系统还不足以反映和替代所有工作，各个方面都还有待完善。在较高水平的信息化建设阶段，管理者权限应根据不同层级的需求，任意提取所在层级能够提取的信息，自动生成可供参考的资料，为决策提供帮助，并且管理权限设定应该是开放性的，可以根据需求实时调整。

（四）资源共享：串联孤岛实现高度信息集成

高度信息集成，是信息化建设的最高发展阶段，是为了解决信息孤岛而产生。集成的每一个过程都是以减少手工处理，增加信息系统覆盖范围为特征的信息化过程。

（1）资源共享和模块整合。信息化建设初期，信息化在面上铺开，满足功能需求是主要目的和当务之急，着重解决"从无到有"，因而形成了一个个"信息孤岛"。随着信息化建设的不断深入，从一个"孤岛"到另一个"孤岛"的"信息跃迁"将耗费额外的精力，从而制约信息化功能的发挥，打破"孤岛"就成为需要关注的焦点。高度信息化的标志是信息应用的集成[①]，资源共享和模块整合是向应用集成进化的关键步骤。

资源共享包括内部资源共享和外部资源共享。从法院内部来讲，资源共享的最高阶段是全国法院信息系统的互通共享，然而通过技术手段，突破各地法院软件平台的壁垒不太现实，由最高人民法院统一开发软件不仅成本太高，而且要造成不必要浪费，因此，目前实现这个目标比较困难。就可实现的目标而言，指导性案例、全国性法律法规数据库建设是完全可行的，正如前文所述，信息化与法院工作是作用与反作用的关系，信息化仅是工具，最终落脚点是法院实质工作的推进，建设指导性案例、全国性法律法规数据库，对服务一线和公众都大有裨益，有助于司法权威和公信的提升。外部资源共享，一方面包含了司法公开的部分内容，即与社会公众的信息共享，另一方面则主要指法院所占有的信息资源能与其他职能部门之间的交流互动，并在可共享的范围内，最大限度地提升信息交换速率和交流范围。例如执行领域，法院与工商、税务、公安、银行等机关部门的资源互通，实现执行财产的集约化查询，并将这种资源在法院系统内部实现共享。

软件模块的整合，主要是在可以融合的各个信息孤岛之间，实现系统之间互联互通和信息共享，让审判、执行、信访等系统数据突破各个系统之间的屏障，能够相互关联，确保关联案件信息可以被查询，为案件办理提供全方面的数据信息支撑，避免因个案和系统分类导致案件处理上出现不统一，这种整合，也是短期内提高信息化等级的有效方式。

（2）突破自身障碍。信息化建设不仅需要科学的理念指导和科学的远景规划，也需要突破信息化系统自身的一些障碍，因为这些障碍的存在会实际影响信息化集成的过程。

[①] 王谦、黄双喜、郑铁松：《面向信息化效益评价的信息流价值微观分析》，载《制造业自动化》2007年第12期。

一是确保硬件可靠。硬件是信息化建设的基础，信息技术的迅速发展，大容量的存储设备，高速计算机为信息化的高度集成提供了可供选择的资源。然而，信息高度集成并非短期内就能够完成的，而要在确保信息系统运转稳定的前提下，根据财力状况选择性价比高的硬件，满足当前的信息化建设需求。

二是提升维护水平。运行和维护水平决定了信息系统的寿命和稳定程度。当前，重庆基层法院通常只拥有1～3名专业技术人员，这类人员主要负责最低层次的硬件检测和软件维护，无力独立解决软件本身存在的问题，无形中增加了信息处理的时间成本。为有效应对这一问题，需要在法院内部组织力量，成立专职或兼职运行和维护队伍，一方面在各部门选取技术能力强的普通干警，及时处理本部门在操作系统中遇到的小问题，另一方面招录比较高端的技术人员，并采取与软件公司实现人员共享等方式，及时处理全院范围内遇到的较大的技术问题，确保系统运行的稳定性。

三是掌握研发主动权。放眼全国法院，软件的研发大都外包给了软件公司，仅少数法院掌握了软件研发的源代码，而源代码的掌握决定了软件研发的效率和主动权。多数法院的软件研发进程都受到软件公司的"绑架"，造成模块的建立和功能的完善必须依靠同一软件公司才能完成，囿于技术力量的限制，该公司却不可能同时完成多项软件研发，而这项工作本可交由另一家公司同步推进。因此，源代码的掌握对于法院来说尤为重要，不仅可以提升信息系统的兼容性，还可以提升模块开发的效率，为信息高度集成奠定坚实基础。

新形势下人民法院推进信息化建设
与审判业务深度融合的实践与思考

——北京市第一中级人民法院

近年来，人民法院信息化建设的发展步伐不断加快，信息化技术、信息化工作平台的应用和完善已经在加强审判管理、提高办案质量和效率等方面发挥着积极而重要的作用。当前，伴随信息化技术的飞速发展和电子政务工作的持续推进，人民法院信息化建设在先后经过以硬件建设为主的起步阶段、以软件应用建设为主的发展阶段，现已逐步进入到了一个硬件设施有序升级、软件开发持续融合、信息化办公系统逐步整合的全新发展阶段。本文在系统总结梳理我院信息化建设情况的基础上，针对当前存在的信息化建设与审判业务需求融合程度不够、信息化工作系统整合不足、信息资源共享利用不强以及信息化建设中存在的不平衡、不适应、不协调等问题，就新形势下推进人民法院信息化建设与审判工作的深度融合，探索实现信息化管理和资源平台的科学整合，进一步发挥信息化建设服务审判工作科学发展的积极作用作一探讨。

一 我院信息化建设的发展与现状

近几年来，我院坚持将加强信息化建设作为提高审判效率，规范司法行为，促进司法公正，加强法院管理，推进司法为民的重要手段，紧密结合审判中心工作，以服务审判一线工作，满足人民群众对司法审判工作的新需求新期待为出发点和着力点，不断加大技术保障投入力度，促进了审判工作科技含量的全面提升，为实现法院"公正与效率"的工作主题提供了重要支撑，为实现让当事人打一个"公正、明白、便捷、受尊重"的官司的目标发挥了积极作用。

一是完善组织机构，着眼长远发展，不断夯实信息化建设基础。我院专门成立了以主管副院长为组长的信息化建设领导小组，明确了人员组成和具体职能，打造了一支专职管理人员与技术外包人员相结合的运行和维护队伍，构建形成了完善的工作组织网络，制定了二十余项信息化工作管理规章、制度，初步形成了信息化工作管理体系。工作中，着眼于未来信息化建设的发展趋势和审判工作的发展需要，积极做好信息化建设的长远谋划和长远建设，不断加大建设投入力度，重点完成了机房从80平米到260平米的改扩建，对主服务器、相关的网络设备、局域网进行了全面升级，铺设连接首都网络发展公司的光缆，增设了内外网物理隔离的kvm搜客互联网络系统，为全院工作人员配齐了台式电脑，建成了"终端管理系统"，为今后较长时间的可持续发展奠定了坚实基础。目前，我院共有服务器32台，交换机39台，终端网点1300余个，各类设备2030台，建成远程法庭3个，高清数字法庭6个，视频会议室2个，主要应用系统38个，基本涵盖了审判管理、诉讼服务、行政管理、后勤保障等工作的方方面面。

二是围绕审判需要，不断提高审判管理科技含量，以信息化建设促进审判质量不断提升。围绕提升审判管理的科技含量和智能化水平，先后开发了以局域网为载体的立案审查、审限监控、进度查询、视频监控和庭审视频资源管理等系统，实现了对案件审理全过程的自动化监控和管理；立项、调研并建设完成裁判文书网络传输校对打印系统，采购、配置28台网络打印机配套系统，在全院实现了网络打印系统的全覆盖，摒弃了以往分散式打印模式，采取集中打印方式，大大节省了纸张、硒鼓等物质耗材，有效实现了成本控制；积极改版内部局域网，开设电子图书馆，建立移动电子办公平台和公共LED电子屏幕等，采取网络化手段，搭建了全院性的信息服务平台，方便审判人员随时随地了解我院相关工作内容、查阅法律法规、典型指导案例和相关论文著作，为干警工作、学习提供即时帮助，实现了信息资源共享；全面改造和升级了审委会设施，实现了案件汇报、案件审议、资料留存的数字化、信息化功能，有效提高了审判审委会工作的效率和信息化程度。

三是立足司法为民，加强自主开发，不断提升信息化建设服务社会效能。围绕满足人民群众对法院工作的新需求、新期待，立足审判工作实际，积极推进实施档案电子扫描工作，对1995年以来我院审结的30余万卷案件卷宗进行电子扫描，建成了电子档案数据库，实现了档案借阅数字化管理，当事人只要提供相关身份证明，就可以通过互联网、电话等方式预约查询相关卷宗档案，解决了以往档案查询中存在的调档、预约、排期时间过长等突出问题，切实为当事人提供了便利；在立案大厅建立了 LED 导诉服务系统、排队叫号、触摸查询系统，在一中院互联网站上开设专门栏目公示审判人员基础信息，设立电子显示屏自动滚动播出案件公告信息，启动"12368"司法信息公益服务系统，以自动短信提示和当事人电话查询的方式，为社会公众提供法院地址等静态信息和案件审理等动态信息服务，依靠科技手段全方位推进司法公开，提升了司法透明度；建设了 3 个远程视频法庭，当事人只需要到所在远郊区县的基层法院即可参与诉讼，实现了图像语音同步，有效减轻了群众诉累，降低了司法成本，有效助力我院实现"让当事人在一中院打一个公正、明白、便捷、受尊重的官司"的工作目标。

四是依托信息化优势，完善培训和管理，全面提升人员综合素质。制定专门培训计划，针对不同岗位、职责设置严格的考核标准，加大全体人员电脑操作技能和运用自动化办公设备水平的培训力度，促进了审判人员尽快掌握电脑及相关设备的使用方法和技能，最大限度地发挥网络信息资源优势，努力实现信息化建设成果与队伍软实力提升的有机结合，实现信息化建设成果向审判能力的转化；通过调研开发、建设运行"裁判文书网络打印审核系统"、"裁判文书校对系统"，制定庭审刻录管理办法等相应措施，全面落实了法庭庭审刻录系统地使用和管理，有效提高了庭审和文书的规范化程度。

五是完善工作机制，加强网络监管，确保信息与网络安全。将信息与网络安全作为信息化建设的头等大事来抓，建立健全了计算机、电子设备使用管理规章制度和计算机、网络、电子设备故障应急处置预案；强化了案件管理、局域网站等四个系统的安全等级保护，为干警安装瑞星网络杀毒软件系统；积极开展信息与网络安全宣讲活动，大力宣传疏忽网络安全的危害，强化网络安全要求，不断提升应急处置能力，做到了责任明、措施细，促使全院干警牢固树立信息与网络安全意识，形成了较为完善的网络与信息安全保障体系。

二 对信息化建设与审判业务深度融合的认识、尝试及发现的问题

（一）信息化建设与审判业务深度融合是法院信息化建设向纵深发展的必然要求

目前，我院基本实现了审判业务信息化系统的全覆盖，信息化建设与审判业务实现了初步融合，从信息化建设业务局部来看，我们铺设了线路，安装了设备，

建设开发了各种应用系统和保障系统，促使信息化应用渗透到了审判业务工作的各个环节之中，信息化技术在审判管理、执行管理、庭审管理、法官管理、审判支持、决策支持等方面的应用越来越广泛，信息化建设对审判工作的辅助和促进作用也越来越强，信息化建设的成果显著。一方面，原有的低效率工作手段和传统流程被高效率的信息化工具和规范流程所替代，便利了审判人员开展工作，有效实现了司法效率提升；另一方面，信息化系统的应用为审判决策和分析提供了信息数据依据，为审判工作科学发展提供了重要支持。但同时，我们也深刻认识到，在网络信息技术飞速发展的新形势下，从审判工作的全局来看，在助力法院科学、健康、可持续发展方面，信息化技术优势的特殊作用尚未充分发挥，距离实现信息资源高度共享的目标和要求尚有很大差距，其发展空间和潜力依然非常巨大。

审判是法院的中心工作，实现公平正义、落实司法为民是法院审判工作的终极目标，因此，法院信息化建设必须紧紧围绕这一中心工作、这一终极目标来开展、建设和完善。在推进信息化建设的过程中，我院信息化建设的工作理念也在不断发展和完善。现阶段，我院始终坚持紧密结合审判实际，始终秉承"坚持服务审判，促进信息化与审判业务深度融合；落实司法为民，依托信息化手段努力确保当事人打一个公正、明白、便捷、受尊重的官司"的工作理念积极、有序推进信息化建设发展。

推进信息化建设与审判业务深度融合实际上就是信息化专业技术与审判专门业务紧密、有效结合，利用信息化手段为提高审判质量和审判效率服务的过程。我们认为，信息化建设与审判业务深度融合应主要包括以下几个方面内容：一是信息化系统在助力推进司法公开，保障人民群众知情权、参与权、监督权，有效拉近民意沟通距离等方面司法改革工作中的作用体现；二是信息化系统在落实司法为民，增近人民群众理解、认同、支持等方面工作中的作用体现；三是信息化系统在进一步服务审判决策提供信息数据依据的作用体现；四是信息化系统在为审判工作进一步提供全方位的信息化手段和资源辅助工具方面的作用体现。

（二）从"12368"司法信息公益服务系统看我院信息化建设与审判业务深度融合的探索尝试

在开展信息化建设与审判业务深度融合工作方面，我院尚处于刚刚起步的尝试阶段，在此，我们仅以我院参与启动的"12368"司法信息公益服务系统为例探索信息化建设与审判业务深度融合的特点和成效。

2011 年 3 月，北京法院启动了一审案件"12368"司法信息公益服务系统，该系统通过挂接审判业务系统的方式，以短信平台或电话咨询的方式在第一时间为社会公众提供诉讼咨询和案件信息。服务内容分为静态信息和动态信息两部分。静态信息主要是法院地址等，动态信息主要是通过短信通知当事人案件相关流程信息、开庭公告等。

该系统的短信通知当事人功能是通过书记员在审判业务系统中简单操作后系统会自动发送短信通知当事人案件的进展程度。该系统启动、运行的流程环节有：①立案环节，法官询问确认当事人是否需要"12368"短信语音通知服务，告知该项服务免费，由当事人进行选择；②当事人同意后，立案法官填写"12368"相关信息，打印《12368 服务平台告知书》给当事人；③在审判庭确认分案后，相关人员通过勾选'短信语音通知当事人'复选框，系统自动发出短信提示当事人；④在变更承办人后，相关人员通过勾选'短信语音通知当事人'复选框，系统自动发出短信提示当事人；⑤预定法庭，承办法官在系统中预定法庭界面预定法庭，确认开庭日期、时间、法庭用途、所选法庭等信息后，确认立即发公告单选按钮为"是"，短信通知当事人为"是"，并确认后，系统自动发出短信提示当事人；⑥取消法庭预定，如果由于某些不可抗拒的原因导致预定的法庭需要取消或重新预定，承办法官需要在预定法庭界面填写相应的信息，经审批后点选短信通知当事人复选框，系统自动发出短信提示当事人；⑦延长审限，当案件需要延长审限时，在延长审限操作界面点击新增弹出延长审限信息界面，准确录入延审信息并勾选短信通知当事人复选框，系统自动发出短信提示当事人；⑧案件报结时，承办法官在结案界面填写完相关信息后勾选"结案时短信通知当事人"，系统会自动发送短信到当事人手机上告知案件已经报结。

从"12368"司法信息公益服务系统的流程设置、运行特点，我们可以充分感受到该系统的优点：一是便捷性。使用挂靠连接，不需要单走另外的系统，不需要额外的信息录入工作，一次信息录入工作就实现了流程管理和短信提示当事人两个功能和效果。二是及时性。系统自动生成短信提示信息，并通过已有建立的短信工作平台，及时发布信息，告知当事人。三是便民性。为当事人提供了了解案件情况的最快捷、最权威的信息渠道，拉近了与群众民意沟通的距离。四是公开性。让当事人在第一时间获知情况，落实司法公开，消除司法神秘，保障当事人的诉讼权利。该系统自启动以来，北京法院系统已向公众提供了 15 万次的信息服务。从以上"12368"司法信息公益服务系统的实践特点和成效，我们可以感知到推进信息化建设与审判业务深度融合必须以最大限度地实现公正、为民、高效、廉洁为根本。

（三）当前信息化建设与审判业务深度融合工作中出现的问题

2012年6月，北京市法院信息化工作会议提出了"以整合与服务为理念，促进信息化与审判业务深度融合"的目标和要求。其中，整合就是整合信息和资源，服务就是信息服务，是基于资源和信息整合的"靠前、贴身、主动"的信息服务。在新形势下，这一精神为我院进一步推进信息化建设工作指明了方向。为贯彻落实好这一会议精神，我院围绕科学、系统推进信息化建设与审判业务深度融合工作，就当前信息化建设与审判业务深度融合工作中出现的一些问题进行了梳理，主要梳理出以下几个方面的问题。

一是各工作系统间的信息资源缺乏有机结合。例如电子档案资料并没有与庭审音视频资料完全一对一地对应起来；开庭笔录没有与庭审音视频实现一对一挂接。审判人员在调取所需资料时，要去不同的地方，进入不同的系统，调用不同的资料，周期长，程序复杂，而且数据不全。时间长了，有的数据还存在缺失的现象。无形中大大影响到审判人员在时间上的利用效率，间接影响到审判的质量。

二是信息资源共享、利用程度不高。由于工作分工等方面的原因，很多部门使用由本工作领域的上级主管部门开发的系统软件，但各个系统之间没有形成有效联接，许多信息存在重复录入现象，资源共享程度偏低。例如，我院人事管理部门使用的软件，通过政务外网直接与相关人事部门相连，但系统中的数据不能为其他系统所使用，降低了网络资源的使用效率。

三是人员的信息化素质与当前的工作要求还存在一定不相适应的现象。在信息化建设的过程中，人员的信息化意识和素质起着至关重要的作用。在某种程度上甚至可以说，人员的信息化素质是决定信息化建设成败的关键。当前，一是部分人员信息化观念滞后，对信息化的了解仅限于用电脑打字、上因特网，对信息化的内涵、意义认识不足，对法院信息化建设的重要性和紧迫性认识不够，还未真正意识到信息化建设对法院工作有着巨大推动作用，缺乏依靠科技进步的内在动力，依然墨守成规，接受新生事物的意愿不强，应用现有设备和系统的技术水平不高，使网络信息建设的功效和作用还没有完全发挥出来；二是法院信息化建设的着眼点是为公众服务和实现资源共享，由于干警存在信息化认识偏差，导致干警主动参与信息化建设的意识不强，在与干警工作密切相关的信息化办公系统的调研和构建中，容易由于一线干警参与不足等原因，缺乏全面、客观、第一手的调研数据支持，而导致在系统构建和使用中出现这样或那样的问题，最终对信息化建设进程产生影响。三是信息化的应用系统离不开人的有效而广泛的使用。系统不好用，干警不愿意用，对此我们可以不断地改进完善系统，以满足干警需要。但有了好用的工作系统，没有人员的积极参与和使用，或者出现不负责任的使用，这终将会影响到系统使用的成效上来。因此，提升人员的信息化素质至关重要。

四是在信息网络开发与应用、建设与管理的发展上还存在着不平衡。当前，客观上还存在着"重开发、轻应用，重建设、轻管理"的现象，这些对推进信息化建设与审判业务深度融合具有重要影响。尤其在我们各工作系统已经基本建立并运行，信息化建设已经进入一个攻坚完善、系统整合的关键时期，做好应用和管理工作至关重要。只有这样，我们才能及时发现和解决问题，获取工作灵感，创造性地提出系统整合、业务融合的思路和方法，不断推动信息化建设向纵深发展。

五是信息化建设的系统性需要加强。此系统性既包括硬件设施的系统性，同时也包括整个信息化应用系统的系统性。因此，在当前已有信息化工作成果的基础上，要进一步对后续信息化建设做出科学、长远规划。在硬件设施的规划上，要做到超前满足较长时期的后续系统整合、升级的需要。在管理决策、审判管理、队伍管理和行政管理信息网络系统的开发使用上，要以确保法院各方面工作信息化建设的总体协调并进、分步推进实施为目的。要积极围绕信息化建设给管理决策、审判管理、队伍管理、行政管理所带来的变化，及时调整工作思路，转变工作方式，健全与信息化建设相协调的管理制度和科学的管理模式，从而最大限度地发挥信息化建设的优势，推动法院建设的平衡、整体发展。

三 关于推进信息化建设与审判业务深度融合的几点认识

（一）实现信息化建设与审判业务深度融合是法院信息化建设向纵深发展的重要基石

人民法院实现信息化是法院发展的必然趋势，将科学技术引入法院工作，使之跟上时代步伐，更好地服务于经济建设，既是法院工作的要求，也是加强法院业务建设、物质装备建设的需要，是科技强院的必由之路。在信息化建设的推进和发展过程中，我们深刻地认识到，利用信息化手段为提高审判质量和审判效率服务是一个系统工程。当前，法院信息化建设已经取得了初步成果，信息化建设已经进入到信息化建设与审判业务深度融合的关键阶段。之所以关键是因为只有经历了信息化建设与审判业务深度融合的过程，信息化应用系统才能更加完善，才能更加符合审判规律，才能更加适应人民法院、人民群众的信息化需求。因此，我们不仅要从系统建设的高度来认识和推动信息化建设与审判业务深度融合的重要性，同时还必须把实现信息化建设与审判业务深度融合作为一项基础和基层工作抓紧抓好。

（二）紧紧围绕推进以四大任务为基础的信息化办公平台的功能整合及统一构建做好法院信息化建设的长远规划

管理决策、司法审判、行政保障、队伍建设是法院信息化建设的四大办公平台。当前，四大办公平台的信息化应用系统经过多年的使用和完善，科学性和实用性已经得到实践检验，其直接和间接服务于提高审判质量和效率的目标也已基本实现。下一步，围绕实现信息化建设与审判业务深度融合这一目标，推进以四大任务为基础的信息化办公平台的功能整合及统一构建将是当前信息化建设的主要任务。而紧紧围绕推进以四大任务为基础的信息化办公平台的功能整合及统一构建做好法院信息化建设的长远规划是当前信息化建设的首要任务。具体要结合制定的近远期的开发规划，有计划有步骤地进行自主开发和成果利用，并有针对性地加强外聘社会专家力量的参与，加强新进人才引进和培养力度，形成工作合力，努力实现信息化建设的充分整合和构建，最大限度地发挥出信息化的优势和作用。

（三）强化资源整合，努力实现应用系统信息共享功能的最大化

信息网络技术的应用是提高审判效率，确保审判任务完成的重要手段。我们要在突出服务审判职能的基础上，继续强化信息化建设对审判工作的促进作用。要立足现有的网络信息设备，继续加大办公系统和自动化管理系统的升级改造力度，实现法院系统内的纵向横向及系统内外的资源共享，力争在较短的时间内建立覆盖更广、功能齐全、运行高效的网络信息系统。目前，信息资源共享包含有两个层面的内容：一是法院系统内部的数据共享；二是法院系统与其他国家或相关部门之间的数据共享。法院系统内是指全国法院和区域法院之间数据应用联接在一起，实现内部数据共享。要在已有系统的基础上，总结工作经验，不断改进

完善管理系统结构，努力在本区域或更大范围内推进各个系统在信息资源方面加强共享和衔接，逐步建立比较系统的信息构架要求，避免出现系统间的各自为政，造成网络资源浪费。在与法院系统外部门联网信息共享方面，北京市高级人民法院已经实现了与公安部的身份证识别系统、央行和主要商业银行等之间的联网，这是今后信息化工作的发展趋势，对区域内各法院发展、审判业务开展将产生相当大的促进作用，而且这种作用必将随着系统的逐步完善而日益发挥出来。

（四）进一步加强法院工作人员对信息化建设重要性的认识和引导

信息化的发展是法院工作自动化的最高层级，因此有必要通过各种方法提高法院审判人员、工作人员对信息化工作的必要性和重要性的认识，解决思想上存在的误区，清除思想障碍。而信息化建设必然要涉及法院的每一个人，信息化建设的实施会对每一个人的思想观念、技术操作、岗位适应等带来挑战，因此，要积极引导干警加强思想认识，明确工作定位，强化岗位职责，自觉学习相关技术，积极地做好准备，应对信息化建设的发展和变化。要通过加强人员培训，进一步提高整体信息化工作水平。要全面加强信息化管理系统的应用，通过提高应用水平，拓展应用领域，让法院干警亲身体会到信息化建设带来的方便、快捷和高效，激发干警自觉地提升利用网络功能的技术技能，将信息技术更好地运用到审判工作和法院管理中，实现以信息化应用促进信息化建设发展。同时，结合人民法院计算机信息网络系统建设和应用的特点，加大全员培训力度，形成经常性的人员培训机制，把网络信息技术培训纳入业务培训之中，严格考核标准，完善考核机制，从实际工作和实际应用，努力提高全体干警的信息化素质。同时，要积极借助利用好本区域内的尖端科研机构，采取"走出去，请进来"的方式，增强网络信息技术培训的前瞻性和及时性。要制定科学可行的培训目标及计划，区分各类人员的情况确定培训内容，实行责任制，抓好落实，确保培训的质量。

（五）及时更新和维护系统信息，确保最大限度地发挥信息管理系统最大效能

信息的及时更新和维护是确保发挥信息管理系统最大效能的关键，因此，要积极依托现有的案件统计查询、审判工作管理、裁判文书校核校对等各应用系统，根据审判工作所需，及时更新、完善系统及内容，确保为审判人员提供更加详实、准确的功能服务，助力各类人员不断提高工作效率，提升工作质量。

（六）加强信息网络监管，确保审判工作安全、有序、高效运转

2012年7月，国务院下发的《关于大力推进信息化发展和切实保障信息安全

的若干意见》中提出，大力推进信息化发展和切实保障信息安全，对调整经济结构、转变经济发展方式、保障和改善民生、维护国家安全具有重大意义。因此，我们必须坚持信息化建设与重视信息化安全并重，在推进信息化建设与审判业务深度融合的过程中，信息化安全必须放到头等重要位置来抓，而且要常抓不懈。要切实坚持标本兼治、综合治理、注重预防、防控结合的原则，在有效落实物理方式隔离、加大网络安全监管力度的基础上，有针对性地加强对干警网络安全意识的教育和引导，明示信息网络安全隐患的危害及其后果，强化干警网络安全意识，让广大干警积极、主动、自觉地加强信息与网络安全工作，有效形成防控结合的统一战线，切实筑牢防控信息与网络安全的思想防线，为审判工作安全、有序、高效运转奠定坚实基础。

人民法院信息化建设是具有挑战性、创新性和探索性的工作，也是一项艰巨而长远的工作，需要我们在实践中摸索探讨，不断总结经验。相信随着信息化工作的不断进步和完善，信息化建设一定会为"公正与效率"的工作主题提供更优质、更高效的科技保障。

瞄准一流　创新发展　以信息化建设推动法院各项工作再上新台阶

——天津市第一中级人民法院

信息化建设对新时期法院的科学发展具有战略性意义，它是落实"科技强院"的有效载体，争创一流的重要举措，提升司法水平的有力手段，创新社会管理的有效途径。天津一中院的信息化建设起步于 2000 年，经过 10 年的发展，打下了坚实基础。近两年来，院党组顺应信息时代的发展要求，把信息化建设列入全院"一二三四五"的奋斗目标和工作思路中开展了新一轮的建设，为创新法院管理、提升审判质效、增强司法能力、增进司法公信提供了有力的支撑与保障。

一　瞄准一流，创新发展，信息化建设取得初步成果

我院在建设过程中瞄准一流目标，始终坚持"高起点谋划、高水平设计、高标准建设"，对原有基础设施改造升级，对网络资源和业务系统重新整合，建成了"一中心两平台五系统"，取得了四项工作创新，目前在全国法院系统处于先进行列。

"一中心"是集审判管理、司法政务管理、应急指挥等各项功能于一体的综合指挥中心。通过建设 8 项硬件基础设施，3 套显示平台，新建和改造 247 个监控点，整合并开发五大系统和 27 个应用软件，建成了综合指挥中心，实现了整栋办公楼的人、财、物的全方位、集约化、智能化的日常管理，同时大大提升了在重大案件审理、突发事件处理等方面的应急指挥效能。"二台"是在线诉讼服务平台和法院工作平台。通过打造两平台，实现两服务。融合在线诉讼服务网站和12368 诉讼服务热线为一体的在线诉讼服务平台，分为公众服务区、当事人服务区和律师专用通道，满足不同人群的服务需求，使人民群众足不出户就可以享受

到快捷便利的法律服务，真正做到了"一个电话拉近和老百姓的距离，一个短信让老百姓感受到法院的服务，一个网站让老百姓能发出自己的声音"。法院工作平台根据不同职责身份及工作内容，分为院领导工作平台、庭（处）长工作平台、法官工作平台，使法院各项工作都在平台上流转，各级领导可以随时掌握全院和本部门的工作情况，干警可以及时接受工作任务和领导指令。"五系统"包括审判管理、司法政务管理、队伍管理、科技防腐和信息资源共享五个系统。以加强管理和优化服务为核心，为全院提升综合实力提供了有力支持和保障。

在"一中心两平台五系统"中，有四项工作创新在全国法院系统中处于领先地位。一是率先建成综合指挥中心，平时由审判管理办公室每天进行日常管理检查，战时由各级领导进行应急指挥。二是率先推出集网上诉讼服务与12368电话服务热线于一体的在线诉讼服务平台，并首推12368热线人工服务和专家咨询，提供电话通知、短信提醒等主动服务，服务更加人性化和专业化。三是率先建成覆盖全院干警的法院工作平台。四是创新建立集"预警、防范、管理、监督、纠错"五项制度为一体的科技防腐新机制，有力促进公正廉洁司法。

二 强化应用，注重实效，信息化建设有力提升法院各项工作水平

信息化设施建成以来，我院以强化应用和优化服务为核心，大力推广应用，注重应用实效，取得了初步成效，集中体现在四个方面：

（一）有力提升执法办案水平

促进了执法规范化，提升了案件整体质量和效率。全院审判执行工作步入良性循环，未结案数大幅下降，从历史最高点5228件降至当前最低点1033件；案件平均审理天数、执结天数大幅下降，分别由88天降至55天、由132天降至82天；一审息诉服判率显著提升至82％，审判质效指标连年提高。庭审评查实时可视，裁判文书软件纠错和内网展示、外网公开，促进庭审质量和文书质量大幅提高。

（二）有力提升管理水平

审判管理系统，使全部案件网上运行，管理监督覆盖执法办案全流程，实时可视，实现了管理精细化，动态化，并推进了审判管理、政务管理和队伍管理的

制度创新，提升了法院自身管理的科学化水平。同时，为法院积极参与社会管理拓展了工作空间。网上审判公开、审务公开，积极回应群众对司法的关注；网上咨询、网上信访，畅通了群众与法院、法官的沟通渠道，把矛盾纠纷化解在萌芽状态，积极引导正常信访，通过疏导避免非正常信访。收集分析网上群众需求与投诉，发现社会管理弱点与盲点，及时提出司法建议，助力社会管理；与市检一分院、司法局等政法机关的信息共享，促进了政法机关在社会管理创新上的业务协同，提高了管理效能。

（三）有力提升服务水平

在线诉讼服务平台运行以来，有效对接群众司法需求，服务全面、信息直达，以对群众服务的速度、温度、广度和深度赢得了群众使用的热度。网站访问量近10万次，诉服平台访问量近5万次，12368热线服务8千余次，人工服务和专家答疑1700余次，同时，变被动接待咨询为主动提供诉讼服务，打出服务电话2400余次，取得了良好的社会效果，群众满意度不断提高，司法公信力大幅提升。

（四）有力提升队伍素质能力

点对点、键对键的在线诉讼服务，使干警提高了服务意识，锻炼了服务能力，改进了工作方式和工作作风。科技防腐体系的运行，为干警摆脱人为干扰提供了技术支撑和制度保障，解脱了干警的人情压力，有效防控了廉政风险，群众举报投诉逐年下降，廉政风险连年归零，涉诉进京访不再"榜上有名"。执法业绩档案和质效指标自动排名为干警干事创业提供了公平客观的展示平台，法官中调解能手、办案标兵不断涌现。全院干警成为信息化建设的应用者和受益者，队伍自我管理、自我监督、创先争优的意识和氛围不断增强。

三　科学规划，分步实施，强力推进信息化建设

信息化建设是一项综合工程，我院在建设中的体会是要瞄准一流，创新发展；规划先行，统筹兼顾；整体推进，打造亮点。具体做法则是坚持"四个一"：一把手强力推进、成立一个组织、树立一流目标、制定一流规划。

（一）重在提高认识，更新理念

人民法院与时俱进，加强信息化建设是信息时代的必然要求，是争创一流的

必然要求，也是审判工作的内在要求。掌握了信息技术，就掌握了工作主动权。信息化是实现法院管理现代化的重要手段，是促进各项工作创新发展的重要载体和有力支撑。正是基于这样的认识，院党组把信息化建设列入我院"一二三四五"的奋斗目标和工作思路中，在 2011 年开展了新一轮的信息化建设。

（二）重在一把手强力推进

信息化建设是一项综合工程，没有一把手的强力推进难以取得跨越式的发展。我们的做法是把信息化列为全院的首要工程，一把手亲自指挥，建立组织，强力推进；瞄准一流目标，制定一流规划，整体实施，打造亮点。在建设中，坚持科学发展原则，从实际需求出发，硬件上不盲目追高。在建设中，积极争取市委政法委、市高院等上级部门的精心指导和大力支持，成立了以院长为组长、两位主管院领导为副组长的领导班子，先后十余次召开院长办公会，现场指导，督促落实，有力保障了工程进度和质量。建立了以行政处和研究室两个部门为主的办事机构，分别负责硬件建设和软件开发，同时发动全院干警积极参与，在各自的岗位上贡献力量和智慧。

（三）重在强化应用，以应用促发展

信息化建设重在应用，有用才是硬道理。在应用中提出五项目标，即审判管理精细化、应急指挥扁平化、法官办案工具化、反腐倡廉科技化、社会管理发展创新，坚持边建设边应用，以应用促发展。注重边建设边应用边管理边培训，使信息化建设与法院的各项工作紧密结合、综合推进：一是信息化建设与审判工作紧密结合。广泛听取审判人员的意见和建议，使信息化建设与审判工作紧密相连，使每位干警既是参与者也是受益者，使信息化工作成为每一个审判人员都乐于接受、认真完成的工作，真正体现"科技以人为本，科技让审判更轻松"的理念。二是内强管理与外强服务紧密结合。使信息化建设成为推动我院重点工作、加强审判质量和效率、提升审判水平的有力工具，成为法院积极参与社会管理创新、服务人民群众的有力抓手。三是信息化建设与规范化建设紧密结合。通过信息化建设进一步明确各部门、各岗位的工作职责，提升规范化管理水平。四是坚持边建设与边培训紧密结合。以建设带培训，以培训促建设，把建设成果运用到各项工作中去，提高队伍的能力和素质，推动工作争创一流。

（四）重在信息共享，发挥最大效能

在建设中，始终把与上下级法院之间，与各政法机关之间的互联互通和信息共享，作为重要内容，积极推进，努力最大限度发挥信息技术和信息资源的整体效能。抓好信息化的共享互通，积极参与市委政法委大政法信息化平台建设，与司法局、检察院、监狱局之间实现协同办案，与市高院的"三级网络"对接，与辖区法院实现远程审判和信息共享。

四　法院信息化建设的理念探讨

法院信息化建设的理念根植于各地法院长期的实践，是对信息化建设的性质、功能、目标方向、价值取向和实现途径等重大问题的系统化认识和反映，对实践起着指导和推动作用。信息化建设的过程，就是不断实践、落实并进一步丰富、发展与完善理念的过程。根据我院的实践经验，法院信息化建设只有遵循以下原则，才可能不断向更广的领域和更深的程度推进：

（一）本地性原则

各地法院信息化建设既有业务模式类同、发展殊途同归的一面，同时也必须依据所处的不同发展阶段及特点，确定信息化建设的发展路向及需要率先处理的问题。因此，各地法院信息化的发展战略、发展重点及其次序应该是有差异的。坚持本地性原则，重点是要正视现实，以地方现实环境决定主要发展方向，选择自己的急所①，解决自家的问题，其起点是独立的问题意识和对本地区、本法院发展现状的客观了解，提倡的是因地制宜、主要问题导向的发展思路，警示的是追高跟风的急躁和偏离方向的信息化发展规划。本地性原则的贯彻必须重视以下几个环节：一是规划的制定须准确判断法院自身信息化发展阶段和司法能力成长的现实；二是找准自身司法能力成长需要面对的主要问题；三是针对问题，制定信息化辅助方案；四是协调融入本地区信息化总体成长格局。

（二）平衡性原则

平衡性原则以成本和效益作为信息化具体项目合理性的出发点，追求以合理投入取得最佳总体效益和最大范围的建设满意度。例如，信息化的根系建设应立足长远且为提高总体效能所必需，但这种项目往往耗资巨大，对各应用主体来说，建设的效益和价值并不直观。如果汲取过多资源，又未能及时让尽可能多的人明

_____

① 围棋术语，指棋形上紧要的争夺所在，比喻要点、要害、关键或事物最重要的部分。

确感受到信息化的效益，就容易导致信心流失，给后期决策带来障碍。因此，能够迅速、小成本地创造效益、赢得支持的服务型项目，是每期信息化规划中都必须包含的，也是推进信息化建设向纵深发展的润滑剂和效益平衡器。当然这需要妥善选择服务项目切入点，并提高项目的服务性。

（三）契合审判规律原则

法院信息化建设的目标及效果，应当围绕完成审判活动的基本任务而展开，因此，契合审判规律原则具有两重含义：一是建设项目的流程设计等，必须遵循法治的基本原则、法律规范，与尊重当事人主体地位、尊重法官裁判地位等理念相协调，保障诉讼公正；二是建设项目的技术原理、设计思路必须与审判工作的规律相契合，以项目设计理念的现实合理性作为对项目选择的首要考量。例如，在依托信息化实施审判管理的过程中，是否严格坚持了不干预审判权正常运行的原则？是否有助于排除并监管对案件流程的人为干扰？能否实现系统支持下的多部门联动和审判经验共享？能否支持生成全角度的法官绩效评价？这一原则的最大功用是排除那些具有先天缺陷即设计理念有问题的软件系统，并警示系统维护者，在软件的应用和升级过程中必须适应审判一线的要求，随时清查异常数据、错漏信息，纠正系统设计时潜在的未被发觉的合规漏洞，并根据法律规定的变动而及时更新。

（四）配套性原则

信息化是一项以合作共享为基础的事业，法院信息化建设项目与法院工作总体环境的协调配合异常重要，关系到项目的实际成效。可以说，相比单项创新而言，整体配套更加不易。内部环境的协调方面必须考虑的因素有：同审判业务流程配套，同管理架构配套，同相关人员能力和习惯的配套，同法院内部管理改革内容的配套。配套性的培育是一个贯穿系统的长期成长过程，内容包括持续的人机系统磨合培训、业务流程操作指南、制度机制的配套、相关业务系统间的信息自由传送、系统漏洞修补和升级改造等。外部环境协调方面，首先是上下级法院间的系统功能配套，其次是法院同公安、检察、监狱等业务协作单位间的数据对接配套，法院同政府、社会主要信息交换方的数据交换配套等。配套性原则要求建设者必须关注和改善构成项目生命力的细节条件，如知识、习惯、业务成熟度、信息关联度等。即使是绝对必要的数据共享，如果不能实现同合作方的系统配套、数据配套，也很难实现理想的目标。

（五）持续性原则

持续性原则是指信息化建设项目后期服务机制的长期持续性。信息化工程没有竣工之日，系统修改完善升级的工作将贯穿项目的整个生命过程，交工之时便是修补、改进、扩充、升级循环之始。有效的系统不是设计出来的，而是修改出来的。包括设计初期确定的应用需求，都需要在实践应用后，不断自我调节、自我修正，将业务处理的智慧持续融入自动化系统的内在逻辑，将业务处理的问题转换成系统改造的动力。因此信息系统的长期效益取决于问题——反馈——改进循环的效率，取决于业务改进速度及质量。后期运行、维护、服务机制的重要性决不亚于项目初期设计和建设，甚至决定了建设的成败。

五　巩固成果，坚持创新，推动信息化建设再上新台阶

下一步，我院将继续以"科技强院"为指导方针，坚持与时俱进，工作创新，以信息技术为支撑，以深化应用为突破口，强化法院管理，深化司法服务，积极参与社会管理创新，为法院工作顺利开展提供有力的服务保障。

一是巩固已有成果，进一步完善在线诉讼服务平台、法院工作平台和科技防腐体系，不断提升水平，努力继续位于全国先进行列。

二是完善服务一线法官的专门系统，增强人性化服务，提升服务审判工作的水平。

三是开发完善审判绩效评估系统，积极探索对法官全部工作实现量化的考核指标体系，破解法官工作难以准确量化的难题，提升科学管理水平。

四是在数据中心建设的基础上，加强综合应用。加强对数据中心信息资源的深层次挖掘和利用，提高信息集成、数据整合的效能，服务社会管理。

五是加强与政法机关的横向纵向平台互联，扩大信息共享范围。同时，积极为全市政法系统信息资源共享体系做好各项准备和支持工作。

论人民法院信息化建设的路径选择

———— 大连市中级人民法院

以信息化为主要特征的第三次科技革命改变了人们的生产和生活，也正在深刻改变着国家权力运行的外部生态。信息技术向社会管理领域的自主渗透、扩展以及社会管理领域对先进信息技术的主动引入，不仅带来了工作效率的大幅提升，还引发了管理理念、管理手段与管理方式的深度革新。面对席卷全球的信息化浪潮，传统的司法并未消极地等待信息技术向司法领域渗透，而是围绕审判职能作用的充分发挥，通过主动更新管理理念和及时运用现代化司法手段，积极回应信息社会中急剧增长的司法需求。

尽管最高人民法院在《关于全面加强人民法院信息化工作的决定》等文件中对信息化建设的指导思想、基本原则、主要目标、主要任务等进行了阐释和说明，但建设路径的选择问题仍然悬而未决，法院信息化建设在总体上表现出各自为政、自行探索的特点：起步较早的法院主要采取借鉴国外、自主创新的模式，起步较晚的法院则充分利用后发优势，通过直接引入成熟模式追求跨越式发展。然而，信息化建设并非无根之木，尤其是人民法院的信息化建设，它既有很大的物质制约性，即受制于地区经济的发展状况，又有较强的制度依附性，即与具体审判工作机制紧密契合，这就决定了自主创新需要考虑试错成本，直接引入需要考虑与审判管理体制的兼容性。因而，起点和路径选择问题在现实中将会成为制约人民法院信息化建设进程的"瓶颈"。要解决这一问题，首先必须对信息化建设的重要意义有着清醒的认识，并深入分析其主要现实制约因素，然后才能作出正确的判断，得出科学的结论。

一　人民法院信息化建设的重要意义

（一）整合资源，提升司法效率

"迟到的正义非正义"，快捷、高效是司法公平的应有之义。然而，有限的司

40

法资源与无限的司法需求之间存在着天然的矛盾。在司法需求快速增长的背景下，提高司法效率已成为解决"案多人少"矛盾和案件积压问题的关键。一般而言，先进信息技术在司法领域的广泛应用，不但能够直接通过司法要素科技含量的增加提高司法效率，还可通过司法资源的重新整合以及管理理念的革新大幅提升司法工作效率。

信息化建设对司法资源的整合以及效率的提升主要体现在四个方面：一是通过现代信息网络技术的采用，解决"信息孤岛"问题，实现司法系统内、外的信息互通、资源共享，大幅缩减信息搜索和资源组合利用时间。传统条件下，司法内部要素以及外部系统要素均处于不同的"信息孤岛"之中，信息（如关于司法执行线索信息）检索与传递主要依靠人工方式进行。在现代信息技术条件下，前述工作借助便捷的信息平台在瞬间即可轻松完成。二是通过网上立案、裁判文书电子签章、法庭速录等现代化办公手段的采用，将传统条件下立案、送达以及信息处理所必需的时间降至最少；三是利用多媒体技术、网络技术、集中控制技术建成"数字化法庭"，实现远程询问、提审、质证、庭审等，节省司法资源往返运输的时间；四是利用现代智能管理软件，最大限度地排除司法"惰性"对司法进程的不当延误。

（二）强化公开，确保司法公正

司法公正所能实现的程度在一定意义上取决于司法公开以及监督所能达到的程度。我们不妨引入熵理论来解释这个问题。在自组织理论中，熵是反映系统无序或者混乱程度的参量，熵增加意味着系统内部无序程度的增强。负熵流的引入可消除系统内部熵增加并提高系统的稳定性。就司法系统而言，司法腐败以及权力行使的恣意是导致司法从有序走向无序的主要根源。要保证司法的动态有序性，就应当保持负熵流——公开与监督的持续引入。唯如此，才可避免熵增加所可能导致系统崩溃的危险。

尽管子系统或者系统要素的制约可导致负熵流的产生，但内部负熵流所能达到的最大量值须以不破坏子系统或者系统要素的共存为必要条件，因而有必要引入系统外部的负熵流以防范司法腐败以及权力行使的恣意。根据近现代民法关于"经济人"的理论假设，来自利益相关者的监督才是最直接、最有效的监督。

没有公开，就没有监督。所有应受监督的行为、监督的标准、途径以及责任后果都应当以便于社会公众了解的方式公开。传统技术条件下无法公开、公开力度有限或者出于经济成本考虑难以公开的事项，通过先进信息技术的引入而可能使公开变得便捷、经济、可行。一是建立案件信息网上查询和电话语音查询系统，将依法可以公开的案件信息都对外公开；二是通过网络、电子屏幕等信息动态更新系统将依法应受监督的行为都予以公开；三是利用先进的多媒体技术、集中控制技术等，对可能影响诉讼当事人权益的司法活动①同步录音、录像，向利益相关者及各类监督主体公开，为可能进行的监督和责任追究保留必要的"证据"。

(三)智能管控，提高司法行为规范性

审判流程管理，就是按照诉讼法的规定和审判工作的自身规律，依托计算机网络技术对立案、分案、审理、结案、归档等不同环节进行全方位的组织、协调、监督和管理。现代化先进信息技术在审判管理中的引入与采用，可实现对司法行为的规制由自律转向他律。首先，立案、分案的自动化，可有效防止相关人员利用管理漏洞而对个案实施的人为控制，从源头上铲除腐败滋生的空间。其次借助电子卷宗等信息手段，实现案件信息在办案人与管理、监督主体间的均衡配置，避免因信息不对称②所可能导致的监管形式化倾向，通过监管的有效性提高司法行为规范性。最后，审判管理软件以及其它相关先进信息技术的采用，不但可通过对司法者的实时和全程监控随时纠正不规范行为，还可通过系统对不符合规范性行为的自动拒绝强制司法者遵从司法行为的规范性③。这种外力强制型监控的常态化，可使司法者从被强制的遵从转化为习惯性的自动实践。

(四)办公电子化，降低司法成本

"信息化既是一个技术的过程，又是一个社会的过程。它要求在产品或服务的生产过程中实现管理流程、组织机构、生产技能以及生产工具的变革④。"因此，信息化建设的过程也是司法工作数字化、电子化的过程。司法工作的数字化、电子化不仅意味着司法效率的提高，还意味着司法成本的节省⑤。以同为发展中国家的巴西为例，"法院系统通过应用电子签名、专用视频会议系统，使异地审判等

---

① 如证据展示、法庭调查、法庭辩论等。
② 传统纸制卷宗的独占性以及数量的有限性决定了纸质卷宗不可能无限地满足所有的监管需要。
③ 审判管理软件的设计过程已将每个节点对法官的规范要求以及流程的时限要求考虑在内，并进行分解、细化、制定出对法官的规范性要求。
④ 周宏仁：《信息化论》，人民出版社2008年版，第96页。
⑤ 就广义而言，时间以及人力均属司法成本的组成部分，司法效率的提高即意味着时间成本的节省。

高效作业方式成为现实。到 2007 年年底，已有 20 个州法院可以开展网上作业，其中 2000 多个司法程序（约占总量的 95％）实现了数字化，尤其是应用信息技术推行异地审判，大大减少了传统司法过程中纸质文档来往，节约了运送被审判人员所需的大量时间和费用，审判结果也无需打印和邮寄，社会效益和经济效益相当可观。据估算，各级法院通过开展电子政务应用，每年可减少 5000 人的工作量，节约纸张 680 吨、经费 8 亿巴币"①。

二　信息化建设存在的问题及原因分析

（一）软件功能模块内部紧耦合的设计模式阻碍了建设的可持续发展

不断满足动态的司法需求是对信息化建设持续进行的驱动力。尽管信息化建设并不总是作为司法的工具而存在②，但也不是无视司法需求的独立存在。信息化建设既要满足当前的司法需求，也要为未来司法需求的满足保持适度的弹性，以避免信息系统因无法容纳动态的司法需求而呈现出间歇式建设的发展形态。

大连市中级人民法院于 2008 年进行的调研结果③表明，当前普遍采用的功能模块内部紧耦合的设计模式阻碍了信息化建设的可持续发展。依据该模式进行的信息化建设，首先将复合性的司法需求分解、细化为单一、具体、静态的司法需求，再根据不同的司法需求设计出不同的功能模块，并通过模块化功能的捆绑、叠加解决总体司法需求的满足与变动问题。尽管不同模块之间可采用松耦合模式，但模块内部的构成却是紧耦合模式，因而很难通过功能模块内部的改变以回应动态的司法需求。

实践中，该模式下的信息化建设表现为前后相继的如下过程：根据司法现实需求确定软件功能要求→斥资开发功能模块→需求有所变化，但系统不能迅速与之相适应，最终被迫开发新的模块→信息的复用性极低→未被充分利用形成大量冗余，占用大量系统资源，运转速度降低→用硬件采购解决系统冗余→系统臃肿→

---

① 辛仁周：《巴西：电子政务值得借鉴》，载《计算机世界报》2008 年 9 月 1 日第 33 期。
② 信息化的深入推进不仅改变着人们的工作方式，也在改变着人们的生活方式乃至思维方式，法院信息化建设同样会对司法工作的管理理念等产生变革性的影响，因而并不总是司法的工具。
③ 大连市中级人民法院曾于 2008 年承担最高人民法院重点调研课题《关于当前人民法院审判和执行工作运用信息网络技术等科技手段的调研》，从理论和实践两方面对法院的信息化建设进行了广泛深入的调研。

进入新一轮巨资开发→试图寻找改进升级，不知如何处理原有信息，直至最终不得不开发新的系统。由此，各法院进行的信息化建设也就演变成单纯以资金投入多少和功能模块数量进行水平比拼的烧钱竞赛。

（二）缺乏以人为本意识

建设是手段，应用是目的。信息化建设应当在遵循司法规律的基础上，充分考虑各类使用主体的功能以及操作需求，以避免信息化建设因使用上的不便利而可能导致的系统低效或者使用者的抵制。

信息化建设缺乏以人为本意识主要体现在三个方面：一是部分使用主体的工作量不减反增，使信息化工作方式对部分主体不便捷[①]；二是工作界面的非人性化，操作困难；三是基于软件设计方便而确定系统的运转方式与业务的实际运转方式以及与人的固有的思维习惯之间没有平滑无缝结合，一项工作的完成需要穿行不同的子系统，造成时间与精力的浪费，从而破坏了事务运转的连贯性。

（三）信息化建设与司法改革脱节

信息化并不仅仅是一场技术革命，更重要的是它所带来的组织制度、管理模式、运行机制等多方面的创新。任何一个单位要想在信息化方面获得成功，最高决策者必须要有全面创新的决心。换言之，信息化建设与司法需求具有共同推进的内在要求，信息化的建设过程也是借助司法改革实现司法审判资源优化的配置过程。

除少数法院在实践中注意到了信息化建设与司法改革有机统一和同步推进关系外[②]，多数法院的信息化建设实践暴露出二者相互脱节的缺陷。有的法院可能因为在建设理念方面存在误区而生硬割裂了信息化建设与司法改革的有机联系，把信息化建设单纯作为现行审判管理机制功能需求的直观描述来对待，对于司法改革可能给信息化建设产生的深远影响以及信息化建设可能对审判管理模式产生的某些改变均不予考虑，不但使信息化建设因缺乏前瞻性而很快落伍，也使得原本灵活的审判管理等工作体制因信息化的使用而变得僵化而缺乏弹性。尽管信息化建设与现行司法管理机制的高度契合可缩短二者相互磨合、适应的时间，但在

---

① 比如系统的使用大量增加了法官或其他人员的手工录入的工作量，使这部分人员产生信息化是增加而不是减少工作量的错觉并可能进行抵制。
② 如大连市中级人民法院在进行信息化建设的同时，对合议庭制度进行了"1411"模式的配套改革。

当前司法改革持续进行的背景下，信息化建设的成果却有可能构成司法变革进一步深化的枷锁或者牢笼。还有的法院尽管注意到了二者的有机联系，但为了追求建设的后发优势，而采用了"先进"模式直接引入、配套改革随后跟进的建设方式。尽管此种建设方式将信息化建设与司法改革一体考虑并为后者的进一步深化留下了适度的空间，但是如果忽视信息化建设与司法改革的高情境性，则很有可能使先进建设模式与司法改革措施的移植发生"排异反应"，从而产生南橘北枳的结果。

三　关于法院信息化建设路径应然选择的思考

（一）在软件开发模式的选择上，变内部紧耦合的设计模式为高内聚、低耦合的SOA架构

高内聚、低耦合的SOA架构[①]可有效克服功能模块内部紧耦合的设计模式无法以便捷、经济的方式满足动态司法需求的缺陷，能够使信息系统具有更大的灵活性和适用性，从而满足信息系统保持适度的弹性建设需求。

首先，高内聚、低耦合的SOA架构能够最广泛地支持与异构系统进行灵活无缝的信息数据交换，解决了内部紧耦合的设计模式之下，不同时空、不同系统信息难以整合的问题。

其次，该架构克服了内部紧耦合的设计模式之下，系统重用性差，人为割裂

---

① SOA架构下的信息化建设模式：
软件支撑平台：
人员/信息/流程整合起来矛盾突出！

审判管理
知识管理
执行系统
信访系统
电子档案
公检协作
电子学习
移动访问
电子邮件
应用访问
内容(文章、手册……)

更多的复杂化：
拥有多个无关联的应用系统

目标：
一个集成的、可配置的、随时随地可用的敏捷事务应用

诸工作、管理要素内在联系的缺点。内部紧耦合的软件设计模式，不仅将司法人为地分割为立案系统、分案系统、排期系统、纪检监察系统、审判委员会系统等相互独立的子系统，还需要将重复使用的同一功能分别安排在许多不同的模块之中，因而每一功能模式的任何变化都可能导致其他功能模块以及内部设计结构的相应变化，使后继司法需求的满足显得不及时、不经济。高内聚、低耦合的 SOA 架构之下，只需要对原有的组件组合方式进行相应的调整，即可以简单快速地部署实现，而不必对系统的地层做大规模的调整，更不必投入巨大资本进行新一轮的研发。

最后，SOA 架构能够提供一种直接面向需求的司法公正体系，做到真正的"与时俱进、因需而变"。该技术架构可通过对同一种功能在不同领域的设置而发挥不同的作用，从而使智力资源发挥最大的作用，并将信息共享的成本降到最低。由于传统的信息化仍然没有突破封闭模块式之间通过接口组合的架构，也就无法采用被虚拟复用组件调用的信息模式，因而经常把经过不同阶段、不同部门、具有不同观察视角、不同操作人员共同处理的同一件事，设计成单独由不同部门、人员操作的许多事情。服务的提供者则出于自己管理的方便而把它拆分成各种各样的内部结构，从而将服务的提供者变成了需求方的主导者。

（二）在与司法改革关系上，实现从相互脱节向同步进行的转变

信息化建设是一个系统的工程，而不是指仅仅在某一方面有所突破。信息化向人民法院的渗透，必将要求人民法院整体转变与之相适应，如工作方式的转变，审判资源的调整，结构组织的变化，管理制度和方式的变革，等等。没用配套建设做支持，信息化建设不可能取得完全成功，其效果也将会大打折扣。为此，无论是信息化建设采取自主创新的建设模式，还是采取其他法院成熟建设模式直接引入的模式，都需要将二者作一体化考虑。首先，要对未来的司法改革趋势有相对清晰而准确的把握，在此基础上，结合其他法院司法改革的实践确定符合本院工作实际的改革远景规划。其次，要结合司法改革远景规划确定可以预见的司法需求，进而确定一定时期内信息化建设的目标、方案。在此环节，要重点考虑信息化建设方案及目的的可行性、科学性，并对之进行严密的论证。最后，信息化建设目标与方案应适时作出调整。由于信息化建设是一项复杂而系统的工程，较长的建设周期决定了预先确定的建设方案或者建设目标可能与司法工作实践不相符，或者因为司法改革对司法工作机制进行了较大的修改，原来方案或目标所依存的基础发生了变化，因而有对之进行适当调整的必要性。

（三）在功能定位上，实现从单一的管理统计工具向集约化运行、具有管控功能的全方位审判工作平台转变

由于当前法院的信息化建设程度参差不齐，多数法院的信息化建设仅覆盖审判流程管理和司法统计两个领域，其他部门的信息化或者正在建设过程之中，或者尚未实现，法院信息化在实践中主要体现为一种统计或管理工具，这极大地限制了信息化功能的实现；即使涉及审判业务，也只是用计算机语言对传统的手工工作流程作简单的描述。在现代社会中，信息化不仅是技术手段，更越来越成为人们的工作方式甚至是生活方式，只有适应这种变化，才能立于不败之地。因此，信息化建设应当摆脱以管理与统计为主的窠臼，变管理手段为工作平台，着眼于功能的集约和动作的协同，研发有机整合案件办理、办公、审判管理、涉诉信访等多个系统在内的全方位工作平台，重点是通过网上流转办理，实现对案件的全流程工作、全行为控制、全过程管理和全方位监督：一是建立涵盖全部节点的异常审判流程警报机制，科学界定各类角色主体的职责权限和工作标准，规范和细化案件流程，通过工作平台对所有法官、所有案件每一个动作节点，实施全面、动态和实时监控，随时掌控案件运转情况，尤其是涉及超审限、信访、稳定、督办等需要予以特别关注的情况；二是通过信息化平台在案件网上流转过程中给不同管理者设置不同权限，强化业务指导，完善层级管理，实现多角色监督，防止司法行为失控；三是由审判管理专门机构利用工作平台及时收集和科学分析系统自动生成的数据，做好案件质量管理、审限管理、态势分析、绩效考评、监督运行等工作，发挥宏观管控和微观指导两方面作用，保障审判质效；四是加强工作调度和绩效考核，科学合理地设置量化考评指标，利用先进的人工智能数据挖掘工具，对全院、业务部门、法官进行绩效综合评估，初步建成上级法院考评落实、本院本级的庭级、合议庭及法官个人四个层次的考评体系。

（四）在工作模式定位上，实现从传统手工操作模式向现代计算机工作模式转变

在审务管理上，新的平台要求各项工作、尤其是审判工作必须在网上进行，与案件相关的每一个司法行为都必须网上实时完成，做到案件办理过程同步录入、裁判文书和审限变动网上审批、审判流程各节点智能控制，彻底改变了传统案件管理软件以事后录入为主要特征的信息记录模式。各角色只需在相应环节按照职责完成工作，即可实现信息的最终聚合，极大地减轻了信息集中录入的工作强度，有效保障了信息的准确度。

在政务处理上，启用先进的 OA 协同办公系统，通过公文管理、协同办公、

表单管理、公共信息管理等模块，在内网上轻松处理公文流转、工作协同、公务用餐用车申请等事务，使得上级法院和本院党组的指示传达、责任者贯彻结果的报告反馈以及各部门之间的沟通配合能够在第一时间完成，实现了日常工作网络化、办公自动化和交流信息化，有效降低人力资源消耗，大幅提升工作效率和质量，增强全院的信息共享和交流。

（五）在主体角色定位上，实现从由专业人员管理向以法官为主体转变

信息化的功能是通过人来展开和实现的，法院信息化的工作平台必须以法官为主体。在信息化建设的过程中，大连中院高度重视由法院业务专家全面主导，提出具体业务需求，专业技术人员仅负责技术实现，并由业务专家确认需求的实现效果；高度重视以法官为主体的用户体验，系统功能全面但操作极为简单，且完全按照最适合法官的方式去设计界面和功能；在日常的客户化维护上，均由审判管理部门的专业法官进行，及时、准确地将管理要求直接作用在系统上，减少了环节上的损耗和延滞。在与工作平台相契合的"1411"合议庭模式下，审判长是子系统的调度者，法官是使用者，法官助理完成辅助性的工作，信息化覆盖审判全过程，法官与工作平台全嵌合，信息化操作系统成为法官须臾不可离开的工作平台，以往由专业技术人员主持研发、负责管理、法官被动应用的状况得到彻底改变，随着操作能力和应用水平的有效提高，全体法官成为信息化平台的真正主人。

通过以上论述，我们可以看出：人民法院的信息化建设是一项复杂、系统、持久的工程，不仅要考虑与司法改革以及审判管理创新的契合问题，还要考虑与审判文化以及管理体制的兼容问题，任何以整齐、划一的建设模式抹杀法院信息化建设个性的想法和尝试都有可能遭遇困境：一方面，只有从国情出发，从域情出发，从本院院情出发，才能够真正探索出适合本国、本地区、本法院的信息化建设之路；另一方面，这种探索必须在洞察前景、把握规律的基础上进行，因为起点的选择决定了路途的远近，路径的选择影响到成本的高低。在信息技术日进千里的当今时代，只有把握住科技发展的潮流，才能使人民法院的信息化建设尽可能少走错路和弯路，更好地满足司法事业发展的需要。

广州法院信息化建设的实践与思考

———— 广州市中级人民法院

党的十七大报告指出："要全面认识工业化、信息化、城镇化、国际化深入发展的新形势新任务,深刻把握我国发展面临的新课题新矛盾,更加自觉地走科学发展道路。"信息化是国家发展战略的重要内容,是现代化的重要标志。信息化是现代法院建设的重要标志,也是"科技强院"的重要手段。2007 年 7 月,最高人民法院发布了《关于全面加强人民法院信息化工作的决定》,强调了信息化在法院工作中的重要战略地位和作用,进一步明确了人民法院信息化工作的指导思想、基本原则、工作目标和保障措施等。由此,人民法院掀开了信息化建设的高潮。

我市法院紧紧围绕上级法院的部署,大力推进信息化建设和应用,自 2000 年全面推进信息化建设以来,提高了办案和办公的效率、节约了成本、提高了决策的科学性和管理透明度。在案件增长远大于工作人员增长速度的情况下,我院工作取得的成效,信息化发挥了相当重要的作用。

一 我市法院信息化建设的做法与成效

(一) 健全的管理机构和有效的社会化服务机制

信息化建设是"一把手工程",我院把加强信息化建设作为一项重要工作来抓。成立了以院长为组长的信息化工作领导小组,在办公室设立了自动化科,专门负责信息化的日常管理工作。诚然,要维护广州法院庞大的网络系统,单靠某个科室是远不够的,为解决技术人员不足的问题,我院 2001 年在全省范围内率先建立了社会化服务机制,目前常驻我院的社会化服务机构的计算机技术人员达二十多人,日常网络系统的各种软硬件问题都能迅速解决。特别是有软件工程师常

49

驻我院，干警对软件系统提出的新需求能快速实现，这就是我院使用的系统能不断完善、不断贴切应用实际的关键所在，这也使我院没有出现经常更换系统、重复投资建设的现象。

（二）成熟的系统引入和经济的资源共享机制

一个业务系统建设从零起步需数年的开发和试应用，考虑到这个因素，我院在系统建设上没有贸然从零起步，而是优先考虑引入成熟的系统。2000年底，我院把在南京中院应用了5年的"审判流程管理系统"移植我院，前后只用了两个月的时间就在我院正式应用，既节省了通常需上百万的前期开发费用，又解决了一时技术人员不足的问题。由于该"审判流程管理系统"还在许多省内外中级法院应用，我院与服务商所签的合同约定：如果其他中级法院有新的且适合我院应用的功能，服务商要无偿、迅速移植，反之亦然。有了经济的资源共享机制，我院的"审判流程管理系统"日臻完善，包括在东莞法院使用的"案件质量监察系统"、在南京中院使用的"审判质量效率评估系统"、在原广州市东山区法院使用的"执行代管款管理系统"都得以免费在我院移植应用。"审判流程管理系统"还有其他许多新增功能都是得益于这种机制。

（三）统一的软件系统和高效的网上维护机制

我市两级法院实现了审判业务和日常办公系统的统一。我院牵头、专门发文推行统一系统应用，在2004年两级法院实现了审判业务统一，后续开发的办公OA系统也实现了统一。有了统一的软件系统和两级法院局域网的联通，计算机技术人员通过网络可在中院对基层院的系统进行维护，开发的新功能两级法院可共享，缓解了基层院计算机技术人员不足的问题，达到资源整合利用，极大地提高了软件系统的维护效率。

（四）广泛的系统应用的和深层次的开发利用

通过扎实有效的信息化建设，我院应用软件系统类型比较广泛，建立起了局域网和广域网。到目前为止，两级法院已经联网使用办公自动化系统、审判管理系统、执行流程管理系统、人员管理系统和安全保障体系。通过引进和自行开发，审判系统包含有案件流程管理系统、网上立案系统、案件信息修改审批系统、诉讼费缓减免审批流程系统、档案调阅网上审批系统、司法委托流程管理系统、数字法庭软件系统、司法文书纠错系统、案件生效系统、上诉案件电子卷宗上传系统、协办案件系统、审判数据库分库管理和两级法院审判数据交换平台系统、减刑假释系统、信访督办案件系统、纪检监察案件系统、代管款管理系统、审判质量和效率评估系统、审判辅助决策系统、电子档案管理系统、司法统计系统等。办公自动化系统包含有两级法院公文交流转系统、短信发布系统、项目管理系统、公文行文审批系统、会议管理系统、派车管理系统、装备管理系统、预算管理系统、硬件维修管理系统、上报信息管理系统、视频监控系统、调研管理系统、移动办公系统等。执行流程管理系统包含有执行案件流程管理系统、主动执行系统等。人员管理系统包含有审判人员业绩管理系统、考勤管理系统、法官办案参考系统、个人固定资产查询系统、立功受奖自动查询系统、干警工资查询系统等。安全保障体系包括内外网分离、内网数字证书安全认证、电子签章、外网安全审计、审判系统数据同步备份、容灾备份、身份认证热备等系统。同时，安装了中国审判法律应用支持系统、文书自动生成系统等。这些系统的应用，大大促进了办案和办公效率，保障了各项工作的有序管理。

（五）必要的经费保障和合理的分配使用

信息化建设是高效率、高投入的项目，建设投入大，运行维护费用高。我院十分重视信息化建设投入，大量的资金用于信息化建设，近年来用于购置电脑、打印机、扫描仪、网络设备等硬件，以及用于软件开发和聘请社会化服务人员的费用达数千万元之多。在必要经费保障的前提下，我院十分重视经费合理使用，实行信息化建设项目专家设计、咨询制度，重要的项目要做科学论证，不盲目攀比和仓促上马，把经费优先用于最有效益又切实可行的项目上。在硬件建设方面，首先是要考虑够用，可适当超前，但不过于超前。在软件开发方面，要先审判业务，后日常办公业务。先建立基础数据系统，后建立分析应用系统。先基层应用试点，后两级法院推广使用。优先考虑引入成熟系统，避免自主研发费用过大等。

（六）完善的规章制度保障和管理者承责的理念

建立制度是保证信息化建设稳步推进的保障。为了稳步推进信息化建设，我院规划先行，先后制定了 2004～2007 三年规划、2007～2010 三年规划和 2010～2013 三年规划。在规划的基础上，制定了一系列的规章制度，如《广州市法院计算机信息管理规定》、《广州市法院计算机网络管理暂行规定》、《广州市法院计算机信息浏览受权范围的规定》、《广州市法院进一步强化使用法院信息管理系统的意见》、《广州市法院网站栏目采编、审批、维护、操作规定》、《关于在〈广州审判网〉公布裁判文书的办法》、《广州市法院信息化建设项目专家设计、咨询制度》、《广州市法院数字证书及电子密钥使用管理办法》等。

这些规划和制度避免了信息化建设在个别地方出现的项目轰轰烈烈启动，快速建设，隆重验收，然后无声搁置，最后无情抛弃，再重新投入的一些现象。我院秉承管理者承责的理念，管理者没有理由，也决不可将失败的责任推卸给使用者和软件开发公司，管理者要做好上与领导，下与使用者，外与开发公司的沟通，确保项目（特别是软件项目）的成功应用。

（七）透明的招标过程和严格的项目审核验收制度

信息化建设是大投入的系统工程，实施过程复杂多变，是各方社会力量角逐的场所。稍不注意就会造成显性或隐性的经济损失，导致项目失败，甚至渎职和失职。为防止以上现象的出现，我院在项目实施的前后，除严格按政府采购规定招标、审核验收外，还有以下做法来保证工程项目建设廉洁、实效：一是根据专家设计、咨询制度，对于复杂项目，在项目实施的整个过程都可请专家来设计和咨询，例如在建立两级法院网络安全体系项目时，就请一批专家来咨询设计；二是工程项目招标文书制作时除请专家来咨询外，还将招标文书草稿交有意投标的公司提商务和技术意见，这样可防止招标文书的偏向，以免造成不公；三是招标时，我院作为评标人的一票是由多名相关同志组成内部招标小组，讨论研究，统一观点后产生的；四是项目验收一定要在成功应用后进行，避免在所谓的文档、技术性功能完成后就验收，造成仓促开发的系统往往不实用。

（八）领先的功能、踏实的应用和防范网络风险的管理机制

我院的审判、执行业务系统和办公OA系统有许多领先应用的功能，在全国法院系统率先自主开发执行案件数据上传软件，提高了数据录入效率。在行政和后勤管理方面在全国法院系统率先实现全程网上办理来文，院领导在网上审批和传阅来文，以前通过纸质批阅要一周才能完成，现通常一天就可办毕。我院还率先实现两级法院信息和调研在网上报送、自动统计和计分考核，系统应用前，两级法院信息和调研材料是通过互联网的邮件交换，并靠手工计分考核，而现在两级法院信息和调研材料通过内部局域网自动传到研究室和办公室相关人员的电脑，自动计分考核。各种电子刊物在内部网上自动发布，消除了干警桌子堆满了内部刊物的现象，节约了大量的纸张，极大地提高了工作效率，我院信息和调研工作走在全省法院乃至全国法院前列，信息化建设做出了重要贡献。我院高效的后勤管理也得益于信息化建设：网络设备、计算机和辅助设备的维修工作涉及办公室、

行装处、服务中心三个部门，目前设备的报修、审核、报账全在网上流转。另外，还实现网上派车，网上考勤等一系列的应用。

为保证在网络上各系统的安全运行，我院引入先进的技术工具来保证网络安全运行，提高防范网络风险能力。一是在各基层法院推广安装"安全审计系统"，对两级法院广域网内所有用户实施实时警报监控和监察审计，杜绝内外网相联。二是制定两级法院数字证书管理规章制度，建立两级法院网数字证书安全认证平台，实现干警只能使用数字证书登录各应用系统，提高信息的机密性、完整性、不可抵赖性和可靠性，并建立基于数字证书签名的电子签章应用，确保重要电子数据和电子文档不被篡改。三是在两级法院安装杀毒软件、防火墙和漏洞扫描系统，制定可靠的安全策略，定期进行漏洞扫描，提高防范黑客攻击、窃取信息、电脑病毒的能力。四是加强各类数据备份安全管理。贯彻审判数据库复制服务实时同步，将每天的审判数据及办公 OA 系统数据备份到机房外的硬盘后放入保险柜存放，并做好系统恢复的应急措施。

二　我市法院信息化建设过程中几个矛盾关系

我市法院在信息化建设与应用上投入大、速度快、效果明显，但在信息化建设、应用和管理过程中，也出现了一些矛盾方面：

（一）信息化建设规划与法院整体建设规划的矛盾

我院对信息化建设分别制定了若干三年规划，提出了建设思路，但随着近些年案件数量的大幅增长，法院队伍也在不断扩大，包括我院和不少基层法院在内，原先的办公场所已不适应工作需要和法院发展的实际，不少法院纷纷作出了审判大楼搬迁的计划。法院搬迁是一个需要相当长时间的过程，信息化建设不得不服从于法院整体建设，信息化建设的紧迫性与法院整体建设的长期性形成了矛盾。例如，按照上级法院要求，我院的数字法庭和智能化会议室建设尚未达到要求，但是因这些庭室建设耗资巨大，若不考虑搬迁因素而及时上马建设，将会造成巨大浪费，我院的这些庭室建设被迫暂缓进行，导致信息化建设速度放缓。

（二）信息化建设高投入与经费有限性的矛盾

信息化包括计算机、网络和通信等范围，既包括硬件建设，也包括软件开发，既需要大量建设开发费用，也需要大量维护费用。而地方财政每年给法院的办公等费用预算是有限的，不可能短期内把大量经费全部用在信息化发展上，这就形成了信息化发展需要的大量费用与办公经费的有限性之间的矛盾，特别在一些经济欠发达地区，这种矛盾就更加突出。

（三）信息化建设与法院业务增长和创新需求之间的矛盾

随着经济和社会发展，人民法治意识不断提高，对司法需求和期待也不断增长。近些年，案件数量不断增长，信访维稳压力加大，为了适应新形势，人民法院必须不断改革创新，确保满足人民日益增长的司法需求。如网上立案、庭审直播、远程审讯、网上查询等都属于业务的新类型，而信息化建设必须不断地为业务的增长和创新提供服务和开发新内容。如果信息化管理人员意识不够或者技术力量跟不上，就会出现信息化发展跟不上法院工作的新需求。

（四）信息化建设与应用和维护的矛盾

信息建设必然带来一些新系统、新操作，对原先的一套工作程序和方法产生冲击，同时，信息化对人员的素质提出了新要求。因此，新的系统和软件应用以后，出现一些老同志不会用，也有一些同志因要熟悉和学习新系统、新操作而不愿用。出现了"多数法院信息化应用还主要满足于数据统计和审限管理为主的审判流程管理"[①] 的现象，产生了信息化建设的超前性与应用的滞后性之间的矛盾，这是在信息化建设之初出现的最突出的矛盾。如审判流程管理系统设计了根据法官办案系数、业务分工等信息产生的自动分案功能，可以有效避免人情案等问题，但实际操作中仍然存在自动分案与手工分案并存的局面。如信息化的发展本应带来无纸化办公，但目前在信息化建设比较完善的情况下，在公文流转、案件审批等环节仍然存在电子流转和纸质流转同时并存的局面。与之相随，在新的系统和软件应用的过程中，一些同志提出了一些完善和改进的意见，以更适应审判和办公的需要。但是，不少改进措施进展缓慢。有时在工作中出现信息化设备和网络故障，报修后较长时间得不到解决，导致设备使用人员的工作不得不停下来。这些信息化建设开发与应用维护的矛盾如果得不到及时解决，就会大大损伤工作效率。

（五）信息化建设条块分隔现状和司法信息资源共享需求之间的矛盾

不少地方三级法院在信息化建设过程中，存在各自为政、由不同服务商开发和维护的局面，且不同法院信息化建设起步早晚和进度快慢不同，因此出现纵

---

① 孙福辉，《对人民法院信息化建设和应用问题的几点思考》，载《数码世界》2007年第6期。

向方面上下级法院之间不同网、不同系统、不同服务商之间的矛盾，横向方面同级法院之间或法院与同级政府信息系统之间不统一、不兼容的矛盾。局域网内法院审判业务需要三级法院联网、系统对接和数据共享。广域网方面需要与政府网、政法网、社会征信系统对接，实现司法资源共享。因此，信息化建设的条块分隔状态与信息资源共享的发展要求之间产生了矛盾。如我院在信息化建设上起步早、进度快，已经形成了一套成熟完整的系统，这与上级法院后来要求的全省法院使用统一系统和服务商之间产生了矛盾，给审判业务带来不小影响。

（六）信息化应用中重程序与轻实体之间矛盾

目前法院信息化应用基本普及各项业务和管理工作中，但从应用情况来看，普遍存在重程序轻实体的情况。法院内部只是利用信息技术进行程序上管理和办公。法院外部没有与政务系统、征信系统实现资源共享与整合。现广泛使用的案件流程管理只对案件的立案、排期、开庭、结案、归档等环节进行组织和记录，这种管理是表格式的静态的事后管理，真正起到的作用只是便于司法统计和归档。完善的信息化管理不仅要包括立案信息登记表等流程性管理表格，还应包括起诉书、答辩状、证据材料、庭审笔录、庭审实况等，形成语音、数据、图像等电子档案，为案件讨论和上诉审提供完全的材料。

三　完善法院信息化建设的几点建议

信息化是法院建设和业务发展的需求，是现代化法院的重要标志。最高人民法院非常重视信息化建设，自2001年以来先后制定了《人民法院计算机信息网络建设规划》、《国家"十五"计划期间人民法院物质建设计划》、《人民法院信息网络系统建设实施方案》、《人民法院信息网络系统建设技术规范》、《人民法院专网建设技术方案》、《人民法院计算机信息网络建设管理规定》等近20项相关规定，要求各级法院按照统一规划、持续发展、资源整合、信息共享的原则开展信息化建设。《人民法院第三个五年改革纲要》明确提出："加强人民法院信息化建设。促进信息化在人民法院行政管理、法官培训、案件信息管理、执行管理、信访管理等方面的应用。尽快完成覆盖全国各级人民法院的审判业务信息网络建设。研究制定关于改革庭审活动记录方式的实施意见。研究开发全国法院统一适用的案件管理流程软件和司法政务管理软件。加快建立信息安全基础设施。推进人民法院与其他国家机关之间电子政务协同办公的应用。构建全国法院案件信息数据库，加快案件信息查询系统建设。"

法院信息化是以计算机网络硬件、软件平台为中心，以现代通信网络为载体，充分利用现代科技手段，实现人民法院信息的采集、制作、传输、发布、存储、利用手段的现代化，实现法院信息系统资源共享，提高工作效率，确保司法公正[①]。法院信息化工作主要包括三个方面——建设、应用和管理，其中建设是基础，应用是目的，管理是保障[②]。根据最高法院的部署和技术要求，结合我市法院信息化发展实际，人民法院信息化建设应当加强以下几个方面工作。

（一）加强规划，分步实施

曾任最高法院副院长曹建明指出，法院信息化建设规划过程中要正确处理好三个方面的关系：一是要坚持长远目标与近期目标相结合，着眼长远，立足当前；二是要坚持快稳结合，稳中求快，既要重视信息化的开发与建设，更要重视应用与管理；三是要坚持点面结合，既要加大对重点开发项目和建设项目的扶持力度，又要重视以点带面[③]。规划是信息化的基础性工作，信息化建设是一个耗资巨大、周期性长的过程，信息科学技术发展迅速，更新速度快，为了协调信息化与法院整体发展、信息化高投入与资金有限的矛盾，对信息化建设要加强规划，将信息化规划纳入法院发展整体规划中，坚持长期规划与短期规划相结合，处理好长远与眼前的关系，分步实施，结合工作需要，要有所为有所不为，决不能搞政绩工程、形象工程，也决不能贪图眼前利益，因投入大、时间长而不作为。

（二）整体推进，协调一致

最高人民法院姜兴长副院长曾指出，为实现法院信息交换与共享，全国法院各类业务应用软件的开发必须相对统一：软件的基本功能、数据结构、代码标准、传输交换模式等必须统一；开发合作单位必须限定在一定范围内；审判、执行、

---

① 参见李瑞富、李润海：《法院信息化与法院发展》，载《山东审判》2005年第3期。
② 参见刘义生、李润海：《法院信息化工作的现状及应对》，载《人民司法·应用》2008年第11期。
③ 参见倪寿明：《提高认识抓住机遇搞好规划 加快推进人民法院信息化建设》，载《人民法院报》2006年9月4日第1版。

法官、审务和决策支持软件必须统一开发①。地方三级法院在信息化建设上要加强沟通协调，坚持整体推进，形成步调一致。建议地方法院信息化建设由高级人民法院统一负责，坚持"四统一"，即统一领导、统一规划、统一标准、统一软件。对不同法院因业务需要开发的子系统，应实行申报制度，由省高院统一委托服务商开发。对信息化建设滞后的法院要采取适当扶持政策，先进带动后进，保证信息化同步发展。

（三）加强研发，适应需求

信息化建设是服务于审判工作和办公需要的，因此信息化建设要坚持满足需要、适当超前的原则。随着法院业务增长和改革创新不断推进，信息化建设也要加大研发力度，以满足工作需求。改革需要信息化跟上步伐，搞好信息化建设也能促进改革的发展。因此下一步要加强信息化应用的深度和广度：一是全面推进审判信息管理，做好审判管理软件升级工作，增加案件实体信息管理、远程立案、电子印章、卷宗管理、上诉案件信息网上传输、庭审录音录像管理、审委会管理等内容；建设智能化法庭，集庭审控制、证据展示、庭审直播、法庭辩论、庭审监控、同声传译、多媒体展示、庭审传唤与报警等功能于一体；建立智能化审委会，实现审委会讨论案件电子证据展示、查看庭审录音录像、网上会议表决和电子签章等信息化，促进"审"和"判"的统一。二是要加大应用力度，由流程管理向实体管理转变，实现对案件信息文字、图像、语音等实体管理；由静态管理向动态管理转变，规范办案程序，加强对审判权的监督制衡，实现审判工作从行政型管理向审判型管理的转变；落实对各个办案程序的节点控制，精细管理办案，避免案件久拖不决及超审限，防止法官审理案件先易后难、先简后繁，疑难案件未能及时办结、存案较多等问题。只有这样才能便于法院领导从宏观上把握审判执行工作的即时运行状况，辅助科学决策和及时掌握分析审判执行工作规律，对审判执行工作发展态势作出正确预测，引导工作部署，调整工作重心；由纸质卷宗传递向电子卷宗传递转变，通过数据交换系统，实现不同部门、不同人员和上下级法院之间信息报送和传输，实现资源共享。

（四）发动干警参与，加大宣传培训

在信息化建设过程中，之所以出现干警不愿用、不会用的问题，就是因为在

---

① 参见姜兴长：《加强人民法院信息化工作为社会主义司法制度提供坚强保障》，载《人民司法·应用》2007 年第 17 期。

规划与建设的过程中，前期缺少干警参与，导致开发软件不够贴近实际，因而不愿用，后期宣传培训不够，导致不会用。说到底，信息化建设的目的就是应用，应用的主体就是广大干警。因此，在规划过程中，应当听取广大干警对方案的意见与建议，以使规划更契合实际。在系统和软件的应用过程中，也要更多地听取广大干警的意见，不断改进，维护更新，以使系统和软件能够随时适应业务的需要和发展。对于开发的新系统、新软件，要加大宣传和培训力度，不仅要传授使用方法，更要告诉大家为什么要使用新系统、新软件，新系统和新软件会给大家带来什么好处与便利以及对审判工作和法院发展具有何等重要意义。

审判实务

股东大会决议撤销之诉中程序瑕疵与决议撤销的关系

——以股东参与权保护为中心

卢　颖[*]

目前对于股东大会决议撤销之诉中程序违法与撤销决议间究竟应当是何种关系，立法并无明确规定，既有观点认为小股东参与也改变不了决议结果而否定撤销的，也有观点以维护股东固有的参与权为由支持撤销的。程序违法瑕疵究竟和决议结果之间存在何种关系时才应该撤销决议，这一标准在德国经历了从"因果关系理论"到"相关性理论"的发展变化过程，笔者认为，德国公司法经过长期的发展最终以"相关性理论"为标准来判断程序瑕疵和撤销决议间的关系是值得赞同与借鉴的。

对于股东大会的程序瑕疵与股东大会决议间存在何种关系时才应当撤销股东大会决议，该问题曾一直是德国公司法股东撤销诉讼中存在争议的问题。德国《股份法》第 243 条第 1 款只是规定，股东大会决议违反法律或者章程的可以通过诉讼予以撤销[①]。但一直以来，学术界和司法界的一致观点是该款规定在违法行为与决议结果间的因果关系要求上过于宽泛，认为依据对法律的目的解释至少那些对决议结果没有任何影响的违法行为应当排除在撤销原因之外，撤销一个违法行为对其无任何影响的决议并迫使公司以很高的经济和时间成本第二次作出决议是毫无意义的形式主义[②]。

同样在理论上没有异议的是，对于股东大会决议与违法行为间存在因果关系

---

[*] 上海市第一中级人民法院民事审判第四庭书记员。

[①] 德国公司法虽然只在主要调整股份有限公司的《股份法》中对决议撤销之诉作了详细规定，但一般认为其规定原则上也适用于有限责任公司。

[②] Zöllner, in: Kölner Kommentar zum Aktiengesetz, § 243 Rn. 76f.; RG, 65, 242; 90, 208; 103, 6; 108, 322; 110, 194; 167, 151, 165; BGHZ 14, 267; 36, 121, 139.

的要求只适用于程序瑕疵，对于决议内容上的违法瑕疵不存在这一要求，因为内容瑕疵是作为意思表示结果意义上的决议的特性，该特性不能是自己本身的原因，因此内容瑕疵始终构成决议可以撤销的原因。但是，程序违法瑕疵究竟和决议结果之间存在何种关系时才应该撤销决议，这一标准在德国经历了一个发展变化的过程。

一　从"因果关系理论"到"相关性理论"——更侧重保护股东参与权

学术界早期的主流观点坚持所谓的"因果关系理论"（Kausalitätstheorie），要求程序瑕疵和决议结果间必须存在严格的因果关系，即如果没有该程序瑕疵将会导致不同的决议结果，则在该程序瑕疵下形成的决议应当被撤销[①]。不过，对于这种因果关系的存在一般要求较高。首先，只有在程序瑕疵毫无疑问地对决议结果没有影响时才应当维持决议。只要程序瑕疵有可能影响到股东的表决行为并影响到决议结果，那么决议仍然应当被撤销，在此意义上该理论也被称为"潜在的因果关系"（potenzielle Kausalität）理论。其次，通过举证责任倒置应当由被诉公司证明程序瑕疵对决议结果没有影响，不存在因果关系构成对股东撤销要求的抗辩，在有疑问时将由被诉公司承担不利后果。

然而，这一曾长期主宰学术界和司法界的"因果关系理论"逐渐遭到了批评。其最大的问题在于可能使股东大会的程序性规定被架空而处于多数股东的随意支配之下，因为控股股东或者多数股东可以对任何程序瑕疵主张，即便没有该程序瑕疵其也会作出相同的表决行为从而得出相同的决议结果，此时按照"因果关系理论"在程序瑕疵和决议结果之间显然就不存在因果关系了。

对此，以策尔纳（Zöllner）教授为代表的学术界提出了所谓的"相关性理论"（Relevanztheorie），Zöllner认为，有决定意义的不应当是程序瑕疵和决议结果间的因果关系，而是程序性规定的目的。一方面，大部分的程序规定不仅仅是为了探明多数股东的真实意思，从而决议的可撤销性不会因为多数股东在无程序瑕疵时也会作出同样的表决而消失，另一方面，程序性规定的目的也不在于其在任何

---

① Baumbach/Hueck，Aktiengesetz，12 Aufl.，§ 243 Anm. 8；Schilling，in：Großkommentar zum Aktiengesetz，3. Aufl.，§ 243 Anm. 10.

情况下都必须被机械的遵守，否则将导致决议被撤销。程序性规定的真正目的在于保证各个股东能够公平地参与多数意思的形成以及获取对此所需的信息。相应地，程序性瑕疵只要没有具体侵犯股东的参与权和信息权就不应当因此而撤销决议[1]。可见，"相关性理论"紧紧围绕住股东大会的程序性所要保护的股东的参与利益，并以该参与利益及其所体现的股东的参与权与信息权是否被具体的违法行为所损害作为标准来判断其是否构成与撤销决议相关的程序违法行为。该理论也逐渐获得了大多数学者的支持并成为目前的主流观点[2]。

当然，策尔纳（Zöllner）也指出，这一原则也应当受到一般性的比例原则（Verhältnismäßigkeitsprinzip）的限制，比如在程序瑕疵非常轻微且非基于故意或重大过失从而使得撤销决议显得很不合适时就应当限制对决议的撤销[3]。Hüffer教授最早支持"相关性理论"，并特别从比例原则的角度认为，程序瑕疵如果例外地在理性判断者看来与撤销决议作为惩罚间不存在合适的关系时就应当否认程序瑕疵的相关性[4]。

二　司法判决及立法的发展变化

（潜在的）因果关系理论一度长期主宰了司法判决，程序瑕疵和决议结果间存在因果关系成为撤销决议的条件[5]。当然，上述对该理论的限制同样也体现在司法判决中。比如德国帝国法院只有在完全可以肯定决议并非基于程序瑕疵时才拒绝撤销决议，只要有可能存在因果联系其仍然会支持撤销要求[6]。在诉讼中也是由公司对程序瑕疵对于决议结果无影响承担举证责任[7]。

---

[1] Zöllner, in: Kölner Kommentar zum Aktiengesetz, § 243 Rn. 95ff.; ders., AG 2000, 145, 148; ders., in: Baumbach/Hueck, GmbHG, Anh § 47 Rn. 125ff.

[2] Hüffer, in: Münchener Kommentar zum Aktiengesetz, § 243 Rn. 27ff.; ders., Aktiengesetz, 8 Aufl., § 243 Rn. 13, 46a.; K. Schmidt, in: Großkommentar zum Aktiengesetz, § 243 Rn. 21ff.; Raiser/Veil, Recht der Kapitalgesellschaften, § 16 Rn. 150ff.; Würthwein, in: Spindler/Stilz Aktiengesetz, § 243 Rn. 79ff.; Schwab, in: K. Schmidt/Lutter Aktiengesetz, § 243 Rn. 26ff.

[3] Zöllner, in: Kölner Kommentar zum Aktiengesetz, § 243 Rn. 104.

[4] Hüffer, in: Geßler/Hefermehl/Eckardt/Kropff Aktiengesetz, § 243 Rn. 32.

[5] RG, 65, 242; 90, 208; 103, 6; 108, 322; 110, 194; 167, 151, 165; BGHZ 14, 267; 36, 121, 139; 122, 211, 239.

[6] RG 90, 208f.; 110, 194, 197f.

[7] RG 108, 322, 326f.; 167, 151, 161.

不过，随着时间的推移，司法判决也注意到了"（潜在的）因果关系理论"的缺陷，并试图对其进行必要的修正。为了避免对少数股东权益的保护（尤其是股东信息权）落空，德国联邦最高法院在 1961 年的一个关于侵犯股东信息权的判决中表示，多数股东即便表示在告知原告所要求的信息时其也会作出同样的表决对于判断因果关系没有影响，多数股东事后对于表决的主观想法对于举证没有决定意义[①]。这一观点也得到了 1965 年德国《股份法》立法者的支持，该法在第 243 条第 4 款首次规定，对于以拒绝告知为理由提起的撤销诉讼，股东大会或者股东表示或者曾经表示拒绝告知对其作出决议没有影响的，该表示不予考虑。不过，司法界和学术界对该条规定的理解是其并不意味着不可反驳的因果关系推定，而仅仅是排除了股东大会或者股东通过作出拒绝告知不影响其表决行为的意思表示来否定违法行为与决议结果存在因果关系的可能性，换句话说，"因果关系理论"原则上仍然适用，被诉公司仍然可以通过其他举证方式来证明不存在因果关系[②]。

进一步地，同样是在上述提及的德国联邦最高法院的判决中，法院认为探讨正确告知信息时多数股东可能的表决行为是不对的，多数股东对事实的了解虽然应当考虑，但有决定意义的应当是一个客观判断者的可能的表决行为[③]。因此，对于决议是否是基于拒绝告知有决定意义的只能是一个进行客观判断的股东在得知其要求的信息时是否会作出与实际情况不同的表决行为。这一观点在之后的司法判决中[④]不断被重复和确认从而成为一个固定的标准。但是，对于"相关性理论"的支持者来说，在"因果关系理论"中引入客观判断的股东的视角虽然改善了原来"潜在的因果关系"理论，但这一改变也仅仅适用于信息瑕疵，而且客观判断的股东的视角并不容易确定[⑤]。

德国联邦最高法院最终在 2001 年的一个原则性判决中明确接受"相关性理

---

① BGHZ 36，121，139；同样的判决 BGHZ 107，296，306.

② LG Wuppertal BB 1966，1362；OLG Düsseldorf AG 1968，19，21；BGHZ 107，296，306；Schilling，in：Großkommentar zum Aktiengesetz，3. Aufl.，§ 243 Anm. 11；Baumbach/Hueck，Aktiengesetz，12 Aufl.，§ 243 Anm. 9.

③ BGHZ 36，121，140f.

④ BGHZ 86，1，3；103，184，186；107，296，306；119，1，18 f.；122，211，238 ff.；BGH AG 1995，462；BGH NJW 1995，3115 f.

⑤ Hüffer，in：Münchener Kommentar zum Aktiengesetz，§ 243，Rn. 30.

论"①。在该判决中，法院指出了以往在"因果关系理论"下关于董事会报告的相关判决对股东保护的不足，同时援引了审判庭对于公司提交有瑕疵的合并报告的论证，即由于合并报告对于股东的重要性使得任何保留信息的行为原则上都是不合法的。联邦最高法院认为在这两种情形下撤销成立的原因均在于所保留的信息对于股东参与作出决议是必要的，从而该保留信息行为在根本上侵犯了股东的参加权和参与权。法院认为，有决定意义的只能是从衡量的视角判断程序瑕疵是否可能或者不可能对决议结果产生影响，从而与决议结果存在"相关性"。法院的判决主旨中写道，"如果股东在股东大会上被保留了信息，而该信息从进行客观判断的股东视角看来在德国《股份法》第131条第1款第1句②意义上对于合理判断决议对象是必须的，那就同时构成了对股东参加权和参与权的'相关'的侵犯。对于这种侵犯应当撤销决议，而不取决于股东大会上被拒绝告知的而可能在之后的撤销诉讼中告知的信息的真实内容是否会阻止进行客观判断的股东对决议提案表示赞同"。

　　司法判决的这一根本转变也反映在了立法上，德国2005年底的《企业完整性及撤销权现代化法》删除了上文提到的1965年《股份法》改革引入的第243条第4款，并将该款第1句重新表述为"对于不正确、不完整或者拒绝提供信息，只有在进行客观判断的股东将提供信息视为合理行使其参与权和成员权的重要条件时才能撤销决议"。从该句的表述中突出对股东参与权和成员权的保护来看，其显然是受到了"相关性理论"的影响，而学术界的主流观点也认为该句是对"相关性理论"的明确立法规定③。不过，这也许并不完全是立法者本意，立法理由书中提到该条新规定是公司治理政府委员会的建议，而后者恰恰是以进行客观判断的股东的可能的表决行为为标准的④。立法理由书在解释何为"重要"条件时也认为要达到在客观判断标准下受影响股东如果没有被提供正确的信息就不会同意

---

① BGHZ 149，158，163ff.

② 《股份法》第131条是关于询问权（Auskunftsrecht）的规定，其第1款第1句规定任何股东都可以在股东大会上要求董事会提供对合理判断决议对象所必需的信息。

③ Hüffer, in: Aktiengesetz, 8. Aufl., § 243 Rn. 46a; Würthwein, in: Spindler/Stilz Aktiengesetz, § 243 Rn. 89; Kersting, ZGR, 2007, 319, 323; Schwab, in: K. Schmidt/Lutter Aktiengesetz, § 243 Rn. 26ff.

④ Begründung Regierungsentwurf zum UMAG, BT - Drucks. 15/5092, S. 26; Baums, Bericht der Regierungskommission Corporate Governance, Köln 2001, Rn. 140.

决议提案的标准。很明显，这一解释是受到了之前司法判决以进行客观判断的股东可能的表决行为为标准的影响，而没有完全反映出司法判决已经脱离对进行客观判断的股东可能的表决行为的探讨，转而关注违法行为与侵犯股东参与权和成员权之间的相关性。因此，上述立法理由被学者合理地批评为"已经正确地放弃了的因果关系考虑的残余"[①]，而德国联邦最高法院也认为这是错误地运用了"相关性理论"。因此，目前的主流观点只是以进行客观判断的股东的视角来衡量被保留的信息对于合理判断决议对象是否必须，而不考虑其具体内容是否会对股东的表决行为产生影响。换句话说，只要从进行客观判断的股东的视角来看所保留的信息对于合理判断决议对象是必须的，即达到法条所要求的"重要条件"的标准，该保留行为也就构成了对股东参与权和成员权的侵害，从而使决议由于其合法性缺陷应当被撤销[②]。按照立法理由书，"进行客观判断的股东"是指那些理性地以企业利益行动的股东，其不追求短期目标而是关注公司的长期盈利能力和竞争力[③]。

三　"相关性理论"的适用

至此，德国公司法在程序违法与撤销决议间的关系问题上经过长期的发展，从最初的"（潜在）因果关系理论"，到排除多数股东的意思表示的证明力，再到以进行客观判断的股东的可能的表决行为为标准，最终到接受"相关性理论"以违法行为对股东参与权和成员权的侵害从而导致决议的"合法性缺陷"为标准。可以说，"相关性理论"已经在学界和实务界成为一致的共识。原则上，这一标准适用于与股东大会相关的各个阶段所发生的程序上的违法或者违反章程的行为。

在股东大会召集阶段，除了由无召集权人召集和召集时未按规定进行公告被视为严重的程序瑕疵而直接构成决议无效的原因外，对于其他召集瑕疵比如低于规定的召集期限、召集地点或时间不符合规定、少数股东召集时未表明法院相关

---

① Hüffer, Aktiengesetz, 8. Aufl., § 243 Rn. 46b; Röhricht, Die aktuelle höchstrichterliche Rechtsprechung zum Gesellschaftsrecht, in: Gesellschaftsrecht in der Diskussion 2004, Köln 2005, Jahrestagung der Gesellschaftsrechtlichen Vereinigung (VGR), S. 3.

② Schwab, in: K. Schmidt/Lutter Aktiengesetz, § 243 Rn. 27; Kersting, ZGR, 2007, 319, 323; Wilsing, DB 2005, 35f.

③ Begründung Regierungsentwurf zum UMAG, BT-Drucks. 15/5092, S. 26.

授权、公告的议事日程内容不充分尤其是由未按法律规定组成的董事会准备决议建议以及违反相关的通知义务等，如按照以往"因果关系理论"，其所要求的召集瑕疵与决议结果间的因果关系在很多情况下恰恰很难证明从而会损害撤销权人的正当权利，而鉴于这些程序规定的性质，对其违反通常就意味着对股东参与权和成员权的侵犯，因此原则上应当构成相关的违法侵害，除非是出现诸如明显的书写错误或者其他对股东成员权几乎没什么影响的瑕疵时才应该排除撤销。同样，如果所有股东都参加了股东大会并对作出决议未提出异议（德国《股份法》第121条第6款），那么也可以否认违法行为的相关性，因为此时恰恰没有侵犯"相关性理论"所要保护的股东参与利益。在股东大会召开阶段，违法将股东排除在股东大会之外或中途排除出会场，剥夺或者限制股东发言或者妨碍股东行使表决权均构成对股东参加权的侵害。从上文介绍可以看出，"相关性理论"尤其在对股东信息权的保护上优于其他标准并最终成为共识。虽然德国《股份法》第243条第4款第1句中"进行客观判断的股东"的用语及其立法理由仍然受到了之前司法实践中以进行客观判断的股东如果获得相关信息时可能的表决行为为标准的影响，但现在的主流观点认为只要从进行客观判断的股东的视角来看所保留的信息对于合理判断对象是必须的，该保留行为就构成了对股东参与权和成员权的侵害，从而应当撤销在此基础上形成的有合法性缺陷的决议。"相关性理论"适用的一个例外是在错误计算投票结果时，一般认为此时"（潜在的）因果关系理论"仍有其合理性。如果股东大会主持人错误地计算了投票比如将禁止投票①的票数也计算在内，只要计票错误对决议结果没有影响，即除去错误的计票后仍然满足决议成立的多数表决要求，那么决议就不应当被撤销。

最后，正如上文已经提及的是，以"相关性理论"来判断程序瑕疵和撤销决议间的关系仍然要受到一般性的"比例原则"的限制，这是指有时程序瑕疵虽然侵犯了股东的参与权和成员权，但在考虑所违反的程序性规定的目的及具体的对股东参与权和成员权的侵害程度时，如果将决议撤销作为对侵害行为的惩罚显得极不相称则应该限制撤销。当然，这一限制并不影响以违法行为对股东参与权和成员权的侵害为撤销标准的原则，只是在侵害程度非常轻微时权衡撤销决议的严

---

① 比如德国《股份法》第136条规定在此种情况下对表决权的排除以及关联企业相互间表决权的限制等情形。

重后果而进行的必要限制。

四 对"相关性理论"的评价及其对中国的启示

德国公司法经过长期的发展最终以"相关性理论"为标准来判断程序瑕疵和撤销决议间的关系是值得赞同的。以何种标准来判断违反有关股东大会的程序性规定与撤销由此而形成的股东大会决议间的关系归根结底取决于法律所规定的股东大会的程序性规定本身及违反程序性规定导致决议可撤销的目的及意义,而股东大会的程序性规定贯穿其从准备到召开的始终,其实就构成了股东大会本身。因此,股东大会本身的定位及意义对于理解其程序性规定就至关重要了。一直以来,德国公司法侧重于从股东大会与公司的其他两个机构即董事会和监事会间权限划分的角度将股东大会定位为形成公司意思的机构(Willensbildung),遵循资本多数决原则,后两者为公司意思的执行和监督机构。这种理解更多的是从股东大会形成公司意思(股东大会决议)的结果意义上而言的,而股东大会首先是作为"股东民主之地"而存在的,是股东行使其参加权、询问权、发言权、表决权等股东权利的重要场所,这些参与公司意思形成的权利是与股东成员身份相连的,原则上不受限制。正如司法判决所强调的那样,这些参与权的充分行使正是股东大会最后以资本多数决形成决议而少数股东必须服从该决议的合法性基础。形式上,资本多数决原则体现的是在个体成员的决定自由和集体的行动能力间的妥协,决议过程中所有股东的充分参与正是在结果上适用多数决原则的一个必不可少的前提;实质上,股东的充分参与也是决议结果的"正确性保障"(Richtigkeitsgewähr),股东原则上以企业利益为指导对不同的决议事项形成经常变换的多数意思,从而在公司内部实现适当的利益平衡。即便是对存在固定的多数(控股)股东的公司来说,股东的充分参与从保护中小股东的角度来说也是必不可少的,因为尽管与股东大会相关的许多参与性权利任何股东都平等享有而并不属于形式上的针对少数股东的保护性权利,但在现实中参加股东大会的权利和询问信息权等通常都是作为保护少数股东的工具出现的,因而其甚至不能通过章程加以限制。尽管此时中小股东无法阻止大股东通过其所支持的决议,但通过参与股东大会了解相关信息,中小股东可以发现大股东的决议是否在内容上违法并侵犯了自己的权利从而为行使其他特别的少数股东的保护性权利(如提起决议撤销诉讼、股东派生诉讼等),

必要时甚至可以选择出售股份离开。因此，参与股东大会了解公司发展、管理层履行义务情况是少数股东控制多数股东滥用权利的重要途径。正是由于所有股东的充分参与构成了股东大会的合法性基础，法律才通过广泛的程序性规定保障股东的参与权利并确定公司的相应义务。因此，对程序性规定的违反本质上是侵犯了作为股东大会本质的股东参与权，在此基础上形成的多数决议仅仅是形式上的多数意思而非实质上正当合法的多数意思，因此应对其效力作出否定性评价。

由此可见，对于最早的"（潜在的）因果关系理论"来说，其最明显的不足正是忽视了上述作为股东大会本质的股东（尤其是中小股东）参与的意义，而只满足于形式上的多数意思，即便采取了严格的因果关系要求和举证责任倒置乃至排除多数股东事后意思表示的证明力，其因果关系的内核并无改变。将本应着眼的程序违法对股东参与权的侵犯并由此造成的股东大会（决议）的合法性缺陷换成了程序违法对决议结果有无影响这一标准，是对程序性规定以及股东大会形式主义的理解，无论对于存在固定的多数股东的公司还是股权分散的公司，这种理解均无异于取消了程序性规定和股东大会的实质意义。

以"进行客观判断的股东"的可能的表决行为为标准是对因果关系理论的重要修正，其毕竟将标准放在了股东个体身上，但其进一步将"进行客观判断的股东"如果得知被保留的信息时可能的表决行为作为标准则在实际上又脱离了对股东个体权利的关注。这是因为如果"进行客观判断的股东"是指那些理性地以企业利益行动、不追求短期目标而是关注公司的长期盈利能力和竞争力的股东，那么只有在所保留的信息确实违背企业利益因而会改变"进行客观判断的股东"的表决行为时才能产生否决决议的效力，这无疑是要求所有股东必须按照符合企业利益或发展的行为进行表决，股东大会民主下股东个体的参与和表决自由完全被取消了。事实上，某一决策是否符合企业利益正是通过股东大会的民主表决决定的，以前者来限制后者颠倒了二者关系，这与最早的"（潜在的）因果关系理论"通过固定的多数股东的存在来否定中小股东的参与本质上并无不同。不过，这一弊端在司法实践中并未明显体现，究其原因是不少判决在"进行客观判断的股东"的视角里直接引入了保护少数股东的思想，比如对于保留判断决议所必需的信息的情形，司法判决就认为"进行客观判断的股东"在考虑到所保留的信息对少数股东的意义时不会认为保留行为是正当的从而也不会作出同意的表决行为。这一修正就使得该标准事实上已经非常接近于"相关性理论"了。

　　最终只有"相关性理论"清楚地表达了程序性规定所要保护是作为股东大会本质和合法性基础的股东参与权，从而使撤销决议成为其"合法性缺陷"的必然结果，唯有基于这样的理解，股东大会才不会流于形式，股东尤其是中小股东的参与才不会被视为可有可无，股东撤销诉讼才能真正成为少数股东维护自己权利（包括程序性和实体性权利）不被大股东侵犯的有力工具。尽管以侵犯股东参与权作为撤销决议的标准大大增加了决议被撤销的可能，似乎有碍决议的安定性，但在其他标准下貌似维护的决议安定性恰恰是以牺牲决议的合法性为代价的，也恰恰违背了决议撤销诉讼保护少数股东权利的宗旨，因此，决议的安定性不能成为多数股东通过隐瞒公司真实情况随意侵犯少数股东权利的"护身符"，而更应该成为公司依法召集和举行股东大会保障股东参与权的动力和压力。只有在程序违法和侵犯股东参与权从所侵犯的程序规定的目的和意义来看极为轻微时才有裁量限制决议撤销的余地，但这也只是法律中一般性的比例原则的适用，并不改变侵犯股东参与权将导致决议被撤销的基本原则，尤其不能以权利遭侵犯的股东的持股数量作为判断违法行为是否严重的唯一标准，而应当将侵权行为的程度以及侵权的主观状态等因素作综合考虑来进行裁量。总之，决议的安定性不能通过在程序违法和撤销决议的关系上放松标准来实现，而只能通过其他途径比如规定提起撤销诉讼以在股东大会上提出异议为前提[①]、特定情形下程序瑕疵可治愈[②]或者通过确认决议消除[③]以及适当限制决议撤销的原因[④]等。

　　德国公司法的在程序瑕疵和撤销决议关系标准上的发展和经验无疑是值得我国借鉴的。我国 2005 年新修订的《公司法》在第 22 条也规定了股东（大）会决议撤销之诉，程序违法同样是决议可撤销的原因，但是对于程序违法与撤销决议间究竟应当是何种关系立法并无明确规定[⑤]。司法实践中对此也无明确标准，既有观点认为小股东参与也改变不了决议结果而否定撤销的，也有观点以维护股东

---

① 可参考德国《股份法》第 245 条。

② 可参考德国《股份法》第 242 条。

③ 可参考德国《股份法》第 244 条。

④ 如德国公司法中对于股东只是对价值评估有异议的情形专门规定了所谓的裁判程序（Spruchverfahren）从而排除此时对决议的撤销，这也适用于与价值评估相关的信息瑕疵。

⑤ 相关的规定只有《上市公司章程指引》（2006 年修订）第 169 条规定因意外遗漏未向某有权得到通知的人送出会议通知或者该等人没有收到会议通知，会议及会议作出的决议并不因此无效。

固有的参与权为由而支持撤销的①。学界理论上为了维护决议的安定性，往往倾向于要求程序违法重大且与决议结果和股东利益受损有必然的因果关系②，或者主张借鉴日韩的裁量驳回制度由法官考虑瑕疵的性质及程度，将股东大会程序的正当性要求与公司法律关系的稳定性要求进行利益平衡，裁量决定是否驳回撤销③。正如上文所述，对决议安定性的维护不能以牺牲决议合法性和中小股东的权利为代价，对程序违法在程度上提出过高的要求乃至要以可能影响决议结果为条件，这无疑带有德国法早前"因果关系理论"的色彩，忽视了程序性规定对于中小股东的参与利益并由此维护其实体权利不受大股东侵犯的重要意义，使得本应该属于小股东控制大股东滥用权利的工具的撤销诉讼由于在因果关系标准上对大股东利益的过分倾斜而无法发挥其作用。法院自由裁量衡平程序利益受侵犯的股东和公司决议安定性的利益看似公允，但由于没有明确的标准会造成极大的不确定性，而实际上股东大会决议所涉及的事项通常对公司而言都有重要意义，自由裁量的结果往往总是以公司利益为重而牺牲中小股东权益，甚至不排除实践中由于标准不明法院直接以"因果关系理论"进行衡量。因此，我国公司法在程序违法与撤销决议关系上应当摒弃因果关系标准，而以"相关性理论"作为明确的标准，原则上只要程序违法在考虑所违反的程序性规定的目的和意义时对股东的参与权和成员权构成了相关的侵犯，就应当认定由此而产生的股东（大）会决议由于存在合法性缺陷而可以撤销。法院的自由裁量权只是按照法律的一般性的比例原则，在违法行为对股东参与权的侵犯极其轻微时才有余地。唯有如此，股东大会决议撤销诉讼才能真正起到维护中小股东权益、控制多数股东滥用权利的作用。

---

① 参见江苏省高级人民法院民二庭：《修订后〈公司法〉适用中的疑难问题与解决路径江苏省法院系统公司法疑难案例研讨》，载《法律适用》2007年第4期，第8页。
② 参见黄学武、葛文：《股东会召集程序瑕疵与撤销——则申请撤销股东会决议纠纷案评析》，载《法学》2007年第9期，第138页。
③ 参见钱玉林：《论可撤销的股东大会决议》，载《法学》2006年第11期，第42页。

从机械生硬到灵活应用的渐进

——论刑事视野之域外证据采信

张华松[*]

修改后的《刑事诉讼法》将外国人犯罪的刑事案件从中级人民法院管辖的第一审刑事案件删除，表明我国已对外国人犯罪的刑事案件与我国公民犯罪的刑事案件一样管辖。外国人犯罪刑事案件从原来中级人民法院指定的刑事审判庭专门法官审理转为基层人民法院刑事审判庭法官审理，不仅增加了基层法院法官的工作量，而且对审判质量提出了更高的要求。外国人犯罪刑事案件经常涉及外国人身份证明、政府函件、裁判文书等证据，对此类域外证据的形式审查和实体采信成为审理涉外刑事犯罪案件的必决要件。

域外证据是指来源于我国法域外的证据，一般情况下来自香港、澳门和台湾地区的证据也被视为域外证据。刑事审判司法实践中，部分证据甚至全案证据都来自国外的刑事案件并非鲜见[①]。我国刑事法律法规对于人民法院审查与认定我国领域外形成的证据的形式和实质要件，尚无相关规定，急需予以明确。

一　民事、行政法律法规对域外证据的区分认定

1991 年 4 月 9 日全国人民代表大会通过的《中华人民共和国民事诉讼法》（2007 年 10 月修正，（以下简称《民事诉讼法》）第四编"涉外民事诉讼程序的特别规定"第 240 条规定："在中华人民共和国领域内没有住所的外国人、无国籍

---

[*] 上海市第一中级人民法院刑事审判第一庭助理审判员。

[①] 上海市第一中级人民法院审理的 2005 年留美女硕士陈丹蕾美国杀夫案，有关证人证言、美国警察局接报案报告公共备份、尸检报告、死亡证明等证据均来自美国。2010 年日本人桥本浩重婚案，证明桥本浩重婚处理的日本国的居民票、离婚登记文书、裁判所判决书等证据亦都来自日本国。参见（2006）沪一中刑初字第 125 号刑事附带民事判决书、（2010）沪一中刑初字第 135 号刑事判决书。

人、外国企业和组织委托中华人民共和国律师或者其他人代理诉讼，从中华人民共和国领域外寄交或者托交的授权委托书，应当经所在国公证机关证明，并经中华人民共和国驻该国使领馆认证，或者履行中华人民共和国与该所在国订立的有关条约中规定的证明手续后，才具有效力。"该条款规定了外国当事人参加民事诉讼的授权委托书应当办理有关公证认证程序，但对涉及案件事实的证据材料的审查认定未作规定。2002 年 4 月 1 日起施行的《最高人民法院关于民事诉讼证据的若干规定》（以下简称《民事证据规定》）第 11 条规定："当事人向人民法院提供的证据系在中华人民共和国领域外形成的，该证据应当经所在国公证机关予以证明，并经中华人民共和国驻该国使领馆予以认证，或者履行中华人民共和国与该所在国订立的有关条约中规定的证明手续。当事人向人民法院提供的证据是在香港、澳门、台湾地区形成的，应当履行相关的证明手续。"该条款规定了域外证据应履行与授权委托书相同的公证认证手续，是因为证明案件事实的某些证据发生于国外、产生于国外，人民法院的司法权无法达到，对境外形成的证据的调查又存在着现实的诸多障碍，依据这些证据来判断案件事实自然又多了一层误判的风险。因此，有必要对境外提供证据的本身施加了程序或手续上的限制，以增强其真实性和合法性，尽力消除司法权的地域性给民事诉讼带来的不利影响①。该条款第一次明确规定了域外证据要适用公证、认证程序。随后同年 10 月 1 日起施行的《最高人民法院关于行政诉讼证据若干问题的规定》第 16 条规定："当事人向人民法院提供的在中华人民共和国领域外形成的证据，应当说明来源，经所在国公证机关证明，并经中华人民共和国驻该国使领馆认证，或者履行中华人民共和国与证据所在国订立的有关条约中规定的证明手续。"至此，我国司法机关以司法解释的形式规定了民事、行政审判中域外证据应当适用公证、认证证明程序，所形成的制度常被国内学者称为"域外证据公证证明制度（规则）"②。

域外证据公证证明制度主要包括两种方式：公证和认证。公证是指公证机关对法律行为、有法律意义的文书和事实的真实性和合法性进行证明的活动。根据国家主权和平等原则，国家之间相互没有管辖权，因而发生于一国之内的公证事

---

① 李国光主编：《〈最高人民法院关于民事诉讼证据的若干规定〉的理解和适用》，中国法制出版社 2002 年版，第 159 页。

② 莫远峰：《我国民事诉讼中的域外证据公证证明制度初探》，载《经济与社会发展》2003 年第 9 期，第 79 页。

务，应当由该国的公证机关公证证明，所以域外证据由所在国公证机关予以证明。认证是指外交领事机关对公证文书上印章和签字的真实性进行证明的活动。因为在一国境内有权进行公证的机关可能为数甚众，他们所出具的公证文书如果不经过认证，对于外国而言极难辨其真伪，而经由外交或领事机关进行认证，则其真实性可以得到确认。

认证的目的是使一国公证机关所制作的公证文书能为使用国有关当局确信和承认，其作用在于向文书使用国证实文书的真实性。但域外证据公证证明制度的规定较为原则和生硬，有较多弊病：第一，公证和认证程序是作为证据能力的要件还是确定证明力的要件不明确。如是前者，则未经公证和认证程序的域外证据材料根本不能作为证据使用。如是后者，则本身就是法官自由心证的裁量范畴。第二，忽视了各国公证制度的差异。公证制度是国家根据本国的生活习惯、文化传统和现实生活需要而决定是否设定的，不是所有国家都有法定的公证制度，且各国之间的具体公证制度并不相同。大陆法系国家的公证文书具有准司法功能和法定证据效力，而英美法系国家的公证文书仅负责形式真实性，不审查内容的真实性，不具备法定证据效力。第三，履行证明手续的证据范围过于宽泛。我国民事诉讼法规定了一些证据形式，即使用我国的《公证法》去衡量，亦难以操作，但对全世界的域外证据却都要求公证应是不太科学的。第四，可能带来诉讼的不经济和不效率。对于一个以域外证据为主的案件，涉案证据可能多达上百份或更多，需要耗费大量的人力、物力和财力，在一定程度上影响了公正和效率的实现。

鉴于域外证据公证证明制度理论上存在重大弊端，给案件审理设置障碍，我国审判实践中对该制度进行了纠正。在"WK钢铁有限责任公司诉WJ船务有限公司等海上货物运输合同货差纠纷案"中，广州海事法院在一审判决书中明确承认，对域外证据公证认证是为了证明其真实性，未经公证认证的证据并不是就不应被采信，而只是因无法确认其真实性而不能采信。对该案中未经公证认证的三份提单（外资SKAB公司出具），因可与其他证据相互印证，故对提单的真实性及所载明的内容予以确认。广东省高级人民法院更是在二审判决书中对未经公证认证的商业发票（一审法院未认定其真实性）亦予以确认①。

---

① 参见广州海事法院（2003）广海法初字第108号民事判决书、广东省高级人民法院（2004）粤高法民四终字第54号民事判决书。

2005 年 11 月最高人民法院《第二次全国涉外商事海事审判工作会议纪要》（以下简称《纪要》）第 39 条规定："对当事人提供的在我国境外形成的证据，人民法院应根据不同情况分别作如下处理：（1）对证明诉讼主体资格的证据，应履行相关的公证、认证或者其他证明手续；（2）对其他证据，由提供证据的一方当事人选择是否办理相关的公证、认证或者其他证明手续，但人民法院认为确需办理的除外。对在我国境外形成的证据，不论是否已办理公证、认证或者其他证明手续，人民法院均应组织当事人进行质证，并结合当事人的质证意见进行审核认定。"2004 年最高人民法院民事审判第四庭在《涉外商事海事审判实务问题解答（一）》（以下简称《解答（一）》）中的第 16 条认为："当事人向人民法院提供的证据系在我国领域外形成的，该证据应当经所在国公证机关予以证明，并经我国驻该国使领馆予以认证，或者履行我国与该所在国订立的有关条约中规定的证明手续。但如果其所在国与我国没有外交关系，则该证据应经与我国有外交关系的第三国驻该国使领馆认证，再转由我国驻该第三国使领馆认证。但是，对于用于国际流通的商业票据、我国驻外使领馆取得的证据材料、通过双边司法协助协定或者外交途径取得的证据材料以及当事人没有异议的证据材料，则无需办理公证、认证或者其他证明手续。"在知识产权审判领域，最高人民法院在 2007 年 1 月 11 日公布的《关于全面加强知识产权审判工作为建设创新型国家提供司法保障的意见》中也对该问题有所涉及："对于域外形成的公开出版物等可以直接初步确认其真实性的证据材料，除非对方当事人对其真实性能够提出有效质疑而举证方又不能有效反驳，无需办理公证认证等证明手续。"（以下简称《意见》）《纪要》规定根据证据的种类不同适用公证、认证程序，赋予当事人选择权，给予法官自由裁量权，更为灵活、合理、可行。《解答（一）》进一步规定了国际流通的商业票据等四种证据材料无需适用公证、认证程序，更利于审判实践操作。《意见》表明域外证据的公证认证特别证明程序并不必然具有强制性。

《纪要》、《解答（一）》和《意见》虽然是人民法院的内部纪要、问题解答和意见，无法对抗属司法解释性质的《民事证据规定》，但对于审判实践有重要的指导作用，即公证认证仅是证明证据真实性的一种方式。除此之外，还可以通过当事人质证等其他方式加以证明。如果在域外证据真实性能够得到证明的情形下，仅因为没有履行公证认证程序就排除其证据能力，实际上是对域外证据的不公正限制。

参考民事、行政法律法规的相关规定，可以看出，民事、行政审判实践对域外证据的审核采信，从起初要求所有证据都必须履行公证认证程序否则不予认定，到实际操作过程中灵活合理地区分证据适用公证认证程序，彰显了公正和效率。

二 刑事审判实践应区分证据适用公证认证程序

1998 年 6 月《最高人民法院关于执行〈中华人民共和国刑事诉讼法〉若干问题的解释》第 18 章"涉外刑事案件审理程序"中第 320 条第 3 款规定："在中华人民共和国领域外居住的外国人寄给中国律师或者中国公民的授权委托书，必须经所在国公证机关证明、所在国外交部或者其授权机关认证，并经中国驻该国使、领馆认证，才具有法律效力。但中国与该国之间有互免认证协定的除外。"该条款规定了外国人委托中国律师或公民参加刑事诉讼的授权委托书应当办理有关公证、认证手续，但规定所指对象仅为授权委托书。有种观点认为《民事证据规定》第 11 条的规定与《民事诉讼法》第 240 条的规定基本相同，将授权委托书扩大到了证据。对域外证据可借鉴《民事证据规定》中的相关规定，同时注意到刑事诉讼的证明标准要求高于民事诉讼的证明标准，因此在刑事诉讼过程中对于当事人在向人民法院提供的在我国领域外形成的证据也应经所在国公证机关证明、所在国外交部或者其授权机关认证，并经我国驻该国使、领馆认证[1]。这种观点不能成立。刑事、民事诉讼法有关授权委托书的相关规定均是审查诉讼代理人身份是否真实，其目的是为了防止无权代理人代当事人出庭参加诉讼活动的情况，但该规定不能作为审查域外证据的法律依据。首先，授权委托书不是刑事、民事诉讼法规定的证据，只对诉讼过程产生程序上的影响，而不会像证据那样对案件实体产生影响。其次，证据具有不可替换性和重复性，不能撤回或更改，但授权委托书可由当事人在诉讼过程中随时撤销或更换。第三，授权委托书的性质是法律文书，将对一种法律文书的要求扩大到所有证据，并无逻辑和法律上的依据。

刑事诉讼中应区分证据适用公证认证程序。1996 年修订的《刑事诉讼法》第 42 条规定："证据有下列七种：（一）物证、书证；（二）证人证言；（三）被害人陈述；（四）犯罪嫌疑人、被告人供述和辩解；（五）鉴定结论；（六）勘验、检查

---

① 沈言：《沈容焕合同诈骗案——涉外刑事案件中对境外证据的审查与认定》，载最高人民法院刑事审判第一至五庭主办：《刑事审判参考》2009 年第 5 集，法律出版社 2010 年版，第 24 页。

笔录；（七）视听资料"。判断域外证据是否需要适用公证认证程序，既要维护我国的国家主权，也要根据不同的证据类型，从刑事诉讼的基本原则、证据合法性及真实性的判断标准等上位原则及制度出发，不应一概而论。域外证据通常使用涉外公证、领事认证的方式这一"国际惯例"，其针对的仅是涉外书证[①]，特别是公文书。公文书是指外国有关权力机关颁布的具有明确法律意义的文书，如一国的法律条文、判决书、行政裁定书、政府函件、身份证明等，其形式上的真实性，应当根据证据形成国的法律加以判定，内国法院囿于司法权的限制无法判断文书的真伪，由证据形成国有关机关对公文书形式的真实性予以证明，有利于诉讼的便捷和公正。

证据的不同性质决定了不可能所有的证据形式都能够由国外公证认证。第一，对于物证，我国虽然将物证规定为证据的一个种类，但实践中往往将物证作为勘验、鉴定或保全的对象和内容，如枪支、毒品、足迹、刀等物证，通常需结合有关的鉴定结论及勘验检查笔录等证明案件事实。第二，对于鉴定结论、勘验检查笔录、视听资料等证据，根据刑事诉讼法的相关规定，需有司法机关的参与，上述证据当不存在公证认证的前提，即不属于当事人提供的域外证据，故物证亦无公证认证的必要。第三，对于证人证言，域外证人对其证言公证认证，仅是对证人与其证言的关系予以认证，无法对证言的真实性予以肯定的证明，且会受讯问人立场与水平的限制与影响，无法适应庭审的需要，不具备实质上的意义。第四，对于被害人陈述，因为利益关系，被害人往往在公证人员面前作有利于自己的陈述，公证认证无法证实其陈述的真实性。第五，对于被告人供述，我国规定被告人必须到庭接受审判，不可能缺席判决，故被告人的供述应为域内证据，亦无公证认证的必要。

综上，刑事诉讼中除了书证以外的其他证据或是无法公证认证，或是公证认证无实际意义。司法实践中，江苏省高级人民法院、人民检察院、公安厅、司法厅于 2008 年 3 月 31 日制定《关于刑事案件证据若干问题的意见》（以下简称《刑事证据意见》）第 15 条规定："提供的证据系在中华人民共和国领域外形成的，应当依法履行必要的证明手续。中华人民共和国缔结或者参加的国际条约有特别规定的，适用该国际条约的规定，但是，我国声明保留的条款除外。侦查机关从中

---

① 冯刚：《域外证据问题》，载《中国发明与专利》2007 年第 1 期，第 54 页。

华人民共和国领域外取得的证据，因特殊原因未履行上述证明手续，但其真实性得到其他证据佐证的，可以作为证据使用。侦查机关在获取上述证据材料后，应当对其来源、提取人、提取时间及提供人和提供时间等作出书面说明，连同其他证据一并移送检察机关、审判机关审查。"《刑事证据意见》摈弃了对域外证据施加的强制公证认证手续，在域外证据真实性得到确认的基础上，由审判机关予以审核采信，是刑事司法实践对域外证据审查的有益探索。

笔者认为，公证认证等证明手续仅能证明域外证据的真实性和合法性。就本质而言，域外证据和域内证据并无不同，故笔者建议：对于当事人、辩护人、诉讼代理人提供的中华人民共和国领域外形成的书证，应经所在国公证机关证明，并经我国驻该国使、领馆认证。其他证据的真实性能够确认的，无需办理公证认证等证明手续。对于我国司法机关通过刑事司法协助请求外国司法机关调查取得的证据[①]，法院无需就该证据本身施加程序及手续上的限制，只要其具备了完整的证据属性，即可予以认定。

三　外国法院的判决的书证效力

外国法院判决的承认与执行一般限于民商事领域。刑罚性判决和行政法方面的判决具有惩罚性或较强的公法性质，不能在他法域内生效，因此，判决的民商事性质是承认与执行的前提[②]。我国刑事审判对于外国法院民商事判决如何审查认定，实践中尚未见相关判例。

我国是多法域的国家，内地法院对其他法域判决认定的事实予以确认已有法律规定。2006年4月1日起生效的《内地与澳门特别行政区关于相互认可和执行民商事判决的安排》第3条规定："一方法院作出的具有给付内容的生效判决，当事人可以向对方有管辖权的法院申请认可和执行。没有给付内容，或者不需要执行，但需要通过司法程序予以认可的判决，当事人可以向对方法院单独申请认可，也可以直接以该判决作为证据在对方法院的诉讼程序中使用。"该条规定为我国法

---

① 我国刑事诉讼法第17条规定："根据中华人民共和国缔结或者参加的国际条约，或者按照互惠原则，我国司法机关和外国司法机关可以相互请求刑事司法协助。"该规定是我国国内法就刑事司法协助问题确立的第一个严格意义上的法律规范，也是第一次将刑事司法协助问题纳入我国刑事诉讼法调整的领域。

② 徐冬根：《国际私法》，北京大学出版社2009年版，第506页。

院确认外国法院民商事判决认定的事实提供了法律参考。

外国法院判决是对讼争当事人的权利义务作出法律上的确定，不仅认定了相应的案件事实，而且还引用相应的法律作为确定权利义务的依据。在英美法国家，判决中还包括法官对判决的解释以及规则的创制①。笔者认为，在涉外刑事司法实践中，出于本国审判的需要，对于并非承认身份关系、无给付内容或者不需要执行的外国法院民商事判决，适用公证认证程序证明其真实性，可作为证据中的书证，其所查明的事实在我国刑事判决中予以确认。但对于外国法院基于案件事实所作的法律判断，由于系外国法官根据该国程序法及实体法所作的综合性法律确定，因涉及我国的司法主权等问题，应不予确认。

---

① 王克玉：《国际民商事案件域外取证法律适用问题研究》，人民法院出版社 2008 年版，第 303—304 页。

论抵押权非诉强制执行

————————————————————————————————————— 王振志* 康郅承**

　　抵押权作为一种重要的担保物权，对保障债权实现和维护交易安全有着重要的作用。现行制度下，抵押权可以通过私力救济或者公力救济来实现。采用公力救济时，权利人一般是先通过诉讼或仲裁，再通过强制执行将其最终实现，这种方式存在程序复杂、成本高昂、效率低下等缺点，因此，抵押权非诉强制执行被视为高效、节约实现抵押权的方式。事实上，立法本意大概也是希望通过简约的方式实现抵押权的，"本条（即《物权法》第195条）规定的是'请求人民法院拍卖、变卖抵押财产'，而不是申请法院就抵押权的实行进行裁判。两者的区别在于：后者要经过冗长而琐细的起诉、应诉、开庭、答辩等诉讼全过程，甚至会有上诉审、再审，抵押权实行成本高、效率低；前者是非诉程序，无需经过诉讼全过程，法院通过对抵押权登记等证据的审查，即可裁判实行抵押权，包括允许强制拍卖抵押财产。非诉程序成本低，效率高[1]。"但实践中却很少有抵押权人采取非诉执行的方式[2]，我们认为主要原因在于缺乏与之配套的制度。抵押权非诉强制执行是否必要且可行，以及如何通过合理的制度设计实现立法目的，都是值得探讨的问题。

　　本文所称的抵押权非诉强制执行，是指在发生抵押权实现的事由且抵押权人与抵押人就抵押权的实现未达成协议时，抵押权人不经过诉讼或仲裁程序，直接

---

　*　上海市第一中级人民法院执行庭审判长助理。

　**　上海市第一中级人民法院执行庭书记员。

①　最高人民法院物权法研究小组编著：《〈中华人民共和国物权法〉条文理解与适用》，人民法院出版社2007年版，第583页。

②　笔者未找到相关的权威统计数据，但据笔者多年的执行实践及了解，少有抵押权非诉强制执行案例。

请求人民法院拍卖、变卖抵押财产，实现债权的制度。

一 抵押权非诉强制执行的必要性和可行性

建立抵押权制度的目的本来就在于保障债权便捷、经济地实现，现代社会节奏不断加快，提高权利实现的效率是适应时代发展的体现，尽量降低权利实现的成本，也是理性的经济活动主体的必然追求，因此，抵押权人直接请求人民法院拍卖、变卖抵押财产是否具有价值或者说具有必要性，可以从效率和经济两个方面来考查。从效率方面来看，如果通过诉讼程序实现抵押权，权利人从起诉到经过一次或者两次审理，甚至再审，整套程序全部走完，顺利的话也可能需要一年左右的时间，如依据中国人民银行研究局的一份报告指出，仅法院判决担保违约的平均时间就需 7.6 个月①。而通过抵押权非诉强制执行的方式，当事人之间的纠纷无需经过法院的审理程序，经抵押权人直接申请，就可以进入执行程序，节省了现今体制下实现抵押权的法院审理时间，在效率上必将大大提高。从经济方面来说，在现行制度下，大量的抵押权实现先通过了诉讼程序，如在2003、2004 两年中，金融担保债权案件通过司法程序执行的比例为 83%②，但"打官司"是需要支出成本的，在当事人这一方，进行诉讼一般会产生的有形的成本，如诉讼费、律师费等开支，而且还要承担因参加诉讼造成的交通、食宿、误工等损失，还有因诉讼而产生的心理负担、情感焦虑等无形的成本；此外，当事人进行诉讼，法院等机构也必须投入相应的司法成本，如人力成本、法庭设施等，所以，相比较而言，抵押权非诉强制执行经济得多。因此，在越来越追求效率和经济的现代社会，抵押权非诉强制执行应有其存在的价值和必要性。

那么，抵押权非诉强制执行是否可行呢？我们认为是可行的。首先，从权利依据上来说，抵押权非诉强制执行依据来自抵押权，而抵押权作为一种物权，依据我国《物权法》"公示公信"的基本原则，本身就具有对世的效力。首先，因物权的变动要经过法定的方式，基于物权公示的权利状态理应受到法律的保护，在双方当事人对其存在均无争议的情况下，以其作为权益依据申请强制执行的权利来源并无不妥。其次，从执行标的上看，抵押权非诉强制执行的标的明确，更具

---

① 中国人民银行研究局等：《中国动产担保物权与信贷市场发展》，中信出版社 2006 年版，第 172 页。
② 中国人民银行研究局等：《中国动产担保物权与信贷市场发展》，中信出版社 2006 年版，第 15 页。

可控性。与诉讼相似，执行同样需要有明确的执行对象，即执行标的，否则执行无从谈起。对于进入执行程序的经过了诉讼的案件而言，之前进行的诉讼或者仲裁程序，其实质就是获得执行的依据，亦即使得执行的标的具体化，如获得"甲于判决生效后十日内支付乙人民币十万元"之类的确定的判决等。有的案件即使经过诉讼，裁判内容往往为具体的金钱数额，仍需在执行中确定可供执行的财产，只有在有财产的情况下，才有执行机构依法处置的可能。而在抵押权非诉强制执行中，执行的标的明确指向抵押物且可控。实务中，抵押权人与抵押人之间就抵押权的行使发生争执，无论经不经过诉讼程序，一般会申请对抵押物进行查封，因此，执行机构可以直接控制抵押财产。最后，从具体的执行方式来说，其操作方法与一般的动产或者不动产执行并无特别之处，不存在具体操作方式上的困难。

二　抵押权非诉强制执行的前提

《物权法》第 195 条第 2 款的规定："抵押权人与抵押人未就抵押权实现方式达成协议的，抵押权人可以请求人民法院拍卖、变卖抵押财产。"该规定隐含了要实现非诉执行的前提，即双方当事人都对抵押权的存在没有争议，否则就无所谓"未就抵押权的实现方式达成协议"。

那么，何为对抵押权的存在没有争议？民事强制执行的实质是剥夺或者限制被执行人的权益，从而满足申请执行人的权益，因此，执行的过程往往伴随着被执行人或明或暗的反抗，如转移财产、虚假诉讼、隐匿行踪，甚至公然的对抗执行等。这就意味着，要求抵押人认同其与抵押权人之间存在抵押权很大程度上无异于与虎谋皮。因此，如果将抵押权不存在争议认为是在进入非诉执行程序之前，抵押权人与抵押人达成书面或者口头的协议，至少是在绝大部分案件中不现实的，如果要求那样，抵押权非诉强制执行也将形同虚设。所以，应当设定一个外在的、可以视为双方对抵押权的存在没有争议的标准，一来防止法律的规定陷于空洞、无法实际执行境地，二来使实际操作有章可循。

笔者认为，可将抵押权是否经过登记作为当事人之间就抵押权存在有无争议的标准。理由有如下几点：第一，以登记作为双方抵押权存在无争议的标准现实可行。抵押权非诉强制执行的标的物，多为抵押的不动产，而依据《物权法》的规定，不动产物权设立，应当办理抵押登记，抵押权自登记时设立①，而动产抵押权当事人也可以自行进行登记，所以，若当事人就担保债权人的债权进行了抵押登记，自可认为是抵押权人与抵押人对于抵押权的存在并无争议，否则，抵押人完全可以拒绝登记。同时，我国现行的对于抵押权的登记制度相对完善，如可以在房产交易中心等机构对房屋、土地使用权等不动产进行完善抵押权的登记，相关的审判执行机构和当事人亦可以方便地查询。因此，以登记作为双方确认抵押权的标准，不仅符合法律的规定，同时具有切实的可操作性。第二，以登记作为双方对于抵押权无争议的标准，可以有效地防止被执行人滥用法律的规定，使非诉执行制度陷入有名无实的境地。如前所述，强制执行的本质就是剥夺被执行人的利益给予申请执行人，因此，不能寄希望于被执行人对执行机构的配合来实现申请执行人的利益，如果对《物权法》第195条的规定作浅显化的理解，要求抵押权人与抵押人在启动抵押权非诉强制执行程序之前签订书面协议或者达成具有法律意义的口头协议，显然是强人所难。而且，笔者认为，所谓的双方就抵押权的存在无争议，应是指抵押权成立时的状态，而非双方以产生纠纷需要法院强制执行时的状态，否则，即使双方真的没有争议，抵押人为了逃避债权或者至少是延迟抵押权人债权的实现，也会制造双方意见不一的假象，造成抵押权非诉强制执行制度空转。第三，登记可以满足裁判机构和执行机构对于抵押权真实存在的证明需要。法律之所以要求双方达成协议，目的是为了确定双方抵押权的存在，只不过是以双方意思自治的形式确认而已，而如果双方就抵押权的存在有争议，即使通过诉讼程序，最具有证明力的证据是什么？还是登记，有登记一般就可以认定抵押权的存在，这是由物权的公示公信的原则决定的，实务中大多也是这样操作的，而且，是否进行了登记是可以方便地查询的，一目了然的，既然如此，在抵押权非诉强制执行中直接利用抵押权登记制度来确定抵押权人与抵押人之间的抵押权的存在应当是可行的。

三　　抵押权非诉强制执行的执行依据

执行依据"乃确定债权人债权存在之范围，得据以请求执行机关实施强制执

---

① 《物权法》第6条：不动产物权的设立、变更、转让和消灭，应当依照法律规定登记。动产物权的设立和转让，应当依照法律规定交付。第187条：以本法第180条第1款第1项至第3项规定的财产（即不动产）或者第五项规定的正在建造的建筑物抵押的，应当办理抵押登记。抵押权自登记时设立。

行之公文书。亦即记载债权人已确定之私权之内容之公文书①"。因此，执行依据是强制执行的起点，也是执行机构采取强制措施的根据，记载着申请执行人的权利内容，具有极其重要的地位。其一般包括债务人为给付、给付的内容确定、合法且可能、给付的性质可以执行等实质性要件和载明权利人以及义务人、须为公文书、须表明应执行的事项等形式要件②。

抵押权非诉强制执行，也必须有其执行依据。实践中，当事人设定抵押权一般通过抵押合同或者抵押条款的方式实行，随着人们法律意识的不断提高，从抵押合同或抵押条款的内容来看，一般可以满足执行依据的实质性要求，如抵押人为给付，给付的内容确定、合法且可能，依其性质可以执行等，对于形式要件，除了其不是公文书外，其他条件一般亦可满足。但很显然，在现行的法律规定下，抵押合同不能作为执行依据，因此，当抵押权人申请法院拍卖、变卖抵押财产时，首先就面临执行依据的审查，在法律不承认当事人之间的抵押合同可以作为执行依据的前提下，抵押权强制执行根本不能进入执行程序，更不能采取强制执行措施。因此，执行依据的问题是抵押权强制执行受阻的最主要的原因。

对于如何取得抵押权强制执行的执行依据，常见的方法包括以下几种：

第一种是德国模式，此种模式的主要特点是可以将抵押权的登记材料作为执行依据，直接依据其向执行机构申请执行。如《德国民法典》规定，在土地上设定抵押权应当进行登记，设定抵押权应给予权利人抵押权证书，在债务人未履行义务时，债权人就土地和抵押权所及的其他标的物的优先受偿权，以强制执行方式完成。与该规定相对应，在民事诉讼中，抵押权证书可以成为强制执行的执行依据，但是以债务人在抵押权证书中承认接受为前提。

第二种是台湾模式。此种模式的特点是当事人申请抵押权强制执行时，必须先获得法院许可强制执行的裁定作为执行依据。如我国台湾地区的"民法"第873条第1款之规定："抵押权人与债权已届清偿期而未受清偿者，得申请法院拍卖抵押物，就其卖得价金优先受偿③。"其"强制执行法"第4条第1款规定："强制执行，依左列执行名义为之：……五、抵押权人或质权人，为拍卖抵押物或质

① 杨与龄编著：《强制执行法论》，中国政法大学出版社2002年版，第50页。
② 参见杨与龄编著：《强制执行法论》，中国政法大学出版社2002年版，第50—52页；谭秋桂：《民事执行法学》，北京大学出版社2005年版，第159—165页。
③ 杨与龄编著：《强制执行法论》，中国政法大学出版社，2002年版，第71页。

物之申请,经法院为许可强制执行之裁定者。"

第三种是公证债权模式,即由公证机关赋予抵押担保债权协议强制执行的效力,在抵押权人申请抵押权强制执行时,由公证机关经过实体和程序的审查,出具执行证书作为执行依据,执行机构依据执行证书进行执行①。

分析上述几种执行依据的取得方式,公证机关出具的执行证书作为执行依据的法律依据在于《公证法》,该法第 37 条规定:"对经公证的以给付为内容并载明债务人愿意接受强制执行承诺的债权文书,债务人不履行或者履行不适当的,债权人可以依法向有管辖权的人民法院申请执行。"但是,该条的适用具有一定的条件。首先,其约束的主体为"债务人",在抵押人为第三人的情形下,其能否适用值得考虑;其次,公证的对象为"债权文书",但抵押权为物权的一种,并非强制执行公证的范围,2003 年 8 月 26 日 (2000) 执监字第 126 号"关于中国银行海南省分行质押股权异议案的复函"明确指出,公证机关所作出的赋予强制执行效力的债权文书不包括担保协议②。因此,由公证机构通过公证的形式,出具执行证书作为执行依据不妥。而德国模式下,登记机关本身就是隶属于地方普通法院系统的土地管理局,其登记行为在性质上本就属于司法行政行为,强调对当事人之间的权利义务的确认作用,同时向社会公示;且其登记审查采取实质审查制度,不仅就登记程序的合法性进行审查,同时还要审查登记申请所涉及的实体法律关系,强调了国家权力对私权的干预与影响③,而这些都是当前我们的抵押权登记机构所不具备的。相比较而言,台湾模式更具合理性。首先,法院许可执行裁定的形式使抵押权非诉强制执行的执行依据具备了应有的形式要件。以抵押合同或者抵押条款作为执行依据,很大的一个要件缺失就是其不具备公文书的外在形式,通过法院作出强制执行许可裁定,可以有效地弥补这一缺失。其次,因作出许可强制执行的裁定,只需对于当事人的合同的有效性、抵押权成立与否等问题进行形式上的审查,无需像审判程序进行诸如举证、质证等环节,不仅简便而且可行,且满足了快速实现抵押权的要求,也减轻了当事人和裁判机构的成本和负担,具

---

① 王康东:《从抵押权的实现方式谈公证强制执行效力——兼评〈物权法〉第 195 条第二款》,载《中国公证》2008 年第 4 期,第 11 页。

② 张海棠主编:《2009 年上海法院案例精选》,上海人民出版社 2010 年版,第 489 页。

③ 尹伟民:《抵押权公力实现的程序保障》,载《烟台大学学报》(哲学社会科学版)第 22 卷第 2 期,第 26 页。

有效率和经济两方面的优势。最后，通过设置相关的救济程序，又使得相关人员可以寻求适当的救济，在当事人之间实现权利义务的平衡，如抵押人可以通过异议程序，阻止抵押权非诉强制执行的进行，并通过诉讼程序维护自己的权利，而抵押权人则可以通过提供担保的方式，促使强制执行程序继续进行下去。因此，由抵押权人申请，人民法院通过审查，作出许可强制执行的裁定，再由执行机构依据法院的裁定执行程序构架，不但合理，而且满足经济与快捷的要求，值得借鉴。关于许可强制执行裁定的效力，亦应予以明确，此种裁定，应"无确定实体法上法律关系存否之性质，于债权及抵押权之存否，亦无既判力[①]"。

四　抵押权非诉强制执行的程序

（一）管辖法院及具体审查机构

依据民诉法的规定，民事执行案件一般由一审法院、被执行人住所地或被执行的财产所在地法院执行[②]。和普通的民事执行案件相比，抵押权非诉强制执行案件有自身的特点：一是因抵押权非诉强制执行程序的目的就是要跳过审判程序，所以不存在所谓的第一审人民法院；二是抵押权和抵押物的存在，这也是抵押权非诉强制执行的基础，实践中，抵押物大多为不动产，而既然存在抵押物，就必定有抵押物的所在地，这满足民诉法的财产所在地的要求；三是抵押权必须经过登记，这在抵押物为动产时，也可为管辖提供依据。此外，各地对于不同级别的人民法院受理案件的标的，也都有明确的规定，所以，笔者认为，抵押权非诉强制执行案件应当由抵押物所在地或登记地的人民法院管辖，不同级别的法院受理案件的范围参照诉讼管辖确定。

至于对申请人的抵押权进行审查的具体机构，笔者认为可由立案庭审查立案后，交由法院审理合同案件的业务庭来审查。因为当事人申请执行的依据大部分是当事人之间的抵押合同或者抵押条款，同时，审查主要是针对当事人之间主合同及抵押合同的有效性等问题进行，由相关业务庭进行审查，不但专业、快捷，

---

① 杨与龄编著：《强制执行法论》，中国政法大学出版社2002年版，第72页。
② 《民事诉讼法》第201条规定："发生法律效力的民事判决、裁定，以及刑事判决、裁定中的财产部分，由第一审人民法院或者与第一审人民法院同级的被执行的财产所在地人民法院执行。法律规定由人民法院执行的其他法律文书，由被执行人住所地或者被执行的财产所在地人民法院执行。"

也有利于节约司法成本。

（二）当事人

《物权法》第195条的规定："抵押权人与抵押人未就抵押权实现方式达成协议的，抵押权人可以请求人民法院拍卖、变卖财产。"依据此规定，因直接申请人民法院对抵押财产拍卖、变卖是抵押权人可以选择的权利，因此应当只能由抵押权人提出申请。与此相对，被申请人则为抵押人。但在抵押人与主债务人并非同一人的情况下，是否应当将主债务人列为被执行人值得讨论。笔者认为，在这种情况下，如果将主债务人拉入抵押权非诉强制执行程序，实质是对当事人之间设定抵押权的基础关系进行评价，势必要对主债务人与抵押人之间抵押权设立的相关情况进行审查，这不仅与抵押权非诉强制执行程序的前提——对抵押权的存在无争议——相悖，而且也与执行机构的权能不符。因此，笔者认为，如果抵押人与主债务人不一致，仍然只列抵押人为被执行人，至于主债务人与抵押人之间的纠纷，由双方另行诉讼解决，此时，若法律规定抵押人承担责任应以抵押权人向主债务人求偿为前提，可以作为抵押人抗辩的理由。当然，在抵押权人和抵押人死亡或者主体终结的情况下，其权利义务的承受主体可以参与程序。

（三）申请人应当提交的材料

申请人应当提交的材料与人民法院做成执行依据应当审查的内容息息相关，法院要审查什么，当事人就要提供相应的材料，因此，笔者认为，抵押权人应当提供这样一些材料：一是当事人的身份证明材料，以此确定当事人的主体地位，如身份证，组织机构代码证，法定代表人或主要负责人身份证明等；二是设立抵押权的材料，如抵押合同或者基础合同中的抵押条款等，用来给法院审查抵押权的设立情况；三是抵押权存在的依据，如抵押物位房产，应有房屋产权登记机关的登记材料等，以证明双方对于抵押权的存在不存在争议；四是抵押财产的产权归属证明，目的是证明抵押财产归抵押人所有，防止损害第三人的权益；五是抵押权人的申请书，载明申请强制执行的理由，标的额以及案件的相关情况等；六是人民法院认为应当提交的其他资料，如需要保全的，要提交保全申请和财产担保等。

（四）案件的流转

此处的案件流转指的是案件在人民法院内部不同部门之间的转移。笔者认为，抵押权非诉强制执行案件的流转程序，应与一般的执行案件和诉讼案件有所不同。

一般的执行案件，当事人向法院申请，立案庭执行立案后，会直接将相关材料移送至执行庭，由执行庭强制执行；一般的诉讼案件，当事人起诉后，立案庭会依据不同的案件类型，移送至相关的审判业务庭审判。但在抵押权非诉强制执行中，上述两种方式均行不通。同一般的执行案件相比，中间多出了一个审判业务庭的审查、裁定环节，同一般的诉讼案件相比，其后又多出了一个移送执行的环节。故笔者认为，抵押权非诉强制执行案件的流转程序应是：首先是立案庭立案，然后是相关业务庭审查，最后，如果裁定予以强制执行的，则由业务庭直接移送执行。由业务庭直接移送执行的原因在于：首先，这符合抵押权非诉强制执行程序的设置目的。该程序的目的就是要为抵押权人权利的实现设置绿色通道，以尽快实现其权利，由业务庭直接移送执行机构，一方面可以减轻当事人的讼累，另一方面也符合诉讼可经济的要求。其次，法律中有类似的规定。如刑事财产刑的执行，均由业务庭直接移送执行。最后，这与抵押权非诉强制执行的性质符合。抵押权非诉强制执行为非诉程序，并无对方当事人，业务庭进行审查的目的就是为了得到执行依据，抵押权人申请执行依据，实质上就相当于申请执行，无需再次申请。

五　抵押权非诉强制执行的立法建议

当前，相关部门正在进行《民事诉讼法》的修订和《强制执行法》的起草工作，因人民法院许可抵押权非诉强制执行采用裁定的形式，可在《民事诉讼法》第140条第1款（关于裁定的适用范围）中增加1项"许可或不许可抵押权非诉强制执行"，或者在《强制执行法》中作出类似的规定。同时，考虑到抵押物非诉强制执行具有不存在真正意义上的两造当事人、追求效率以及并不确定当事人之间实体的实体法律关系等特点，与一般的诉讼案件的不同，可以在民诉法的特别程序中或者由强制执行法对其进行专门的规定，如可以规定：

"申请抵押权非诉强制执行，抵押权人应向抵押物所在地或抵押权登记地人民法院提出。"

"人民法院受理抵押权非诉强制执行案件，应当自受理之日起十五日内作出许可或者不许可执行的裁定。"

"人民法院作出许可执行裁定的案件，由作出裁定的审判庭移送执行庭（局）

执行，抵押人、债务人自动履行义务或者抵押权人申请不移送的除外。"

"许可执行裁定不影响当事人或者利害关系人就本案的实体法律关系另行向人民法院提起诉讼。

另行提起诉讼的，由作出许可执行裁定的人民法院管辖。

另行提起诉讼后，是否中止本案的执行，由执行庭（局）依据申请作出裁定。"

横向重复诉讼的识别与处理

—— 吴慧琼 *

重复诉讼可分为纵向和横向两个层面。所谓纵向的重复诉讼指的是，在国家司法机构已经就当事人所提交的某一特定争议给出了不容置疑的强制性处理方案之后，当事人又就同一问题再行讼争；横向的重复诉讼指的是，在当事人提交争议之后，确定性的强制性解决方案形成之前，当事人另行起诉的情况，也即学理所称的"诉讼系属中禁止重复起诉"。

一 诉讼系属中禁止重复起诉的法理根据

诉讼系属是"作为单个行为的起诉具有使某种有长期效力的程序开始的后果"[1]，诉讼一经原告起诉，该诉讼事件即在法院进入受审判之状态，此种状态称为诉讼系属，这种诉讼系属状态持续至该诉讼之判决确定为止，或因诉讼和解与撤回诉讼而终结诉讼时止[2]。诉讼系属是否定性的诉讼要件。诉讼一旦系属于法院，除发生管辖权恒定、当事人恒定等效力之外，还产生诉讼系属抗辩，对于已经发生诉讼系属的请求权，相同当事人不能再次实施相同目的的诉讼。也即"如果在相同的当事人之间同样的争议案件已经在法院实施过，则不允许当事人在另一法院重新起诉。即使忽略并列程序引起的不必要的时间和费用的花费不计，也必须阻止不同法院对同一争议案件作出相互矛盾裁判这一可能性的发生……在争

---

* 上海市第一中级人民法院研究室书记员。

[1] ［德］罗森贝克、施瓦布、戈特瓦尔德：《德国民事诉讼法》（下），李大雪译，中国法制出版社 2007 年版，第 713 页。

[2] 陈荣宗、林庆苗：《民事诉讼法》，（台湾）三民书局 1996 年版，第 385 页。

议案件诉讼系属过程中不允许任何当事人让该案件另外系属"①，否则，法院应当
依职权以诉讼判决视第二个诉不合法而予以驳回②。此即一事不再理在诉讼系属
效力中的作用，也是禁止重复起诉的基本内容。重复起诉也不限于以独立诉讼的
方式提起，以反诉、参加诉讼、变更诉讼等方式，造成当事人之间的后诉与前诉
成为同一诉讼的情形，亦应受禁止③。

（一）诉讼程序公平与安定

尽管原告有权利用诉讼程序来保护自身权益，但不能因此无端增加被告应诉
的麻烦，使其付出不必要的时间和金钱。禁止重复起诉排除就同一纷争引发多次
诉讼，防止原告滥用诉权，维持双方当事人间的平等地位，使被告不用疲于应付
原告提出的无益或不必要的多次诉讼，保证了诉讼程序的公平。同样，被告本可
通过反诉提起，但以另案诉讼的方式增加原告的讼累，也属禁止重复起诉的范畴。
禁止重复起诉避免当事人就同一事件遭受多重烦扰，避免当事人就同一事件陷于
重复的讼争之中，也体现和保证了诉讼程序的有序性、安定性。

（二）诉讼经济

重复起诉迫使法院对同一争议事项开启多重的诉讼程序进行审理，增加法院
和当事人不必要的经济支出和时间、精力消耗，从而有违诉讼经济的基本要求。
司法资源包括法官、律师、法庭工作人员等司法人员，纳税人所负担的司法预算，
特定的诉讼所分配到的时间和机会等。对任何国家的法律制度而言，这种司法资
源都是有限的。有限的司法资源应当尽量合理地分配，使更多的使用或者想要使
用诉讼制度的人能够有更多机会公平地接近法院。因此，"诉讼经济原则之维护，
不仅在保障当事人利用诉讼程序结果不会徒增程序上不利益，更重要者在防止法
院就同一事项进行双重审判，以致浪费法院之劳时费用，延滞其他事件之处理，
而未合理分配司法资源④"。这种诉讼经济的要求，具有公益性质，"因此，即使

---

① ［德］汉斯·约阿希姆·穆泽拉克：《德国民事诉讼法基础教程》，周翠译，中国政法大学出版社 2005
年版，第 77—78 页。

② ［德］汉斯·约阿希姆·穆泽拉克：《德国民事诉讼法基础教程》，周翠译，中国政法大学出版社 2005
年第 1 版，第 77—78 页。另见［德］罗森贝克，施瓦布，戈特瓦尔德：《德国民事诉讼法》（下），李
大雪译，中国法制出版社 2007 年版，第 713 页。

③ 陈荣宗、林庆苗：《民事诉讼法》，（台湾）三民书局 1996 年版，第 387 页。

④ 许士宦：《重复起诉禁止原则与既判力之客观范围》，载《台大法学论丛》第 31 卷第 6 期，第 274 页。

经他造同意，亦不能排除重复起诉禁止原则之适用"①。

（三）维护司法权威

"如果一种制度可以容忍同样的纠纷作出不同的裁判，或者允许同一项纠纷可以反复多次的裁判的话，则公权性、强制性解决纠纷的制度将不复存在"②，司法权威也将不复存在。通过禁止重复起诉，排除在诉讼系属中重复提起诉讼的可能性，避免法院就同一事项作出相互抵触或矛盾的判决，达成统一解决纷争的要求，增强当事人对诉讼制度和司法程序的尊重。尽管在处分权主义、辩论主义下，会出现因当事人提出的证据或辩论内容存在差异而导致法院据此作出的判决结果可能不同的情况，但这应尽量避免发生。这不仅是为了维护司法权威，更是为了确保当事人甚至其他公民对法院裁判的信赖。

正是基于程序公平、安定、诉讼经济以及司法权威的考虑，重复起诉被视为缺乏诉的利益。诉的利益也被称为权利保护必要或者权利保护利益，是指"私人所主张之私权，必须现时有利用起诉方法，请求法院加以保护之迫切必要情形，始能利用法院之诉讼程序"③。诉的利益是特定的诉讼要件，是法院就本案实体进行审判的前提条件，它以排斥无权利保护利益的本案判决为核心发挥作用。在一个诉讼欠缺诉的利益的情形下，法院不能再对本案作出实体判决，而仅能以程序裁判驳回起诉。相同当事人就同一事件在已经诉讼系属于法院的情况下再行起诉，不仅浪费司法资源和社会资源，也给对方当事人造成双重烦扰，且增加裁判矛盾的风险，因此没有权利保护的必要，欠缺诉的利益。

二　重复起诉的甄别因素

概括而言，目前理论界和实务界对于重复起诉的识别主要有以下几种观点：①两同论，即同一当事人与同一诉讼标的；②三同论，即同一当事人、同一事实理由和同一诉讼请求；③四同论，包括同一当事人、同一事实、同一证据与同一诉讼标的。上述观点基本围绕着诉讼主体的相同和诉讼标的相同来论述，因采概念范畴的狭广而发展出三同论或四同论。实务中过于刚性和限缩的识别使禁止重

---

① 许士宦：《重复起诉禁止原则与既判力之客观范围》，载《台大法学论丛》第 31 卷第 6 期，第 275 页。
② ［日］三月章：《日本民事诉讼法》，汪一凡译，（台湾）五南图书出版社 1997 年版，第 2 页。
③ 陈荣宗、林庆苗：《民事诉讼法》，（台湾）三民书局 1996 年版，第 332 页。

复起诉无法有效地实现司法资源的高效利用，特别是在案多人少、压力剧增的背景下，更使法律的统一适用遇到难以突破的瓶颈，但正如下文所要释明的，诉讼标的以外的争点也理应归入重复起诉的范畴，禁止当事人多次讼争。

（一）当事人相同

由于民事诉讼是一种"只要达到纠纷相对性解决之程度即可"的纠纷解决手段，因此对于当事人不同的两诉，自不属于重复起诉。例如，前后诉都是关于同一房屋所有权的确认之诉，但前诉是 X 对 Y 提起的确认诉讼，而后诉是 X 对 Z 提起的确认诉讼，这种情形并不构成二重起诉，因为前后两诉的当事人并不相同。如果不是诉讼当事人，但也受判决效力约束的其他人员，在考虑是否构成重复起诉的问题时，也被视为当事人，进而有可能构成重复起诉的情形。而且，在仅仅是原告与被告发生对换的情形下，当事人也可以被视为相同，尽管从诉讼标的的角度看可能并非一致，但仅从当事人角度来看，符合该项条件。

（二）诉讼标的相同

诉讼标的新旧的不同立场，会对识别产生影响。如果采新诉讼标的说，那么禁止重复起诉的范围就较为宽泛，若是基于旧诉讼标的论，范围则相对较窄。"诉讼上的请求是否相同"是诉讼标的判断的重点，就主体方面而言，如果考虑到针对同一房屋提起的"X 对 Y 的所有权确认诉讼"与"Y 对 X 的所有权确认诉讼"两个诉讼中的请求主体，那么这两个诉讼上的请求是不相同的，因此，这种情形不违反禁止重复起诉。就审判形式而言，即便诉讼上的请求在客体方面是相同的，但因"是给付诉讼还是确认诉讼"的差别，也会导致诉讼上请求的不同，进而不构成重复起诉。例如，在当事人提起给付诉讼后，对方当事人提起确认同一债权不存在的诉讼，这种情形也不会触犯禁止重复起诉。尽管从诉讼标的相同出发，必然会推导出如前的结论，但这些结论并不具有充分的说服力。因为在此情形，若允许原告提起别诉请求，仍会增加被告应诉的麻烦、诉讼的不经济以及容易造成裁判矛盾，故应扩大重复起诉的识别范围。

（三）争点共通

如上所述，对于前后诉讼标的不同的案件，为进一步实现禁止重复起诉的功能定位，即避免增加当事人应诉的麻烦、实现诉讼经济和防止裁判的矛盾，仍应限制原告或被告提起别诉。之所以限制另案提起诉讼，是因为前后两诉的主要争点或请求的基础事实是相同的，"故为了避免对其审判而开启二道诉讼程序，以致增加法院及当事人之劳力、时间、费用，且重复审理容易造成裁判的歧义，违反诉讼经济原则，无法一次、统一解决纷争，爱扩大重复起诉禁止原则的适用范围"[1]。但扩大适用禁止重复起诉需要正确处理当事人的处分权，而关键点在于前后两诉的争点[2]。由于争点已在审理过程中为双方当事人举证和辩论，且对法官的最终判断产生影响，因而对当事人的程序保障是充分的，且不会造成裁判突袭。若前后两诉的争点共通，法院对于该争点的审理就形成了重复审理，在内容上，也有可能产生实质性矛盾。所以，在法院保障双方当事人就争点进行举证和辩论的情形下，为避免裁判矛盾以及诉讼的不经济，就该共通的争点不允许当事人另案起诉。例如，在确认买卖标的物所有权请求与交付买卖标的物请求之间，尽管两者的诉讼标的是不同的，但是作为争点的"买卖效力"却是共通的，因此，应当禁止当事人另行提起诉讼。

三　横向重复起诉的处理

在扩大重复起诉识别范围的情况下，不能仅依靠"禁止"简单地来解决程序问题。具体而言，应采取如下措施：

（一）诉的变更、追加及反诉

为避免扩大重复起诉范围而可能影响当事人利用诉讼制度的机会，妨碍其起诉的自由，应以诉的变更、追加及反诉来加以保障。因为，原告如欲就余额或其他竞合权利起诉，可以在原诉讼程序中通过诉的变更或追加来提出；被告如欲否认该权利的存在或确认其抗辩权利存在，也可以在原诉讼程序中提起反诉，如此，并未减少双方当事人的诉讼机会和权利。通过当事人为诉的变更、追加及反诉，使禁止另案起诉不会侵害到当事人的诉讼权利。当然，当事人这种诉的变更、追加或提起反诉并非强制。当事人是否利用前诉程序提起，仍由当事人自己决定，并不因事件关联或为一定主张或抗辩的结果，即被强制要求应提起诉讼。就此而言，当事人在前诉程序可以为诉的变更、追加或提起反诉的意思表示，并不违背处分权主义，仍尊重当事人的选择。

我国民事诉讼法对诉的变更、追加及提起反诉都在一定程度上加以了限制，如

---

[1] 许士宦：《重复起诉禁止原则与既判力的客观范围》，载《台大法学论丛》第 31 卷第 6 期，第 288 页。
[2] 本文所指的争点是指判决主文所确认法律关系的前提问题。

民事诉讼证据规定将提出时间限定在举证期限届满前。对此，应放宽诉的变更、追加及提起反诉的时间要求，维持当事人间的平等地位，使原告能够利用同一诉讼程序为诉的变更、追加，一举解决关联纷争，被告也可利用同一诉讼程序提起反诉，将牵连纷争合并审判，从而彻底解决双方当事人间的纷争。如原告不利用诉的变更或追加制度，而提起别诉，则因其无端增加被告多次应诉的麻烦，加重其劳时费用负担，致其蒙受程序上的不利益，违背当事人间实质公平，有违诚实信用原则。反之，如被告不利用本诉程序提起反诉，另行起诉，会相应增加原告应诉的麻烦，也是进行不公正的诉讼，有损原告的程序利益，违反依诚实信用原则行使诉权的要求。

（二）法官释明

在适用诉的变更、追加及提起反诉的情形下，应加强法官有关诉的变更、追加或提起反诉的释明义务，从而有助于保障当事人合并审判的机会，增进其程序选择的自由。法院适时提供咨询，让当事人更有机会就其纷争所涉及的实体利益及程序利益，仔细斟酌衡量之后，妥当地决定是否提起诉讼。法官的释明在一定程度上也正当化了扩大禁止重复起诉的适用范围。既然当事人想提起诉讼时，已经有机会利用已系属的诉讼程序进行，那么他最终未利用该机会而另案起诉最终遭驳回所带来的实体上及程序上不利益应由其自己负责。

综上，扩大禁止重复起诉原则适用范围的结果，因限制当事人另案起诉，仅允许其于已系属的同一诉讼程序为诉的变更、追加或提起反诉，尽管有事实上限制起诉的情形，但也可因当事人已受程序保障，以及为维持双方当事人间的公平而获得正当化。法官应行使释明权，赋予当事人为诉的变更、追加或提起反诉的程序保障，当事人另案起诉而遭驳回，应当自负其责。而且，当事人已经被公平赋予利用同一诉讼程序为诉变更、追加或提起反诉的机会，即无正当理由另循其他诉讼程序而强制对方应诉，使对方当事人蒙受程序上的不利益，故其违反程序公正的要求，也不应受到保护。

四　具体案件的适用

（一）部分合同债权的提起

原告 X 诉请被告 Y 给付 100 万元，主张其对被告有一笔 200 万元的借款债权，仅先诉求其中 100 万元部分，于该诉讼系属中，原告可否另案起诉余额 100

万元?

对于可分的金钱债权,按照处分权主义,原告行使其实体和程序处分权将诉讼标的特定为部分金额并无不可,法院不得超出原告的请求和声明范围。若法官为追求纷争解决的一次性,忽视原告对于诉讼标的范围的自主决定权则是不可取的。尽管允许原告可以为部分请求,但在诉讼系属中,若原告想就余额起诉,或者被告想确认余额债权不存在,均不可另案提起,原告应在原诉讼中为诉的追加,而被告应在原告未追加的情况下提起反诉,将其合并于一个诉讼程序中加以解决,不允许部分请求与余额请求并行审理。因为,两诉的当事人相同,裁判的基础事实也相同,若并行审理,不但增加了他方当事人应诉的麻烦,造成审理的反复,影响诉讼经济,而且若有不同法官审理更有发生裁判互相抵触或矛盾的可能。所以,为扩大诉讼解决纷争的功能,合理分配司法资源,应扩大适用禁止重复起诉,驳回原告或被告不同于原来诉讼所提起的后诉,从而符合关联案件集中审理的要求。或有观点认为余额部分与当事人特定的部分债权属不同的诉讼标的,并非同一事件,故不违反禁止重复起诉。但是,禁止重复起诉的制度目的是为了避免给对方当事人带来应诉的麻烦,防止就同一事项产生互相抵触、矛盾的裁判及排除法院的重复审理,若允许两诉并行审理则明显违背了禁止重复起诉的制度初衷。

(二)部分侵权债权的提起

原告 X 在开车时遭被告 Y 所驾驶车辆超速撞击,现仅就车损部分提起损害赔偿,在该诉讼系属中,原告可否就其他损害项目另行起诉请求?

侵权与合同不同,因契约发生的纷争,由于是当事人自己所经历,可以查证,通常能够预见将来所能依契约主张权利的范围;但非交易行为产生的纷争,当事人通常无法预先收集证据。如交通事故,有时很难期待原告在起诉时能够特定其权利范围,并预估可以请求的赔偿金额,因为这种金钱损害赔偿之诉,涉及损害原因、过失比例、损害范围的认定,具体损害数额,经常需要经专家鉴定以及法院裁量后才能确定。因此,在本例中,原告 X 因交通事故所受损害的范围,除车损外,可能包括医疗费、误工费等,甚至有后续治疗费。原告依处分权主义,将诉讼标的仅特定为车损,并无不可,原告未提起的其他损害项目并非本案的诉讼标的。若法院审理后,认为原告主张的车损并不成立,但其他项目成立时,法院应向当事人释明,给予原告辩论的机会,或者赋予原告追加其他项目的机会。需强调的是,不论法院是否释明,原告在该诉讼系属中,想就其他项目提起损害赔偿的，应在该案中追加或变更，不能另行起诉。因为这些损害均是因同一加害行为所生，所造成的损害赔偿应尽可能一次解决，避免因重复审理导致诉讼不经济，造成对方当事人应诉麻烦以及裁判互相抵触、矛盾的可能。同样，若被告想就其他损害赔偿债务不存在提起诉讼，也应在本案中提起反诉，不能另案起诉。当然，原、被告可能基于证据未收集充分等正当理由未起诉，此时法院不能据此要求原告或被告追加、变更或提起反诉，而应允许其另案起诉。

（三）请求权竞合

原告 X 基于 A 房屋为其所有，出租给被告 Y 后，租期届满，但被告 Y 拒不返还，X 遂以此为由起诉被告 Y 要求其返还 A 房屋。被告 Y 则抗辩租赁期满后，其仍占有使用 A 房屋，原告 X 并未反对，依法视为以不定期租赁续租。在该诉讼系属中，原告可否另案提起解除租赁合同，要求被告返还 A 房屋？或者被告可否另案起诉请求确认租赁权存在？

从理论上可将请求权竞合分为：一是物权请求权与债权请求权的竞合，如当承租人在租赁关系终了拒不返还租赁物时，出租人基于所有权主张所有物返还请求权及基于租赁关系债权主张租赁物返还请求权的竞合；二是物权之间的竞合，如当所有权的占有权被侵占时，根据所有权主张所有物返还请求权与基于占有权主张占有物返还请求权的竞合；三是债权之间的竞合，如侵权与违约之间的竞合。在请求权竞合的情况下，原告可以将诉讼标的确定为其中一项实体权，若所述的原因事实还涉及其他竞合实体权利，法院应向原告释明是否主张该实体权利，为诉的变更。如原告进行了诉的变更，则就不能另案起诉。同样，如被告想确认原告所主张的实体权利不存在，因为两者的诉讼标的及基础事实有牵连关系，所以应在一案中提起反诉，不能另案起诉。在本例中，原告的请求权基础可以是所有物返还请求权，也可以是租赁合同解除后的租赁物返还请求权，虽然原告仅主张前一法律关系，但法院应予以释明，使原告能够明确诉讼标的。若原告仍坚持所有物返还请求权，则审判对象固定，但双方在审理中的争议焦点是被告是否有权占用，即原租赁关系是否存在。若在该诉讼系属中，允许原告另案起诉解除租赁合同要求被告返还房屋，则关于两者间的租赁关系存在重复审理，增加了对方当事人应诉的负担，也有造成两案法律适用不统一的危险，此种情形构成重复起诉，应驳回后诉。若原告另案主张上述默示更新的事实不存在，请求确认被告对系争房屋不存在租赁权，也同样构成重复起诉。若被告另案起诉租赁关系，因两案的争点共通，也构成重复起诉，其应在一案中提起反诉。尽管原告在后诉请求解除租赁关系或被告请求确认租赁关系，与前诉是不同的法律关系，诉讼标的不同，但为避免重复审理而促进诉讼效率，保障对方当事人的程序利益而降低多次应诉所生的负担以及防止裁判矛盾而维持对司法的信赖等，应扩大适用禁止重复起诉的范围，要求原告在一案中变更诉讼请求，或被告提起反诉，从而发挥扩大诉讼解决纷争的功能，合理分配有限的司法资源。

银行卡盗刷赔偿纠纷研究
——析持卡人与银行、特约商户之间的索赔纠纷

范德鸿*

银行卡的使用已经非常普遍，在给人们带来便捷的同时，其安全性也受到了严重挑战，突出表现就是盗刷卡现象日益增多。不法分子的盗刷行为引发了持卡人与银行（商户）之间的索赔纠纷，持卡人大多以银行（商户）未尽到谨慎注意义务为由要求银行（商户）承担赔偿责任。众多纠纷的裁判结果表明，法院认定赔偿责任时，缺乏统一的裁判标准，导致了同案不同判的现象，这既不利于当事人服判息诉，更不利于规范银行卡交易秩序。本文以此类案件为研究对象，分析审判实践中争议的主要实体和程序问题，以期为正确认定赔偿责任、统一裁判标准提供参考。

一 银行卡盗刷的概念与司法救济现状

（一）银行卡盗刷的概念

虽然"盗刷"一词频频见诸报刊，但目前并无法律、法规或其它规范性文件对此有明确的定义，亦无权威的学理解释。第一，从各种报刊的使用情况分析，"盗刷"一词基本用于两种情形：一是不法分子利用非法手段获取了银行卡信息，复制伪卡后取现或消费，此时持卡人并未丧失真卡，不法分子使用的是伪卡[1]；二是持卡人遗失或被他人窃取了银行卡，不法分子使用的是真卡[2]。第二，从官

---

* 上海市第一中级人民法院民事审判第六庭助理审判员。

[1] 参见孙雪芝、骆金娜：《银行卡被复制盗刷，银行有错应赔偿》，载《检察日报》2009年10月13日第3版。此种伪卡盗刷情形在实践中大量存在，相关报道不胜枚举。

[2] 参见敖颖婕：《信用卡遗失后遭不法分子盗刷，商户审核不严被判担责》，载《人民法院报》2008年12月8日第3版。

99

方文件使用情况分析，"盗刷"的意义或指利用伪造、变造的银行卡实施诈骗犯罪[1]，或针对信用卡实施非法套现行为[2]。第三，从学理角度分析，曾有研究者对"盗刷银行卡"作过解释：犯罪分子通过各种手段同时获取用户的银行卡和密码，或者只盗取密码并通过制作伪卡，或者假冒失主身份挂失合注销密码从而消费他人卡中存款或提现的行为[3]。还有研究者从刑法角度详细列举了"伪卡盗刷"、"冒用他人信用卡"、"盗用账户"等各种银行卡犯罪行为，但并未明确"盗刷"的含义，更未说明"盗刷"与"冒用他人信用卡"、"盗用账户"有何本质区别[4]。

笔者认为，从文义分析，"盗"是指违背持卡人的意愿，"刷"则是使用银行卡的形象称谓。从法理分析，"盗刷"应具有三项法律特征：一是不法分子主观具有欺诈的故意，其使用银行卡的取现、消费等行为不是出于持卡人的真实意思表示；二是不法分子行为的实质对象，并非是银行卡而是银行卡账户内的资金；三是不法分子的行为造成了银行卡账户资金的未授权划拨。故"盗刷"一词是指，不法分子出于欺诈故意，未经持卡人同意，获取持卡人银行卡账户资金的行为。

（二）银行卡盗刷的司法救济现状

1. 刑事和行政救济现状

根据有关司法解释，公安机关对于涉嫌使用伪造、作废的信用卡或者冒用他人信用卡进行诈骗活动，数额在 5000 元以上的，应当立案追诉[5]。故持卡人发现银行卡被盗刷后，一般首先通过银行客户服务电话查询信息或是直接向公安机关报案，而银行一般也建议持卡人向公安机关报案。而实践中，对于数额超过 5000 元的信用卡盗刷案件，公安机关大多也不会启动刑事程序，而是建议持卡人向银行提起民事赔偿诉讼，在给报案人出具一份《接报回执单》（而不是《不立案决定书》）后便再无下文。由于公安机关不出具《不立案决定书》，持卡人也无法向检察

---

[1]《中国人民银行办公厅关于进一步防范奥运期间银行卡伪卡犯罪的通知》（银办发〔2008〕200 号）第 1 条、第 6 条第（二）项。

[2]《中国银监会办公厅关于信用卡套现活跃风险提示的通知》（银监办发〔2008〕74 号）第 2 条。

[3] 任辉：《银行卡盗刷案件中的民事责任分析》，载《中国信用卡》2007 年第 5 期。

[4] 最高人民法院研究室、最高人民检察院法律政策研究室、中国银联风险管理部编：《银行卡犯罪司法认定和风险防范》，中国人民公安大学出版社 2010 年版，第 17—18 页。

[5]《最高人民检察院、公安部关于公安机关管辖的刑事案件立案追诉标准的规定》（公通字〔2010〕23 号）第 54 条，《最高人民检察院、最高人民法院关于办理利用信用卡诈骗犯罪案件具体适用法律若干问题的解释》（高检会〔1995〕11 号）第 2 条。

机关申诉请求督促立案。因此，持卡人一般只能选择向银行或商户提起民事诉讼。

2. 民事救济现状

持卡人发现银行卡被盗刷后，提起诉讼主张民事救济，是其维护利益的重要方式。此类诉讼中，需考察以下几个关键因素：其一，起诉对象。持卡人起诉的对象不外乎银行和商户两类。对因在商户消费而发生的盗刷纠纷，持卡人有时仅以商户为被告，有时则将发卡银行列为共同被告。相对于特约商户，以银行为被告的案件比较复杂，因较多案件涉及跨行取款，持卡人或以发卡银行为被告，或以取款银行为被告，或者干脆将两者列为共同被告。其二，诉请基础。持卡人常以储蓄合同关系、或财产侵权关系为诉请基础，或干脆不明确请求权基础，只陈述事实，而将纠纷定性交由法院判断。至于理由，则一般认为银行或商户未尽到合理的谨慎注意义务，业务流程存在漏洞，构成过错。其三，事实认定。由于民事诉讼查明事实的手段有限，案件的一些关键事实常无法查清，比如银行卡信息和密码究竟是如何泄露的，持卡人是否与盗刷者存在共谋而报假案等。此时，法院只能依据证据优势原则和分配举证责任来认定事实，导致法院查明的法律事实不能完全还原客观事实。其四，裁判标准。法院通常从过错入手，分析银行卡交易当事人在盗刷过程中是否存在过错，以及过错与持卡人的损失之间是否存在因果关系。审理结果或认为银行未尽到谨慎注意义务应承担全部损失，或认为银行和持卡人均有过错而根据过错大小酌定各自承担部分责任[1]，或认为银行没有过错而不承担责任，形形色色的判例不仅让公众无所适从，即使法官亦很困惑[2]。

二　银行卡盗刷赔偿纠纷的案由

民事案件案由是民事诉讼案件的名称，反映案件所涉及的民事法律关系的性质，是人民法院对诉讼争议所包含的法律关系进行的概括[3]。因此，要合理确定银行盗刷赔偿纠纷的案由，首先必须正确认识银行卡当事人之间的法律关系。

（一）银行卡当事人之间的合同关系

（1）持卡人与发卡银行之间的多重合同关系。持卡人与发卡银行之间的合同

---

① 酌定亦无统一标准，甚至可以说是随意的，按俗称的说法，有"三七开、四六开、五五开"等多种判决。
② 石慧昉：《银行卡盗刷法律问题探析》，载《山东审判》2010 年第 1 期。
③《最高人民法院关于印发〈民事案件案由规定〉的通知》（法发〔2008〕11 号）。

关系具有多重性，包括储蓄关系、借贷关系、代理关系和担保关系。储蓄关系是指，持卡人可以凭卡在发卡银行存取款项；借贷关系是指，持卡人在使用信用卡购物消费时所支付的款项超过账户存款余额时，发卡银行允许持卡人在规定范围内透支；代理关系是指，持卡人利用银行卡转账结算或汇兑时，发卡银行实际成为持卡人的代理人，持卡人是委托人，双方按照代理规则处理结算关系；担保关系是指，信用卡持卡人必须向发卡银行提供一定担保[1]。储蓄关系和代理关系在借记卡和信用卡中均有体现，而借贷关系和担保关系仅存于信用卡。

上述四种关系中，储蓄关系是最主要的。但储蓄合同系无名合同，对其性质尚有"保管说"和"借款说"等不同认识，我国立法未就此作出明确规定。第一，"保管说"未能成为主流观点，因为货币系种类物而非特定物，其占有权和所有权不能分离，银行只需向储户支付同种类、数额的货币而无需返还原物，并且银行亦可使用储户的存款用于开展业务，故该认识不符合民法基本原理。第二，较多人认可"借款（债权）说"，认为储户将钱款存入银行后，其所有权转移给银行，持卡人享有的只是对银行的债权，而非存款的所有权[2]。此观点不仅在相关教材中有所反映[3]，而且似乎得到了最高人民法院的认可[4]。

（2）持卡人与特约商户之间的消费合同关系。特约商户是与银行签约受理银行卡购物消费的经营性单位[5]，持卡人与特约商户之间仅是交易关系，持卡人使用银行卡只是一种支付手段[6]。

（3）特约商户与收单银行之间的代理合同关系。收单银行是特约商户的开户银行，收单银行为特约商户提供刷卡设备、交易授权、资金清算及日常设备维护和业务咨询[7]。收单银行与特约商户通过"受理合约"规定彼此的权利义务关系[8]，双方

---

① 参见施天涛：《商法学》，法律出版社 2004 年版，第 527—528 页。

② 任辉：《银行卡盗刷案件中的民事责任分析》，载《中国信用卡》2007 年第 5 期。

③ 参见朱崇实主编：《金融法教程》，法律出版社 2005 年版，第 201 页。该教材认为：存款关系的实质是存款人将货币"以特定方式在一定时间内让渡给"金融机构，当存款行为完成后存款人成为金融机构的债权人，存款是金融机构对存款人的负债。

④ 参见吴庆宝主编：《民事裁判标准规范》，人民法院出版社 2008 年版，第 313 页。

⑤ 王玉平：《特约商户的发展与银行卡业务的拓展》，载《金融电子化》2003 年第 3 期。

⑥ 施天涛：《商法学》，法律出版社 2004 年版，第 530 页。

⑦ 韩龙主编：《金融法》，清华大学出版社、北京交通大学出版社 2008 年版，第 154 页。

⑧《银行卡业务管理办法》第 55 条："商业银行发展受理银行卡的商户，应当与商户签订受理合约……。"

之间成立代理关系，即特约商户接受收单银行的委托受理持卡人的银行卡交易①。收单银行可能与持卡人的开户银行一致，也可能是其他银行。如果收单银行与持卡人的开户银行不一致，二者之间通过银行卡组织（国内主要是银联）进行资金结算。

（二）常见案由分析

（1）合同与侵权纠纷案由的比较。在银行卡盗刷赔偿纠纷中常存在违约与侵权的竞合。在某些情况下，持卡人选择违约或侵权作为诉请基础，对其利益保护有一定差异：其一，跨行交易（发卡银行与取款银行、收单银行不一致）中，持卡人将发卡银行以及取款、收单银行列为共同被告，但取款、收单银行与持卡人之间不存在直接的合同关系，故宜选择侵权纠纷。其二，持卡人不仅提出了财产损害赔偿的诉请，而且提出了精神损害赔偿的要求，而通常情况下精神损害赔偿的诉请只能在侵权纠纷中可以获得支持，此时作为侵权纠纷处理可能更有利于持卡人实现诉请②。

（2）银行卡纠纷。最高人民法院 2008 年公布的《民事案件案由规定》针对此类案件，仅列明了信用卡纠纷，2011 年修订为银行卡纠纷，并在此案由下又增加了两个子案由，即借记卡纠纷和信用卡纠纷。但此次修订只考虑了银行卡的种类，并未从讼争法律关系性质的角度作进一步的努力。

（3）储蓄存款合同纠纷。审判实践中常将此类案件的案由确定为储蓄存款合同纠纷，这可能与司法解释有关。最高人民法院曾明确："因银行储蓄卡密码被泄露，他人伪造银行储蓄卡骗取存款人银行存款，存款人依其与银行订立的储蓄合同提起民事诉讼的，人民法院应当依法受理"③。虽然司法解释如此规定，但将此类案件笼统地确定为储蓄存款合同纠纷并不准确，除了前述跨行交易的原因外，还因为：第一，储蓄关系仅是持卡人与银行之间的多重合同关系的一种，并不能涵盖所有关系。比如，不法分子以持卡人的名义通过电话方式向银行发出委托汇款指令，要求将持卡人账户资金划拨至其他账户，持卡人发现账户资金被盗后以

---

① 施天涛：《商法学》，法律出版社 2004 年版，第 529 页。
② 参见范德鸿：《密码在电话银行业务中的法律地位和作用》，载《人民司法》2011 年第 10 期；上海市第一中级人民法院（2010）沪一中民六（商）终字第 154 号民事判决书。
③ 《最高人民法院关于银行储蓄卡密码被泄露导致存款被他人骗取引起的储蓄合同纠纷应否作为民事案件受理问题的批复》（法释〔2005〕7 号）。

不存在合法委托为由要求撤销委托、赔偿损失,持卡人诉请的实质是要求撤销虚假的委托指令,故案由应确定为委托合同纠纷①。第二,上述司法解释仅是针对立案,其实质目的是为了保护持卡人的诉权,但法院结案时应当根据法庭查明的当事人之间实际存在的法律关系,相应地变更案由②。

综上,由于银行卡盗刷的复杂性,不能笼统地将此类纠纷简单地定性为上述某一类(子)案由,应充分考虑能够准确体现讼争法律关系的性质,这既可便于当事人明确诉请基础,亦可便于法官归纳争议焦点。为了便于归类统计分析,可以将银行卡盗刷纠纷作为一个类案由,因为此种表述虽未能反映案件法律关系,但直观地反映了讼争起因。需要强调的是,持卡人在起诉时往往不能准确地明确请求权基础,为了充分保护持卡人的利益,法官应根据案情向持卡人释明不同案由间的区别,即使持卡人仍坚持选择了笼统或错误的诉讼理由,法官在结案时仍应选择最恰当的判决理由,以实现诉讼效率和实体正义③。

三 实体问题之一:银行的注意义务

(一)银行注意义务的来源

(1)发卡银行注意义务的来源。究其本质,银行的注意义务应是合同附随义务。附随义务是基于诚信原则而非当事人的约定所产生的一种相对于主给付义务的法定义务,具有两种功能:一是辅助功能,促进实现主给付义务,使债权人的给付利益获得最大可能的满足;二是保护功能,维护对方人身、财产的利益④。银行的注意义务主要是为了保障持卡人银行卡账户资金的安全,避免持卡人利益受损。根据保护功能的要求,银行在银行卡交易过程中应当采取一切必要、可能的风险防范措施,保证交易安全,防止盗刷等违法犯罪行为。银行若未能尽到合理的注意义务,应当承担违约责任。

(2)跨行交易中付款(收单)银行注意义务的来源。在跨行取款中,付款银行与持卡人并不直接存在合同关系,这又该如何理解付款银行注意义务的来源?

---

① 参见范德鸿:《密码在电话银行业务中的法律地位和作用》,载《人民司法》2011年第10期。
② 《最高人民法院关于印发修改后的〈民事案件案由规定〉的通知》(法〔2011〕42号)第3条第5款。
③ 参见刘言浩:《宾馆未能履行其对住客的安全保护义务应承担违约责任》,载上海市高级人民法院编:《公报案例精析》,法律出版社2010年版,第212—213页。
④ 参见崔建远主编:《合同法》,法律出版社2010年版,第87—89页。

有人认为，此时付款银行实际处于债务履行辅助人的地位，其根据银联章程的规定辅助发卡银行履行对持卡人的付款义务①。也有人解释，基于银联入网协议，发卡银行和付款银行之间成立委托合同关系，付款银行基于发卡银行的委托向持卡人付款，发卡银行则向付款银行履行结算资金的委托义务②。两种解释没有本质区别，因为付款银行是发卡银行的代理人，故履行的注意义务来源于发卡银行的委托，本质上仍属于发卡银行的义务。同理，上述委托关系也可以解释跨行消费中收单银行的注意义务。

（二）银行注意义务的内容

银行作为金融服务机构，在向客户提供服务的过程中，必须尽到应有的谨慎注意义务，采取一切必要合理手段保障持卡人账户资金安全，防止盗刷等风险。针对银行卡盗刷，银行的注意义务应当包括两方面：

一是交易安全注意义务，即审查银行卡交易的真实性。银行应当通过审查银行卡使用者的主体资格和银行卡的真伪，确保取现或消费等行为是出于持卡人或其合法授权人的真实意思表示。

二是信息安全注意义务，即防范持卡人身份信息和银行卡信息、密码泄露。具体包括：其一，危险提示义务，银行应当对各种可能出现的不安全因素以及可能造成的伤害作出明显警示，比如在自助银行的门上和 ATM 机上贴上安全提示；其二，技术防范义务，银行对于潜在的危险应当采用适当的设备和技术；其三，非技术防范义务，最通常的例子就是银行为了防止正在柜面办理业务的客户输入密码时被他人偷窥，应当让其他客户在"一米线"外等候；其四，安全措施说明义务，银行对于采取的安全措施在必要时应当采取合理方式说明；其五，危害救助义务，当不安全因素给持卡人造成损害时，银行应当积极救助，避免损失发生或进一步扩大，比如发现持卡人账户资金异常划拨时应及时与持卡人联系③。银行的信息安全注意义务贯穿于双方合同关系存续期间，既体现于银行卡交易环节，

---

① 参见林晓镍：《银行卡信息和密码被窃后的民事责任承担》，载上海市高级人民法院编：《公报案例精析》，法律出版社 2010 年版，第 153—155 页。该文认为：债务履行辅助人包括使用人和代理人。使用人是指依债务人的意思事实上为债务履行之人。代理人包括法定代理人和意定代理人，意定代理人亦是基于债务人的意思为债务履行之人，严格而言，意定代理人亦属于使用人的范围。

② 参见陈福录：《浅析银行卡跨行交易中的法律关系》，载《中国信用卡》2011 年第 4 期。

③ 参见林晓镍：《银行卡信息和密码被窃后的民事责任承担》，载上海市高级人民法院编：《公报案例精析》，法律出版社 2010 年版，第 153—155 页。

也体现于交易之外的所有其他环节。

（三）银行履行交易安全注意义务的判断标准

为确保交易安全，银行通常需审查银行卡使用者的主体资格和银行卡的真伪（在电话和网上银行中无需也无法审查银行卡的真伪）。银行履行交易安全注意义务的判断标准，包括实质审查或形式审查。实质审查是指，银行应当对审查事项的绝对真实性负责，不仅负有核对相关信息（密码和身份证件、银行卡记载的信息）的义务，而且负有辨别信息载体（身份证件、银行卡）真伪的义务。形式审查是指，银行对绝对真实性不负责任，只需核对相关信息，对信息载体的真伪只按照普通（非专业）标准从外观大概判断。实质审查与形式审查的区别在于是否对审查内容的绝对真实性负责。不同的审查标准体现了不同的价值取向，实质标准侧重于交易的安全性，目的是为了充分保障持卡人的资金安全；而形式标准侧重于交易的便捷性，目的是为了提高交易的效率。为了兼顾安全和效率，对不同的审查内容应当有不同的标准。

第一，对银行卡使用者主体资格的审查应当坚持形式标准。一般情况下，银行对使用者主体资格的审查是通过密码得以实现的，只要使用者输入了正确的密码，即可判明其是持卡人或其合法授权的人[1]。只要交易者客观上在电子银行交易中使用了密码，如无免责事由，则视为其本人使用密码从事了交易行为，本人对此交易承担相应责任[2]。各大商业银行的银行卡章程对此均有规定。虽然有人曾主张，银行卡申领协议所记载的密码使用即为本人行为原则的内容属于格式条款，当银行未就该条款进行提示说明时该条款不发生效力[3]，但由于该原则已得到了相关法律和规章的确认[4]，故即使银行在办理发卡业务时未就此进行提示说明，该原则亦应适用。当然，上述原则亦有例外：一是密码使用涉及的软件密级

---

[1] 密码是客户办卡时在银行预留的，约定在办理业务时必须提供给银行，据以识别取款人是否有权支取存款的数字、字母或其组合；密码应当和持卡人的身份证件、签名甚至指纹一样，具有同等的身份识别功能，是持卡人在银行电子网络中办理业务的身份凭证。载夏和平：《泄露支付密码索赔诉讼的举证责任》，载《湖北经济学院学报》2006 年 1 月。

[2] 王兆东：《银行卡密码的法律效力及法律归责》，载《华北金融》2008 年第 7 期。

[3] 参见林晓镍：《银行卡信息和密码被窃后的民事责任承担》，载上海市高级人民法院编：《公报案例精析》，法律出版社 2010 年版，第 153—155 页。

[4] 《电子签名法》第 40 条规定："可靠的电子签名与手写签名或者盖章具有同等的法律效力。"《银行卡业务管理办法》第 39 条规定："发卡银行依据密码等电子信息为持卡人办理的存取款、转账结算等各类交易所产生的电子信息记录，均为该项交易的有效凭据。发卡银行可凭交易明细记录或清单作为记账凭证。"

程度过低，二是失窃、失密后及时向银行挂失，三是操作系统受到黑客攻击[①]。

某些情况下，除了密码之外，银行还需审查身份证件，比如到柜面一次性大额取现、密码挂失、更换银行卡等。关于身份证件的审查标准，审判实践虽有一些规范可以参考，但这些规范也相互矛盾。以中国人民银行的相关规章为例，既有实质审查[②]，也有形式审查，[③] 而最高人民法院似乎倾向于形式审查。[④] 综上，对银行卡使用者主体资格的审查本质上属于对公民身份的审查，即使是公安机关在刑事案件中也不能完全达到实质审查的标准[⑤]，因此不能强行赋予银行实质审查的义务，否则有违公平。当然，虽然坚持形式审查标准，银行工作人员同样需要尽到合理的谨慎注意义务，以一般业务人员的智力水平和辨别力为标准，从形式上认真核查使用者的主体资格，否则应承担责任。

第二，对银行卡应当坚持实质审查标准。银行应对其制作发行的金融流通工具进行实质审查，这是最高人民法院一贯的观点，从类似的司法解释就可以看出[⑥]。银行未能审查出伪卡有两种原因，一是技术原因，二是人为原因。首先，从技术原因分析，伪卡能够通过银行的计算机系统进行交易，可能的解释有两种：一是银行卡技术含量太低，容易被伪造，二是银行的计算机系统存在重大缺陷[⑦]。普通民众一般认为银行作为专业金融机构理应有技术能力判断真伪，并且银行的判断应是权威的，故要求银行在技术方面履行实质审查义务。但需指明的是，此时银行的责任

[①] 王兆东：《银行卡密码的法律效力及法律归责》，载《华北金融》2008年第7期。

[②] 《储蓄所管理暂行办法》第59条规定：定期储蓄存款提前支取时，储蓄所必须认真核对存款人身份证明，委托他人支取的，还需核对委托人的身份证明，并作相应记录，必要时也可向发证机关查对。根据"向发证机关查对"分析，此条文应是要求实质审查。

[③] 《关于办理存单挂失手续有关问题的复函》（银函［1997］520号）规定：在办理挂失手续时，储蓄机构对身份证件只进行形式审查，不负有鉴别身份证件真伪的责任。

[④] 最高人民法院《关于林木香诉中国工商银行福州支行仓山办事处、中国农业银行闽侯县支行、闽侯县闽江信用社赔偿案件如何适用法律问题的复函》（［1991］民他字第31号）确认银行对户口簿的伪造负有形式审查责任。该案中，犯罪分子冒领存款时所使用的户口簿缺页且未盖户籍警印章，从形式上应当可以判断真伪，而银行未认真核对，故应对存款人的损失承担责任。

[⑤] 《刑事诉讼法》第61条规定：公安机关对不讲真实姓名、住址，身份不明的现行犯或重大嫌疑犯可以先行拘留。第128条规定：对于不讲真实姓名、地址，身份不明的犯罪嫌疑人，犯罪事实清楚，证据确实充分的，也可以按其自报的姓名移送审查起诉。

[⑥] 《关于审理票据纠纷案件若干问题的规定》第69条规定：付款人或代理付款人未能识别出伪造、变造的票据或者身份证件而错误付款，属于票据法第57条规定的重大过失，给持票人造成损失的，应当依法承担民事责任。付款人或者代理付款人承担责任后有权向伪造者、变造者依法追偿。

[⑦] 任辉：《银行卡盗刷案件中的民事责任分析》，载《中国信用卡》2007年第5期。

应是一种风险责任而非过错责任，技术原因不应视作银行的过错[1]。其次，从人为原因分析，银行工作人员出于疏忽亦可能导致伪卡判断失误。银行卡表面记载了发卡日期、卡号、持卡人姓名的汉语拼音等信息，应该可以从这些信息判断伪卡，如果银行工作人员疏忽大意未能准确判断伪卡，应当承担责任，此时属于过错责任[2]。人为原因和技术原因往往是联系在一起的，即使柜面人工操作，也要通过银行的计算机系统实现交易，因银行人员失误引起的责任，实际包括过错责任和风险责任。

（四）银行履行信息安全注意义务的判断标准

不法分子获取信息不外乎技术和非技术两种手段，无论何种情形，判断银行履行注意义务均应以合理为标准，要以现实条件下银行履行义务的能力、条件作为考量的依据。目前审判实践中有一种倾向，认为凡是信息泄露都与银行防范措施不完善有着或多或少的联系，进而认定银行需承担全部或部分责任，并以司法建议要求改进防范措施。这种倾向是错误的，现实中有些犯罪行为超出了银行合理注意的界限，是无法完全防范的。就技术防范而言，只要银行的措施符合国家标准和行业普遍做法，就可以认为是合理的。比如，虽然现在还未完全普及 IC卡，但不能因为部分银行仍发行容易复制信息的磁条卡而认定其未尽到合理的注意义务，毕竟在现阶段磁条卡仍是比较普遍的[3]。就非技术防范而言，只要银行工作流程符合常规要求，没有疏于管理，即可认定其已尽到合理注意义务，不能认为任何犯罪行为都与银行的工作失误有着必然的因果关系[4]。

（五）银行履行注意义务差异的司法考量

不同条件下，法院对银行履行注意义务的考量应当稍有差异，这种差异体现在对交易安全性和便捷性的权衡与侧重上。具体而言：第一，不同交易模式中银行履行注意义务的差异。银行卡交易包括柜面、ATM 机、电话和网上银行等交易

---

[1] 风险责任与过错责任之间的区别，将在下文案例分析中具体阐述。

[2] 参见原上海市卢湾区人民法院（2010）卢民二（商）初字第 203 号判决书。该案中，不法分子持伪卡至银行办理换卡业务，而伪卡显示的制作日期与真卡不符，银行未能对此辨别，法院将此作为银行违约的依据之一。

[3] 目前国内普遍使用的是磁条卡，这种卡技术含量不高，伪造成本很低。与磁条卡相比，IC 芯片卡因具有储存量大、有读写保护和数据加密保护等技术特点，很难复制。根据中国人民银行 2011 年 3 月 11 日发布的《关于推进金融 IC 卡应用工作的意见》，IC 卡已开始推广使用。

[4] 参见汪新华：《盗刷银行卡面临法律真空》，载《中国经济周刊》2004 年第 25 期。该文报道犯罪分子崔某用高倍望远镜偷窥客户密码。对此种情形，如果认定银行疏于防范，显然是不合理地扩大了银行履行信息安全注意义务的界限。

方式。银行在这四种交易方式中履行注意义务的难度不同，在柜面交易中相对比较容易，而在其他交易中则比较困难，尤其是在电话和网上银行业务中，银行常无法审查身份证件和银行卡。在司法实践中，对柜面交易更应侧重考量安全性，而对其他方式则更应侧重便捷性。第二，不同性质的银行履行注意义务的差异。实践中，银行主要面向的客户群不同，致其业务侧重也有所不同。以上海银行和招商银行为例，前者有相当一部分客户群是退休人员，他们的主要业务是领取工资和存款，银行在服务时更应强调安全性；而招商银行的银行卡业务与上海银行有所区别，在考量招商银行的注意义务时更应注意便捷性。

四　实体问题之二：特约商户的注意义务

有关特约商户注意义务的立法经历了"明确—不明确—再明确"三个阶段：其一，已经失效的《信用卡业务管理办法》曾详细规定了特约单位在信用卡交易中应当审核的内容，包括信用卡使用者的身份证件和信用卡本身①。其二，现行《银行卡业务管理办法》没有具体表述商户的审核义务，只是笼统地规定银行与商户通过签订"受理合约"规范彼此的权利义务关系②。其三，《银行卡联网联合业务规范》基本又恢复了上述《信用卡业务管理办法》的规定③。因此，目前判断商户的审核义务并非没有法律依据，审判实践中有观点认为由于缺失法律依据，在受理合约没有明确约定的情况下可以参照适用失效规章的做法属于适用法律

---

① 银发〔1996〕27 号。该办法第 42 条规定："持卡人凭卡购物消费时，需将信用卡和身份证一并交特约单位经办人。IC 卡、照片卡免验身份证。"第 43 条："特约单位经办人员受理信用卡时，应审查下列内容：（一）确为本单位可受理的信用卡；（二）信用卡在有效期内，未列入"止付名单"；（三）签名条上没有"样卡"或"专用卡"字样；（四）信用卡无打洞、剪角、毁坏或涂改的痕迹；（五）持卡人身份证或卡片上的照片与持卡人相符；（六）卡片正面的拼音姓名与卡片背面的签名和身份证上的姓名一致。"

② 该办法第 55 条规定：商业银行发展受理银行卡的商户，应当与商户签订受理合约……

③ 银发〔2001〕76 号。"3.3 消费……B. 审卡内容：卡片签名条上无"样卡"或"专用卡"等非正常签名的字样；卡片无打洞、剪角、毁改或涂改的痕迹；信用卡还需审查卡的有效期、照片卡上的照片。C. 交易描述：持卡人将银行卡交特约商户收银员；特约商户收银员在 POS 机上刷卡，输入交易金额，要求持卡人通过密码键盘输入 6 位个人密码，如发卡行不要求输入密码，由收银员直接按确认键。交易成功，打印交易单据，收银员核对单据上打印交易账号和卡号是否相符后交持卡人签名确认，在对信用卡交易核对签名与卡片背面签名是否一致后，将银行卡、签购单回单联等交持卡人；交易不成功，收银员应就提示向持卡人解释……"

错误①。

根据《银行卡联网联合业务规范》，商户在交易中应审查下列内容：其一，通过密码和签名对银行卡使用者的身份进行形式审查。一般认为，商户对刷卡消费者的签名仅负有形式上的一般审核义务，只需核对持卡人在POS机消费凭证上的签名与银行卡背面预留的签名是否一致，两处签名的汉字相同、书写形态没有显而易见的重大差异即可②。但笔者并不赞同商户通过核对签名的方式，审查交易者身份的规定，一方面，形式审查没有实际意义，盗刷者基本都可以做到书写的汉字相同、书写形态无明显差异；另一方面，实践中非持卡人使用家人的银行卡（存折）取款、消费是常例，这样规定必然要阻止持卡人授权他人持卡消费。其二，对银行卡进行实质审查。由于商户是银行的代理人，故应对银行卡进行实质审查。如果商户已经履行了法定和约定的审查职责，却仍未识别出伪卡，其仍应对持卡人的损失承担责任，但有权向银行追偿。

除上述法定内容外，商户还需对以下情况尽到合理的注意义务：其一，对可疑交易行为的防范。商户对于一些较大金额、短时间内刷卡频繁的可疑交易行为，应严格审查，发现疑点及时与收单银行联系，由收单银行判断或通过收单银行联系发卡银行进行授权，拒绝受理该笔交易③。其二，银行卡信息安全注意义务。商户应当在交易场所中为客户刷卡提供合理的保密条件，防止密码等信息被他人偷窥。由于商户服务人员在接受客户刷卡交易的过程中有机会接触甚至是短暂地保管了银行卡，商户有义务规范内部管理防止客户信息泄露。商户服务人员若窃取信息构成犯罪，商户也应承担因疏于管理而未能有效履行信息安全注意义务的责任④。上述义务若在受理合约中没有体现，可视为附随义务。由于对商户履行上述义务的判断标准很难具体化，故只能由法院结合案情自由裁量，当然裁量时应当考虑是否符合商业交易的常理、是否有利于规范商户经营。

---

① 翟国静、向婧：《信用卡冒用背景下特约商户的审核义务》，载《人民司法》2009年第24期。

② 刘丽、郭静：《特约商户对信用卡持卡人签名仅负有形式审查义务》，载《人民司法》2009年第24期。

③ 参见上海市黄浦区人民法院（2010）黄民五（商）初字第739号民事判决书。转引自范黎红：《特约商户负有证明消费行为真实发生的举证责任》，载《法律适用》2011年第12期。

④ 参见孙文晔：《盗刷、作伪、套现，7人卷走90余万元》，载《北京日报》2009年3月28日第6版。该文报道：商户服务人员利用结账时接触客户银行卡的机会，在替客户刷卡前后，将卡在"磁卡数据采集器"上再刷一遍获取信息，之后将信息提供给他人制作伪卡。

五　实体问题之三：持卡人的注意义务

持卡人的注意义务同银行一样，亦属于合同的附随义务。对持卡人的注意义务，审判实践中有一种倾向，即持卡人相对于银行、商户处于"弱势"，因此法官在案件处理中往往忽视持卡人自身的安全注意义务，反之对银行和商户则比较苛求[①]。这种办案思路出发点是为了实现公平正义、保护弱势群体，但实际上背离了民商事的基本原则（平等原则），其实质是以经济实力（抗风险能力）、技术优势等作为划分双方法律地位的依据，不利于正确定位持卡人在银行卡交易中应当负有的正常义务，从而彻底否定"密码使用即为本人行为"的原则，有违银行卡作为支付手段快捷便利的基本结算功能[②]。持卡人的注意义务集中体现在对银行卡、身份证件的保管以及对密码等信息的保密。

第一，有形物品的保管。银行卡与持卡人的任何财产一样，持卡人都应当尽到合理的保管义务，不能疏忽大意、随意放置。同时，银行卡又不是普通的财产，作为货币资产的特定载体，其风险性在持卡人申领时就应当得以预见，特别是可以透支的信用卡，在授信额度内被冒用的损失数额具有不确定性，持卡人应当对此给予高于普通财产的注意义务。若将持卡人自己疏于保管而产生的损害后果转移给银行、商户，不仅增加了社会成本，更不能起到督促持卡人对自己财产承担审慎保管的义务[③]。持卡人对银行卡未尽注意义务的情形通常有：其一，申领银行卡后未按要求在卡片背面以惯常书写方式预留签名，造成银行、商户无从审查

[①] 目前不少法官实际习惯遵循的办案思路是：持卡人是个人，而银行和商户是单位，单位肯定比个人有经济实力，尤其是银行更是实力雄厚；判决单位承担责任，一般不会引起上访、缠讼，而判决个人承担责任则可能给"社会和谐"带来不稳定因素，也会给个人工作带来麻烦。因此，惯于在案件审理中寻找银行、商户的过错而忽视持卡人的过错，即便对一些持卡人有明显过错的案件，亦本着"各打五十大板"的原则适当"安抚"持卡人，防止其无理取闹。

[②] 参见广东省深圳市中级人民法院：《关于信用卡纠纷案件的调研报告》，载最高人民法院民二庭编：《商事审判指导》2011年第2辑。亦可参见张光宏、郭敬波：《私人密码使用即为本人行为原则的限制》，载《人民司法》2009年第18期。该案中，持卡人主张其在盗刷发生时持银行卡向公安机关报案，故可证明其未丧失对银行卡的控制权，银行应承担异地盗刷的风险。银行则提出了一种可能性，认为持卡人向同伙交付了银行卡并告知密码，在同伙异地取款时，持卡人持伪卡到公安机关报案。虽然该案中法院未采信银行的意见，但银行的抗辩是有合理之处的，从刑事案件的角度不能完全排除持卡人"贼喊捉贼"的可能。

[③] 参见广东省深圳市中级人民法院：《关于信用卡纠纷案件的调研报告》，最高人民法院民二庭编：《商事审判指导》2011年第2辑。

使用者的身份；其二，银行卡丢失后未在第一时间办理挂失手续；其三，将银行卡与身份证放置在一起，使得犯罪分子有机会利用真实身份证冒用银行卡。除银行卡外，持卡人对于身份证、户口本等物品亦应高度注意，这无须赘言。

第二，无形信息的保密。其一，密码保密。持卡人申领银行卡后应当及时更改初始密码，按照合理的防范要求设置密码。虽然有人提出，密码的安全性受制于设置者的智力水平和对安全性能考虑的周密程度，即使经常变更密码也无法抵御随时可能发生的密码被窃或被骗的风险[1]，但不能否认，在现实条件下密码仍是一种比较有效的安全措施，不设置密码或设置过于简单的密码一般应被认定为未尽合理注意义务。也不能认为，设置密码是持卡人的选择权而非法定义务，据此判定持卡人无须承担保管不善的责任[2]。其二，银行卡信息保密。持卡人不能不加任何防范地将银行卡随意交于他人使用，使他人有机会接触并复制银行卡信息。其三，身份信息保密。在一些案例中，不法分子通过密码和持卡人的身份信息达到盗刷目的[3]，故持卡人仍应尽量保守个人信息，防止被不法分子利用。

司法实践中，通常可认定持卡人泄露信息的情形有：其一，擅自出借、出租银行卡给他人使用；其二，随意将密码告知他人；其三，在安全保护措施不足的情形下使用网上银行，致使银行卡信息和密码被他人窃取；其四，在有他人在身边的情形下不加防护地输入卡号、密码等信息；其五，轻信了犯罪分子利用短信群发器所发送的中奖或消费确认等虚假信息，导致卡号等信息被窃；其六，轻信犯罪分子的要求在电话银行中违反常规地多次输入卡号、密码致使信息被窃[4]。

除上述列举的一些情形外，一般很难确定持卡人注意义务的具体标准，只能笼统地提出两项原则，一是符合公平合理，二是符合日常生活经验法则。这两项

---

[1] 汤啸天：《防范以银行卡密码为突破口的犯罪侵害》，载《河南公安高等专科学校学报》2009 年 10 月。

[2] 翟国静、向婧：《信用卡冒用背景下特约商户的审核义务》，载《人民司法》2009 年第 24 期。

[3] 参见范德鸿：《密码在电话银行业务中的法律地位和作用》，载《人民司法》2011 年第 10 期。该案中，银行工作人员在电话银行业务中除了核对密码，还核对了持卡人的身份证号码、开户时预留的家庭固定电话等信息，所有信息核对无误后方为来电人开通了新的业务，二审法院据此认定银行已尽到了必要审慎注意义务。

[4] 张雪楳：《银行卡纠纷中的民刑交叉问题研究》，载最高法院民二庭编：《商事审判指导》2011 年第 3 辑。其中第六项情形可参见黄丹：《当心！有人能"听出"电话银行密码》，载《人民法院报》2012 年 3 月 18 日第 3 版。该文报道：持卡人王某为了向"生意伙伴"证明卡内资金余额，使用电话免提功能几次进行电话银行操作，致使犯罪分子通过固定电话的按键音破解了卡号和密码而盗刷资金，法院认定王某疏忽，应自行承担损失。

原则要求法院认定持卡人注意义务时，要根据持卡人的年龄、职业、文化程度等因素综合考量，而不能机械处理。比如，合理设置密码对于中、青年人应是一项常识，而对于老年人则不应苛求，因为有些老年人为了防止遗忘密码而在存款时就不设密码或设置非常简单的密码。

六 程序问题之一：刑民诉讼关系的处理

"刑民交叉"在银行卡盗刷赔偿纠纷中体现得非常明显。相关实务认为涉案刑民关系是牵连而非竞合，持卡人不必遵循"先刑后民"的程序，有权直接提起民事诉讼，法院不能因涉嫌犯罪而拒绝受理①。这种"纯民事"观点已是主流认识，得到了司法解释的确认②。支持该观点的理由之一，是储蓄关系的"借款（债权）说"：存款行为完成后资金所有权转移至银行，持卡人仅享有对银行的债权，银行作为所有权人理应由其向犯罪分子追索③。上述理由的实质，是以资金所有权的归属作为判断有权启动刑事程序主体的标准，这并不合理。首先，"借款说"、"保管说"、"混合性质说"等学说还存有争议，目前并无定论，就现有法律规定而言，持卡人应是卡内资金的所有权人。其次，即使按照"借款说"，持卡人也有权启动刑事程序。因为债权与物权一样也是一种财产权利，现代民法已经确认了第三人侵害债权理论④，当持卡人因他人的盗刷行为无法顺利向银行主张债权时，持卡人作为债权受损人，当然符合刑事诉讼中被害人的界定标准，有权要求公安机关立案侦查⑤。因此，不能以资金归属作为论证"纯民事"观点的依据。

虽然最高人民法院早在 1998 年就明确了刑民交叉案件的处理原则，将经济纠

---

① 参见石慧昉：《银行卡盗刷法律问题探析》，载《山东审判》2010 年第 1 期。该文提出了"刑民竞合"与"刑民牵连"有四项区别：一是主体区别，即前者犯罪分子既是犯罪主体又是民事主体，而后者主体不具有同一性；二是时间区别，前者刑民关系同时产生，后者刑民关系的产生存在先后顺序；三是法律事实区别，前者产生刑民关系的法律事实是同一的，而后者则不同；四是同一法律事实的作用不同，前者是形成性作用，使刑民关系的同时存在成为现实，而后者则是结合性作用，将刑民关系结合在一起。

② 参见《最高人民法院关于银行储蓄卡密码被泄露导致存款被他人骗取引起的储蓄合同纠纷应否作为民事案件受理问题的批复》（法释［2005］7 号）。

③ 参见石慧昉：《银行卡盗刷法律问题探析》，载《山东审判》2010 年第 1 期。

④ 参见杨立新：《侵权责任法》，法律出版社 2011 年版，第 34 页、第 395—397 页。

⑤ 参见王敏远主编：《刑事诉讼法》，社会科学文献出版社 2005 年版，第 110 页。刑事诉讼中的被害人是指人身、财产或其他权益遭受犯罪侵害的人。

纷和经济犯罪分开审理①，但持卡人直接采取民事救济的缺点是客观存在的：其一，事实无法真正查清。民事诉讼查明事实的手段有限，主要依靠当事人的举证，银行卡、身份证件被盗和密码信息泄露等事实的真实原因常无法查清，法院只能通过分配举证责任，按照证据优势标准认定当事人责任，常造成事实认定标准不一。其二，责任比例不确定。因为关键事实难以查证，法院往往认定各方均有过错而酌定责任大小，而酌定又无统一标准，结果形成了同案不同判的现象，引发当事人上诉、申诉。有些二审法院出于"平衡维稳"的需要，没有充分理由地改变一审确定的责任比例，客观上降低了判决的公信力。其三，纠纷解决周期较长。上述两项缺点导致当事人不能尽快息诉服判，使得纠纷拖延时间较长。其四，"翻案"风险较大。一些刑事案件在民事案件结案后才得以侦破，若此时刑事法律事实与民事法律事实相矛盾，民事案件显然需要再审改判。

　　直接受理民事起诉已是目前的不争做法，但鉴于上述问题，笔者以为还是要努力做到"先刑后民"，即只要案件具有刑事救济的可能性，应尽量先进行刑事诉讼，充分利用刑事诉讼严格认定事实的优势，促进民事诉讼充分查清事实，提高判决的公信力，使当事人息诉服判。具体而言，法官应当：其一，如果刑案已立，特别是在已经抓获犯罪嫌疑人的情况下不妨暂且中止民事审理，等待刑案结果；其二，不应以涉案金额的大小作为是否移送刑侦的依据，只要符合刑事追诉标准就"可以"考虑刑事诉讼②；其三，适时向当事人释明事实真伪无法判断的后果，建议当事人尤其是银行积极主动地寻求刑事救济，因为现实中银行可能比法院更有"能力"启动刑侦程序。另外，在"借力"刑事诉讼时，对于当事人提交的形成于侦查阶段但尚未经过刑事审判程序认定的证据材料不能直接采信，必须经过质证、认证程序方可成为证明案件事实的根据③。

---

① 《关于在审理经济纠纷案件中涉及经济犯罪嫌疑若干问题的规定》（法释［1998］7 号）。

② 参见范德鸿：《密码在电话银行业务中的法律地位和作用》，载《人民司法》2011 年第 10 期。该案二审改判后，持卡人继续向高院申诉，高院观点则与一审相同，认为应酌定双方过错。在与高院承办法官沟通时，笔者提出如果涉案金额不是 2 万元，而是 20 万元或更高的金额，法院会怎样处理，恐怕十有八九会移送公安机关。正是因为此类纠纷的标的一般仅为几万元，法官往往习惯于从寻找双方过错入手，不大会考虑移送公安机关，如果金额高达数十万元或更多则很有可能考虑中止民事审理，移送刑侦机关。

③ 张雪楳：《银行卡纠纷中的民刑交叉问题研究》，载最高人民法院民事审判第二庭编：《商事审判指导》2011 年第 3 辑，人民法院出版社 2012 年版。

七　程序问题之二：举证责任分析

（一）举证责任的一般分析

分配举证责任实属民事诉讼的无奈之举，目的是为了解决在事实真伪不明而法院不能拒绝裁判的难题。如果刑事案件没有侦破，将导致民事诉讼无法彻底查清银行卡被盗、信息泄露的真实原因，各方的举证都不能形成优势，法院只能通过分配举证责任解决裁判难题[①]。

目前法律和司法解释没有针对银行卡盗刷赔偿纠纷规定举证责任倒置，但较多主张均赞成对密码泄露[②]、ATM机识别伪卡[③]、网上银行系统安全隐患[④]和特约商户对冒用信用卡的审查等事由实行举证责任倒置[⑤]。近年来，审判实践中也出现了一种趋势，即法院更多地运用自由裁量权将主要的举证责任分配给银行[⑥]。有人提出，持卡人只需证明银行存在不履约或不适当履约的事实，银行若不能证明存在法定免责事由则应无条件承担违约责任，只有在能够证明持卡人未尽到注意义务的情况下方能减轻责任[⑦]。上述主张和实践均体现了一种思路，即对银行和商户比较"严苛"，而对持卡人比较"宽仁"，而理由不外乎以下几种：一是银行、商户更接近交易运行系统、信息资料等证据源，举证能力强于持卡人；二是银行、商户从银行卡交易中获取了可观的经济收益，应当遵循风险与收益相一致的原则承担盗刷风险，并且银行、商户也有足够的经济实力承担风险；另外，对于法院来讲，恐怕还有一点不够冠冕堂皇的理由，即持卡人相对于银行、商户属"弱势群体"，处理"不当"会引发"维稳"风险。

---

① 《最高人民法院关于民事诉讼证据的若干规定》第73条：双方当事人对同一事实分别举出相反的证据，但都没有足够的依据否定对方证据的，人民法院应当结合案件情况，判断一方提供证据的证明力是否明显大于另一方提供证据的证明力，并对证明力较大的证据予以确认。因证据的证明力无法判断导致争议事实难以认定的，人民法院应当依据举证责任分配的规则作出裁判。
② 夏和平：《泄露支付密码索赔诉讼的举证责任》，载《湖北经济学院学报》2006年第1期。
③ 卢成仁：《ATM机盗刷案民事责任分析》，载《法制与社会》2008年第11期。
④ 曹江峰：《浅析网银诉讼中的举证责任倒置》，载《法制与社会》2011第18期。
⑤ 何颖：《信用卡冒用案件中特约商户赔偿责任承担的困境与出路》，载《政治与法律》2009年第12期。
⑥ 参见中国工商银行福建省分行课题组：《商业银行举证责任扩大化趋势及应对策略》，载《银行家》2011年第1期。
⑦ 参见石慧昉：《银行卡盗刷法律问题探析》，载《山东审判》2010年第1期。

上述观点当属偏颇，一味强调保护"弱者"有失公平，因为：其一，银行、商户并非接近所有证据源，就最关键的证据源（银行卡）而言，银行和商户接近银行卡的机会远低于持卡人，银行和商户又如何能对持卡人泄密的事实举证。持卡人也并非对银行、商户未履行注意义务的所有事实都不能举证，其对部分事实是有举证能力的。其二，尽管交易系统是银行开发和管理的，银行最接近此证据源，但让银行完全对交易系统的安全性承担举证责任不符实际，某些情况下甚至会影响诉讼进程。比如持卡人因自己操作失误而主张网上银行系统存在漏洞以致信息泄露[①]，按照举证倒置要求，银行应对网上银行的安全性承担举证责任。面对银行提交的技术资料，法官常需引入鉴定机制论证网上银行的安全性，但如果鉴定机构表示无法鉴定，难题重新交到法官手中，将导致与举证责任正置一样的结果。其三，银行卡交易在给银行和商户带来收益的同时也方便了持卡人，双方均得益于这种快捷交易方式。而持卡人作为理性的市场交易主体在选择银行卡交易方式时理应预见到存在的风险，其在享受方便、快捷服务的同时亦应与银行、商户共同承担与此相适应的风险，持卡人拒绝承担任何风险有违"收益与风险相一致"的原则。其四，认为银行"财大气粗"有足够能力承受风险和持卡人属"弱势群体"的观点，是以经济能力作为考量双方法律地位的标准，有违平等原则。其五，在未经刑事诉讼的情况下，不能完全排除持卡人与他人共同犯罪的可能性。加大银行承担赔偿责任可能性的归责制度，实际上是忽视了对恶意储户诈骗行为的防范，势必会诱使少数不法分子谎称存款被盗，通过诉讼要求赔偿，从而扩大了"客户行为风险"[②]。

由于司法解释并未针对银行卡盗刷赔偿纠纷细化举证的一般规则，也未明确举证责任倒置规则，故法院只能根据公平诚信原则和当事人的举证能力自由裁量[③]。但不同法官对具体案件中公平诚信和举证能力的理解不一，裁量结果必然会各不相同。为了尽可能使裁量标准趋于一致，鉴于上述对目前主流做法缺点的

---

① 持卡人自己操作失误的情形难以详细列举，仅举两例说明：①持卡人误入"克隆"网上银行；②持卡人的电脑已被"黑客"植入木马程序，持卡人的一切操作被他人尽收眼底。

② 参见陈冲：《网上银行被盗银行承担举证责任的案例评析》，载《江南社会学院学报》2011 年第 6 期。

③ 《最高人民法院关于民事诉讼证据的若干规定》（法释［2001］33 号）第 7 条规定："在法律没有具体规定，依本规定及其他司法解释无法确定举证责任承担时，人民法院可以根据公平和诚实信用原则，综合当事人举证能力等因素确定举证责任的承担。"

分析，法官在分配举证责任时应当考虑以下因素：其一，虽然各方均负有注意义务，但对不同事项的注意程度显然存在主、次之分，应以主要义务的归属作为确定举证责任的首要因素。其二，裁量结果一般都有两种价值取向，或是为了规范银行、商户的经营，或是为了敦促持卡人更加谨慎地履行注意义务，这两种影响在不同个案中定会有所侧重，法官在分配举证责任时应考虑侧重何种取向。其三，正确处理金融创新与立法滞后的关系，随着电话银行、网上银行的发展以及银行卡在证券、期货等交易领域的广泛运用，新型金融服务明显存在"实践先行、立法滞后"的现象，法院若一味扩大银行的举证责任，势必会产生引导不当的作用，不仅会影响金融创新的发展，妨碍银行核心竞争力的提升，亦会给持卡人的交易带来不便，实际上是"因噎废食"，否定了现代金融交易便捷性的要求①。

（二）密码泄露的举证责任分析②

作为对上述一般分析的诠释，密码泄露是最恰当的例证。由于通常泄密行为不可能为对方所知，无论银行还是持卡人几乎都不可能举证证明对方泄密，如何分配举证责任直接决定着判决结果。

主张银行承担举证责任的理由大致有：其一，密码储存在银行的计算机系统中，只有银行人员才知晓，而持卡人一般不会故意泄密；其二，持卡人远离银行泄密的证据；其三，银行卡交易系统专业性强、技术复杂，持卡人缺乏举证能力；

---

① 参见中国工商银行福建省分行课题组：《商业银行举证责任扩大化趋势及应对策略》，载《银行家》2011年第1期。另参见范德鸿：《密码在电话银行业务中的法律地位和作用》，载《人民司法》2011年第10期。该案中，不法分子以电话方式向招商银行申请开通一种包括转账功能在内的"快易理财"综合服务功能，银行在电话中核对了密码、身份证号码、家庭电话等信息后开通了该功能。一审法官就此走访了银监局、金融办，得到的答复称这是一种创新模式，有待司法引导。但有关文件曾明确否定。《关于贯彻落实〈中国人民银行、中国银行业监督管理委员会、公安部、国家工商总局关于加强银行卡安全管理、预防和打击银行卡犯罪的通知〉的意见》（银办发〔2009〕149号）规定："对于开通电话银行转账、ATM转账和网上银行转账等自助转账业务的增量持卡人，发卡机构应要求持卡人主动申请并书面确认，同时要对其风险提示。客户通过已采取电子签名验证的网上银行渠道申请自助转账业务的，视同客户本人主动申请并书面确认。为持卡人开通自助转账类业务，发卡机构必须验证持卡人的身份证件。"根据上述规定，招商银行显系违规。但若以此类推，又该如何理解多年前早已实施的电话委托股票交易，故笔者提出了以密码作为确认身份的依据，可以肯定招商银行的电话服务方式是一种方便交易的创新。

② 由于持卡人消费场所的不确定性，持卡人一般不会主张商户泄密，故此处仅分析银行和持卡人的举证责任，当然分析的内容可以作为对商户举证责任的参考。

其四，从技术、管理和人员违法等泄密的途径和可能性分析，银行泄密的概率大于持卡人；其五，持卡人属"弱势群体"，由其承担败诉风险可能诱发社会负效应，而银行则更趋"骄横"，不思改进防范措施①。该观点有失偏颇，除上述一般分析所列举的理由外，再作如下补充：

第一，正常情况下，密码由持卡人本人设置并由本人掌握，不为他人所知。密码的生成过程是一个纯技术问题，持卡人在柜面小键盘上输入的是明码，根据密码技术经计算机系统运算后形成暗码，暗码虽由银行储存保管，但无法通过逆运算推知明码，即使银行人员亦不可知②。持卡人若在 ATM 机和网络上更改密码，更不可能为银行人员所知。因此，虽然不能排除个别情况下银行人员能够通过非法手段获取密码③，但总体而言密码仅为持卡人掌握。正因为密码一般仅为持卡人所知，所以密码的主要注意义务应由持卡人承担，在裁判价值取向上应倾向敦促持卡人更加谨慎地保管密码。

第二，银行同样远离持卡人泄密的证据，无论是持卡人故意、过失或没有过错泄露密码，银行都无法知悉，尤其是对持卡人与他人串通犯罪故意泄密的行为更是根本无法预防。认为银行泄密的概率大于持卡人，并没有相应的统计分析印证，只是主观推测而已。

第三，虽然不能排除由于银行网站被"黑客"攻击而导致大规模泄密事件发生的可能性④，但此类事件绝非常态，不能以个例否定常态。一般而言，只要不发生上述事件，就应当推定交易系统是安全的，银行无须承担举证责任。只有当持卡人举证证明泄密系由于上述事件所致（存在时间、地域等关联性），法院才应裁量银行承担举证责任。此时若银行不能举证证明泄密与上述事件无关，就应承担不利后果。此时虽认定银行泄密，但也只是由于技术原因而非人为原因，银行最终承担的是风险责任而非过错责任，并且风险责任也不应由银行完全承担。一

---

① 夏和平：《泄露支付密码索赔诉讼的举证责任》，载《湖北经济学院学报》2006 年第 1 期。后四点理由引自该文。

② 参见王向阳：《试论存款合同中密码的法律性质》，载《经济与社会发展》2003 年第 12 期。

③ 曾有柜面人员在办理存款业务时通过存款人输入密码的"手势"破解出密码的报道，但这仅属个案，不能认为是普遍情况。

④ 如 2005 年 6 月 17 日，万事达宣布，由于一名黑客侵入"信用卡第三方支付系统"，包括万事达、维萨、美国运通银行等机构在内的 4000 多万信用卡用户的数据资料被盗窃。转引自韩龙主编：《金融法》，清华大学出版社、北京交通大学出版社 2008 年版，第 163 页引注。

般来说，密码之所以能够在网上交易系统中被破译有两种可能性：一是持卡人自己误操作，二是密码设置过于简单，使不法分子不费周折即成功破译，若此时将举证责任分配给银行显不公平。

第四，一般来说，银行会根据实际情况加强"人防"、"技防"措施，无须司法强行推动。银行为了拓展银行卡业务必然会高度重视声誉风险，即公众负面评价所带来的资金和客户损失风险；当某一银行发行的银行卡频频发生泄密事件势必会引起持卡人的信心危机，其对该银行卡资金划拨的安全性能产生怀疑，会选择更为安全可靠的银行卡，银行为了提高市场竞争力必然会不断改进防范措施①。

综上，密码泄露的举证责任一般应由持卡人承担，只有当持卡人主张类似"黑客攻击"事件导致泄密时银行才应承担举证责任。由此可见，在银行卡盗刷赔偿纠纷中对一些真伪无法辨明的事实如何分配举证责任不能一概而论，同一事实在不同案件中也可能有不同的分配方式，应由法官充分考虑上述因素根据具体案情裁量。在日益强调统一执法标准的情况下，也可以由最高人民法院或省一级高级人民法院以案例指导的方式对此予以规范。

八　结语

在银行卡盗刷赔偿案件中，由于裁判理念的差异，可能会产生同案不同判的现象，为统一裁判标准，本文尝试提出以下裁判理念：

第一，严格贯彻民商事当事人主体地位平等原则，防止以所谓持卡人（储户）利益优先为由，使判决背离平等原则。持卡人和银行、商户虽然在经济实力、社会地位等方面存在差异，但并不能因此将持卡人完全视为弱者而忽视其应负的注意义务。

第二，合理有效地发挥司法对金融的规范和引导作用。应当正视金融创新与立法滞后的现实，对银行卡交易创新应持规范与鼓励并重的态度，不要对创新一

---

① 例如，我国农行 103 卡曾频频发生被犯罪分子盗用的事情，农行不得不对以 103 开头的旧借记卡办理免费更换手续，全部更新为卡号为 95599 开头的银联标识卡。参见韩龙主编：《金融法》，清华大学出版社、北京交通大学出版社 2008 年版，第 163、173 页。

味地苛求甚至随意否定，不能将需要完善的服务措施等同于过错①，更不能以创新缺乏法律依据为由判决银行、商户承担责任。

第三，慎重酌定责任，避免"和稀泥"判决。部分案件中持卡人的过错是银行卡被盗刷的根本原因，而银行、商户在服务过程中虽也存在细微瑕疵却无碍大局，对此种情形应当判决持卡人承担全部责任，而不应为了"安抚弱者和规范经营"而酌定银行、商户承担"一定比例"的责任，要防止比例酌定随意化。反之，对于银行、商户存在根本过错的情形，亦应如此。对于双方均有过错，确需酌定责任大小比例的，应慎重裁判，及时应报请上级法院，上级法院应加强案例指导、统一执法标准。

值得一提的是，本文讨论的只是持卡人与银行、特约商户之间的索赔纠纷，纠纷的根源是不法分子的盗刷行为，故损失最终应由盗刷者承担。在刑案未果或者虽有结果但盗刷者无力赔偿的情况下，民事诉讼对各方都是一种无奈。在今后的实践中，为发挥银行卡交易的优越性、避免盗刷风险，可以尝试引入保险机制解决这一难题。这有待于今后的研究。

---

① 参见黄丹：《当心！有人能"听出"电话银行密码》，载《人民法院报》2012年3月18日第3版。可以说，服务措施的完善和改进永无止境，不能因为银行和商户的服务需要改进就认定其具有过错。该案中，银行原先推出的"卡卡定向转账"电话银行业务只要卡号和密码即可完成交易，客户可通过任何电话进行交易，客户预留的手机只是银行用于向客户发送账户资金变动信息的。该案发生后，银行了解到犯罪分子可能利用手机免提功能破译密码，遂完善了绑定手机的功能，要求此后该业务除了卡号和密码外，还必须通过绑定手机的确认回复才能最终完成交易。法院并未因为上述电话银行业务存在需要完善之处就认定银行的业务流程存在瑕疵而需承担过错责任。打个比较形象的比方，不能因为银行和商户的服务措施存在瑕疵未达到优秀的标准，就据此认定其不合格，毕竟在优秀和不合格之间还有良好和中等的标准。

罪责自负原则与非典型立功行为的认定

周恒阳 *

立功制度作为我国刑法中的一项重要刑罚裁量制度，从诞生之日起，便被立法者深深的刻上了功利主义的烙印。其对效率与效益的狂热追求，如果不加以严格限制，势必会破坏法律的公平与公正。同时，法官在认定某一具体行为是否构成立功时，常常会遇到各种各样的问题和争议：并非所有犯罪嫌疑人、被告人检举揭发、协助破案的行为都是刑法和相关司法解释规定的五种典型立功行为之一，或多或少都会有一些"变异"。功利主义对司法公正的潜在威胁以及非典型立功行为的复杂多变性，使得在立功行为的认定过程中，需要一个客观、公正、限制性的原则作为恒定遵守的法则，这就是罪责自负原则。罪责自负原则要求行为人仅对自己的行为负责，以此来限制功利主义思想在立功制度中的滥用，准确对立功行为进行定性。本文拟结合罪责自负原则，对几种略有"变异"的非典型立功行为进行分析，以求得对立功制度的进一步深刻认识。

一　代为立功

"代为立功"是指犯罪分子的亲友代替犯罪分子来立功，向司法机关提供他人犯罪线索、协助抓捕犯罪嫌疑人，进而求得对犯罪分子的从宽处罚。它本质上就是司法机关与犯罪者家属之间的一种交易，交易的后果是作为"代为立功"者亲友的犯罪嫌疑人、被告人可以得到司法机关的从轻处罚或者减轻处罚，而被告人、犯罪嫌疑人得到这种结果的前提是，其家属协助司法机关破获了新的犯罪，或者

　上海市第一中级人民法院刑事审判第一庭书记员。

协助司法机关抓获了其他犯罪嫌疑人。你帮我破案，我对你亲友从宽，从行为的内容看，这就是一个交易的过程。我国正处于社会转型时期，各种社会矛盾都凸显出来，刑事案件的高发和频发使得全社会都需要动员起来，采用各种方式将社会矛盾控制在社会、公众所能容忍的范围内。"代为立功"可以有效地发动社会一般力量，发现犯罪嫌疑人，减少隐藏的犯罪嫌疑人继续实施危害社会的可能性，应当承认其具有一定的积极性。但该行为"瑜不掩瑕"，其弊端远远大于其利处。"在一些人实施犯罪行为而急需通过立功的方式来获得从轻、减轻处罚的情况下，他的亲属可能会四处寻找犯罪的线索，甚至会出现变相的'私人侦查'行为，损害现行社会管理秩序，侵害我国目前司法权专属于国家的司法体制①。"而且还有可能出现为图捷径而对握有大量线索资源的司法人员进行收买、贿赂，甚至是暴力和胁迫，损害他人人身权利和国家工作人员职务行为的廉洁性。

《最高人民法院关于处理自首和立功若干具体问题的意见》（以下简称《意见》）中明确规定对于上述情况不能认定为犯罪分子有立功表现，完全禁止"代为立功"，并不是因噎废食，还有其更深层次的思考和顾虑：一旦承认该行为的法律地位，则会导致公平正义法律价值结构体系的坍塌。虽然立功制度的本质是功利主义，但并不意味着它仅注重用最小的成本投入取得最大的产出效益，正义和公平在立功制度中同样重要。罪责自负是正义和公平的重要体现，犯罪后只能由实施了犯罪行为的本人承担刑事责任，不能嫁祸于他人；与之相同，立功后只能由实施了立功行为的本人享受从宽处理的后果，不能嫁福于他人。亲友实施立功，却由本人享受后果，显然不符合"每个人仅对自己的行为负责"这一基本原则的要求。立功的主体要件是犯罪分子本人，如果其亲友本身亦实施了犯罪行为，那么这个立功效果应当由其亲友承担后果。如果其亲友本身未实施犯罪行为，其不是犯罪分子，压根就不符合立功的主体要件，其实施的行为只能是一般公民的好人好事，而不具有刑法上的意义，更谈不上将所谓立功的结果转嫁给犯罪分子了。

二　委托立功

在司法实践中还有两种与《意见》规定的"代为立功"相似但有所不同的委

---

① 彭剑鸣：《"代为立功"的法律规制》，载《贵州警官职业学院学报》2006年第6期，第43页。

托立功情形：犯罪分子自己知悉他人的犯罪情形，但出于害怕司法机关不相信自己的顾虑或因身处看守所不方便等没有直接向司法机关检举、揭发，要么通过律师等会见渠道传给亲友，委托亲友代为揭发他人的犯罪行为，并经查证属实，要么由亲友根据其提供的线索协助司法机关抓捕其他犯罪嫌疑人。

对于第一种情形下的犯罪分子应当认定为立功。虽然中间要通过亲友来实施立功行为，但此处亲友的作用有些类似于间接正犯中行为的直接施行者，可以看作是立功主体的"工具"和"传声筒"，犯罪分子借其亲友之手，间接完成立功行为：利用"工具"检举揭发与其自身亲自检举揭发具有殊途同归之功效。"通过亲友这一桥梁，司法机关最终还是得到犯罪分子提供的线索，在客观社会效益上与主动揭发的立功者一样，也起到了分化、瓦解犯罪分子的作用[1]。"功效的殊途同归，使得立功的法律后果由"操纵工具"的犯罪分子承担，并不违背罪责自负的原则。

对于第二种情形，我们应当具体分析：如果是犯罪分子的亲友直接根据其提供的线索将犯罪嫌疑人扭送归案，或者是司法机关根据其亲友代为转达的线索抓捕了其他犯罪嫌疑人，其线索具有"直接性"，我们认为此时的亲友仍然相当于犯罪分子的"工具"，对其行为应当认定为立功。但如果犯罪分子仅提供了笼统的信息，更多的是由其亲友通过自己的搜寻与努力，或者是依赖侦查机关的其他工作获取进一步线索，才抓获其他嫌疑人的，那么该线索具有"间接性"，最终取得抓获其他犯罪者的决定性因素并不是犯罪分子提供的线索，根据罪责自负原则，法院不宜认定犯罪分子具有"协助司法机关抓捕同案犯"的立功情节。对其提供线索的行为，一般可作为酌定从轻处罚情节，在量刑时予以考虑。

如某一故意杀人案件的被告人归案后，写信告知其父，称另一起杀人案件的主要犯罪嫌疑人与父亲的一个朋友关系很好，请求父亲帮助寻找该嫌犯。其父在收到信后，便和自己的朋友一起多次探寻该嫌疑人下落，在得到确切藏匿地点后，其父告知公安机关，并最终将该嫌犯抓捕归案[2]。案件审理过程中，控辩双方针对被告人的行为是否构成立功展开了激烈的讨论。本案中，虽然被告人通过信件提供了有关其他犯罪嫌疑人的交往信息，但根据该信息无从直接抓捕嫌疑人，被

---

① 赵志华：《立功制度的法律适用》，载《国家检察官学院学报》2003年第4期，第10页。
② 详见河南省三门峡市中级人民法院［2004］三刑初字第56号刑事判决书。

告人也不具有协助公安机关抓获嫌疑人的实际能力。如果将被告人提供"间接线索"等同于协助行为本身，则等于认可立功可以由他人代劳，明显违背了《意见》的规定。最终法院并没有认定本案被告人有立功表现。

同理，如果犯罪嫌疑人提供的信息不足以直接据此抓获其他犯罪嫌疑人，侦查机关还必须通过其他工作，如使用技术手段，进行排查工作，跟踪相关人员获取进一步线索等，才能抓获在逃犯罪嫌疑人，由于决定性因素是侦查人员所做的工作，而非犯罪嫌疑人提供的有关线索，后者与最终的结果之间不具有直接的因果关系，也不宜认定犯罪嫌疑人具有"协助司法机关抓捕同案犯"的立功情节。

三　连累犯的立功

"连累"在《现代汉语词典》中的意思是指"因事牵连别人，使别人也受到损害"。刑法上的连累犯，是指事前与他人没有通谋，在他人犯罪以后，明知他人的犯罪情况，而故意以各种形式予以帮助，依法应受处罚的行为①。我国《刑法》第310条和第312条分别规定的窝藏罪、包庇罪和掩饰、隐瞒犯罪所得、犯罪所得收益罪都属于典型的连累犯。连累事实中涉及两个主体：连累他人犯罪的人（即犯前罪的人，系本犯）和被连累犯罪的人（即连累犯，系派生犯），这两个主体都有可能成为立功的主体。

第一个问题，连累犯对本犯的揭发能否构成立功？就刑法第68条规定的检举、揭发型立功而言，立功的成立必须是犯罪行为人"揭发他人的犯罪行为"并经查证属实；否则，仅属于犯罪行为人对自己罪行的交代而成立自首或坦白。由此可见自首与立功的区别之一在于前者供述的是自己的罪行，后者揭发的是他人的罪行，因此在判断连累犯的行为是否成立立功时，首先应当判定哪些行为属于其自己的罪行，哪些行为属于他人的罪行。连累犯作为派生犯与本犯有着复杂的关系：其派生于本犯中，在成立犯罪上依附于本犯，以他人犯有相关犯罪为必要条件，但其与本犯事先没有同谋，且存在于本犯行为完成之后，具有事后性，难以纳入本犯的共同犯罪范围内，相对于本犯的实施而言是置身事外的。因此，连累犯自己的罪行仅限于其实施的窝藏、包庇等帮助行为，对该行为的如实供述构

---

① 陈兴良：《共同犯罪论》，中国社会科学出版社1992年版，第464页。

成自首或坦白；本犯的行为不是其共同犯罪行为，对本犯行为的供述属于对他人犯罪行为的揭发，即成立立功。如果将本犯的行为也纳入连累犯罪行的内容中，扩大连累犯"自己罪行"的范围，增加其额外的交代义务，不仅违背了罪责自负原则，对连累犯有失公平，而且也会挫伤连累犯自首的积极性，最终既损害了司法公正，也背离了功利主义精神。

第二个问题，本犯对连累犯的揭发能否构成立功？答案同样是肯定的。正如前文所述，连累犯相对于本犯而言是置身事外的，同理，本犯对于连累犯而言也是独立的，其与连累犯并无事先通谋，虽然发生在连累犯的帮助行为之前，但二者间不存在因果关系。本犯只需如实供述自己的犯罪行为，对于被窝藏、包庇而逃避处罚的行为，是"不可罚的事后行为"，不在"自己的罪行"范围内，没有必要将本犯因逃避法律追究而连累他人犯罪的结果作为本犯应当承担的刑事责任的罪行范围。尽管接受帮助的先前犯罪行为人与连累犯之间比通常的单独犯之间存在的瓜葛多一点，但这丝毫不影响各自单独犯罪的性质。接受帮助的先前犯罪行为人不涉及连累犯的犯罪行为，完全能交代清楚自己所犯的罪行[1]。既然本犯与连累犯是各自独立的行为主体，根据罪责自负原则，理应仅对自己的犯罪行为承担责任，本犯对于自己所犯罪行之外的连累犯的犯罪行为的揭发，属于对"他人的犯罪行为"的揭发，应当成立立功。同时，应当承认，实务界人士对于可能出现逃避法律追究越久，窝藏人越多，本犯立功的筹码越大的担心并非没有道理[2]。任何一个制度，无论设立的初衷多么美好，都难以在执行中达到完美，连累犯的立功制度亦是如此。但我们也不能因噎废食，取消本犯的立功，毕竟其对于快速打击犯罪分子、节约司法成本有着显著的积极作用，经过利弊权衡，还是应当承认本犯对于连累犯的揭发立功。

四　对合犯的立功

对合犯是指必须由犯罪行为人双方共同实施对应行为才能完成某种犯罪。对合犯既可以是同一罪名，如重婚罪，也可以是不同罪名，如行贿罪与受贿罪。

---

[1] 龙洋：《几种特殊犯罪形式的立功认定——以连累犯等揭发型立功的认定为视角》，载《西北大学学报》（哲学社会科学版）2009 年第 5 期，第 124 页。

[2] 蒋艳春：《立功的司法认定》，载《人民法院报》2009 年 2 月 11 日第 6 版；沈燕：《被告人检举窝藏自己的人是否构成立功》，载《人民司法》2001 年第 12 期，第 53 页。

对合犯中双方间的关系与本犯和连累犯间的关系有着较大的差异。与本犯和连累犯彼此间独立不同，在具有对合关系的犯罪中，双方各自实施的犯罪行为之间存在对应关系，共同促进双方犯罪行为的完成，缺少一方的犯罪行为，另一方的犯罪行为就无法实施或者完成。由于对合犯双方行为的对应关系，一方的犯罪构成要件相互涵盖了对应方的客观行为，任何一方在供述自己的犯罪行为时，势必会涉及对方的犯罪行为，否则就不能完整地叙述整个事实。如行贿人在供述自己行贿时，必然要交代清楚自己是向何人行贿，受贿人在如实供述时也要说明自己接受了何人的行贿。如果行贿人不交代清楚行贿对象，受贿人不交代清楚受贿的来源，就不是如实供述自己的罪行。罪责自负原则要求行为人对自己的行为负责，首先是犯罪嫌疑人要对自己的犯罪行为负责。既然在如实供述自身犯罪行为时，不可避免的要包含对应方的主体、行为等情况，那么对对应方的供述只能是自首或坦白（区别在于是否主动到案），而不是揭发型立功，不能承担立功的法定后果。

最高人民法院刑事审判第一、二庭在其编写的 2001 年第 12 辑《刑事审判参考》"审判实务释疑"部分"关于贿赂犯罪案件中被告人'检举揭发'他人贿赂犯罪线索如何正确认定立功的问题"中认为，立功是被告人可做可不做的自主行为，在贿赂犯罪中，受贿与行贿之间存在内在的联系，受贿人、行贿人在交代自己的贿赂犯罪事实时，必须讲清楚其受贿来源、行贿对象的情况，这不是被告人到案后可讲可不讲的他人犯罪事实[1]。由此可见，最高人民法院在对合犯揭发对应方犯罪是否成立立功的问题上亦持否定观点。对合犯中的对应关系使得双方相互依存，荣损与共，在交代自己行为的同时，应当而且也势必会同时交代对应方的行为，既然是属于如实供述的范畴，就不属于立功的范畴。

在认定对合犯的检举揭发是否构成立功时，还应当注意避免对该行为实施重复评价。刑法适用中的禁止重复评价原则是指对同一犯罪事实或者情节，在定罪量刑中只能进行一次法律评价，不得重复使用。最高人民法院量刑规范化试点文本将其作为量刑活动的原则，明确规定："同一行为涉及不同量刑情节时，不得重

---

[1] 最高人民法院刑事审判第一庭、第二庭编：《刑事审判参考》2001 年第 12 辑，法律出版社 2001 年版，第 78 页。

复适用①。"对他人犯罪行为的揭发，本属于立功的情形之一，但由于特殊对应关系的存在，其在对合犯中属于自首或坦白的量刑情节。行为人到案的主动与否，决定了自首与坦白不会存在重合：主动到案并如实供述的，是自首，被动到案后如实供述的，是坦白，二者不会重复评价。但是对于立功和自首，在对合犯中可能会是同一行为，此时我们应当充分注意到行贿罪与受贿罪之所以是对合犯，就在于行为间互相涵盖，具有对应关系，那么我们应当首先考虑行为人的特定义务对其适用自首或坦白，不得再用立功制度对其重复评价。否则，既违背了刑罚量刑的基本原则，也间接地放纵了对对合犯的处罚，导致对其他非对合犯的不平等对待。

对合犯对对应方的揭发不成立立功，并不意味着彻底斩断了对合犯的立功机会。如果其检举揭发的不是与自己的罪行相关的内容，如行贿者揭发受贿者接受其他人的贿赂，由于与自己的行贿无关，属于他人的犯罪事实，超越了需自负责任的行为范围，因此，其仍然可以成立立功。

五　对自己是受害人的案件的揭发是否构成立功

揭发型检举立功主要是对他人的犯罪事实的揭发，那么对于他人对自己实施的犯罪行为的揭发，即自己是受害人的案件的揭发是否构成立功呢？

福建省泉州市洛江区人民法院曾办理过这样一起案件：2006年2月，田某13次收购明知是偷窃来的电缆线，涉案人民币9万余元。田某归案后，向公安机关揭发了他人敲诈勒索自己的犯罪行为，公安机关经查证属实并侦破该敲诈勒索案。本案中，田某具有双重身份，即是掩饰、隐瞒犯罪所得罪的被告人，又是敲诈勒索罪的被害人。但这一双重身份并不影响将其揭发敲诈勒索行为认定为立功。

首先，刑法第68条规定了立功的条件是"犯罪分子有揭发他人犯罪行为，查证属实的……"即立法只要求被揭发的犯罪分子是自己以外的其他人（同案犯除外），并未明示或暗示被揭发的涉案被害人也必须是自己以外的其他人，揭发他人对自己的犯罪行为也是"揭发他人犯罪行为"，查证属实的当然应认定为立功行为。其次，罪责自负原则要求被告人仅对自己的犯罪行为负责，因此，即使其成

---

① 最高人民法院量刑规范化项目组编：《量刑规范化改革——内容与解读》（2009年6月），第170页。

为了另一起案件的被害人，其仍然仅对自己作为被告人的案件事实负有如实供述的义务，并不涉及其他案件的犯罪事实，超出部分，则属于揭发他人犯罪行为，应当成立立功。再次，从平等对待的角度出发，一起犯罪由非被害人的其他被告人揭发，其构成立功，若由该犯罪的被害人揭发，难道就不成立立功吗？被害人揭发虽然兼具报案的性质，但其揭发行为亦完全符合立功的形式要件和实质要件，甚至由于揭发人是案件的直接被害人，其对案情的了解是亲历的，往往会比间接了解案情的其他人掌握更多有用线索。如果仅因揭发人是该罪的被害人而不认定为立功，则显然是对被害人的歧视，违背公平正义原则。最后，被害人并不具有报案义务，将该揭发行为认定为立功，并不违背禁止重复评价原则。刑诉法仅规定被害人有权对他人侵害自己权利的行为报案或者控告，而非必须、应当报案或控告。对审判实践具有实际指导意义的《刑事审判参考》认为"具体判定刑法中的立功是否成立，除了刑法的原则规定，在理论和实践中可以把握这样一个标准和尺度，即立功是被告人可做可不做的自主行为[①]"。本案中，田某到案后，对于他人敲诈勒索自己的犯罪行为，其完全可以不揭发，从而使敲诈勒索者逍遥法外。他的检举揭发有利于早日发现犯罪、打击犯罪，为国家节约了司法成本，对此应当认定田某的行为成立立功，使其得到从轻处罚的待遇。

以上几种非典型立功行为，虽然行为各异，定性也有所不同，但都有一条总的原则贯穿其中，这就是罪责自负原则。立功制度虽然是功利主义思想的突出表现，但并非一切皆以功利为目的、完全被功利思想所禁锢，公平公正才是刑事立法所追求的首要目标。另一方面，作为刑罚裁量制度的一部分，立功制度仍然要服从刑法基本原则这一总纲领的要求。罪责自负原则作为刑法的三大基本原则之一，以法条的形式确立了公正在刑事审判中的无上地位，其要求行为人仅对自己的行为负责，扩展开来说，既包括自己的犯罪行为，也包括自己的立功行为。对于代为立功，由于其明显违背了该原则的要求，已被司法解释明确予以否定。对于委托立功，在委托者的线索与最终的结果发生具有直接的因果关系时，则可以成立立功；如果仅有间接的因果关系，就无法认定其具有立功者的身份。对于彼此相对独立的连累犯和本犯，对对方的揭发已超出自己应负责的行为范围，应当

[①] 最高人民法院刑事审判第一庭、第二庭编：《刑事审判参考》2001年第12辑，法律出版社2001年版，第77页。

成立立功。而对合犯的双方由于犯罪构成要件互相涵盖，对对方行为的揭发未超出自己负责的范围，则无法成立立功。作为 A 案件中的被害人在成为 B 案件中的被告人后，其仅对 B 案件的犯罪行为负责，对 A 案件犯罪行为的揭发超出了自己负责的行为范围，亦应当成立立功。立功制度背后的功利主义强调更多的是效率与效益，虽然符合诉讼经济原则，但如果滥用，会破坏法律的公平与正义。罪责自负原则体现的恰恰是功利主义所缺失的平等与公正。在该原则的指导下，谨慎地适用功利主义，对貌似立功的各种行为表现进行甄别，对非典型立功行为进行准确定性，才能实现公正和效率的双赢。

调查分析

并不仅仅是"鸣哨暂停"
——关于休庭的实践审视、价值解析与机制构建

王庆廷[*]

一 引子：与休庭相关的两个案例

案例一[①]：几年前，某人承包了一片树林。后来，林地值钱了，村民们眼红了，遂以"当初承包没经过大家同意"为由告上法庭。人民法庭如期在村里巡回审理，庭审过程有板有眼。但当法官宣布"现在休庭"时，在场村民立马火冒三丈："你不管了？""不判个结果就想走？"……甚至开始乱骂法官。法官解释不清，匆匆离开。愤怒的村民随后冲到法庭驻地，要求法官给个说法。寻人未果，一村民提议："去把高速公路堵了就有人来管了！"群起响应，事情闹大。后在乡长苦口婆心的劝解下，众村民才回到村里。

案例二[②]：一起拆迁案件刚开庭，原告就发言："请审判长先组织学习一下温家宝总理政府工作报告中的反腐败内容。"审判长当即制止："现在是开庭，不是开读书会，你要学习报告，可以回家学。"结果原告不干了——申请回避，找院长投诉……折腾个没完，审判长没有办法，最后只好休庭。遇到类似情况怎么办？一次法官论坛上，与会者都认为应当制止并予以训诫，唯独一位老法官发表了不同看法："原告拿出政府工作报告要求学习，尽管与诉讼秩序不符，但基于法庭的政治性，你不好讲不学，也不好讲学过了，因为学过了也应该反复学。冷静一想，

---

[*] 上海市金山区人民法院研究室助理审判员。

[①] 参见常来常往：《现在休庭》，载 http://blog.sina.com.cn/s/blog_51238bc001009sqx.html，2011 年 3 月 4 日访问。

[②] 参见何川：《审判实务点滴絮语》，载 http://jsweb.hshfy.sh.cn/default.asp? MainID=7&subID=75#，2011 年 4 月 19 日访问。

原告这样做说明他不相信法院，以为法院与政府穿连裆裤。缺少信任，这个庭开起来肯定吃力。我的做法是马上宣布休庭而不会直接制止，更不会训诫。休庭期间就与原告一起学习，估计也不会花多少时间，之后再告知诉讼秩序。这样做，原告可能就不会那么挑刺，至少不会发生因直接制止而引发的各种麻烦。"

所谓休庭无非是庭审的暂时中止，就像足球比赛中的"鸣哨暂停"，在大多数人眼里都已见怪不怪，属于细枝末节，出了问题也无伤大体。但前述两个案例——一个因法官依法休庭引发不稳定事件，一个因法官未能灵活休庭导致庭审难以进行——似乎又让人看到——平淡下面有波澜，平凡背后是故事。

二　应然与实然：休庭的法律梳理和实践考察

为避免研究成为"空中楼阁"，既需要关注应然层面的法律规定，也需要关注实然层面的司法实践。

（一）粗疏的法律规定

为全面反映休庭的法律规定，笔者以"中国审判法律应用支持系统"中的"法律法规规章司法解释全库"为数据库，进行了相应搜索、统计和分析。根据梳理结果，可以说休庭在立法层面非但没有引起足够重视，反而被有意或无意忽视了。

1. 形式方面多有缺憾

一是文件量少。在数以万计的法律文件中，只有31个文件涉及休庭（详见表1）。其中最高检和全国律协单独发布的11个文件分别只对检察人员和律师有约束力，因此从严格意义上来说，只有20个文件具有全面的庭审约束力，可以适用于所有庭审参与主体。二是法阶较低。三大诉讼法中仅有《刑事诉讼法》有所涉及，且只提及了2次，其余则是位阶较低的司法解释及指导文件。三是覆盖面窄。20个文件中，刑事13个，占65%；综合5个，占25%；民事2个，占10%。可见主要集中于刑事领域。

2. 内容方面多有积弊

一是条文粗疏。大多数文件仅仅提及"休庭"二字，对于相关程序事项和实体内容鲜有翔实规定。比如，就具体程序而言，只有《人民法院法槌使用规定（试行）》规定"宣布休庭后要敲击法槌"，其余文件一概没有涉及。二是理由集中。20个文件共出现"休庭"37次,事涉理由相对集中:首先是证据的调查、核实、准备和交接,共16次,占43.2%;其次是合议庭评议,共7次,占18.9%;再次是当事人申请回避,共3次,占8.1%;其余则要么比较零散,要么没有提及。三是缺少协调。由于文件政出多门,时间跨度大,而且有些是单独发布,相互之间缺少协调,致使衔接出现问题。比如,最高检和全国律协单独发布的11个文件中共出现"建议或要求休庭"9次,但基本上是"自说自话",因为在最高人民法院单独或联合发布的20个文件中没有任何规定与之对应。四是权力定位。20个文件中,大都将休庭视为法官当然的自主性权力,当事人的参与权利付诸阙如。唯一例外是根据《关于进一步加强合议庭职责的若干规定》,当事人在合议庭成员中途退庭等情况下"可以要求休庭"。

表1 涉及休庭的法律文件汇总

文件名称	制发机关	法律位阶	所涉领域	出现次数
刑事诉讼法	全国人大	法律	刑事	2
关于实施修改后的刑事诉讼法几个问题的通知	中央政法委	指导文件	刑事	1
关于规范量刑程序若干问题的意见（试行）	最高人民法院等	司法解释	刑事	1
关于办理死刑案件审查判断证据若干问题的规定	同上	同上	刑事	1
关于办理刑事案件排除非法证据若干问题的规定	同上	同上	刑事	1
关于死刑第二审案件开庭审理程序若干问题的规定（试行）	同上	同上	刑事	1
关于刑事诉讼法实施中若干问题的规定	同上	同上	刑事	3
关于进一步加强合议庭职责的若干规定	最高人民法院	同上	综合	1
人民法院统一证据规定（司法解释建议稿）	同上	同上	综合	2

（续表）

文件名称	制发机关	法律位阶	所涉领域	出现次数
关于审理未成年人刑事案件的若干规定	同上	同上	刑事	1
关于执行《中华人民共和国刑事诉讼法》若干问题的解释	同上	同上	刑事	8
关于民事经济审判方式改革问题的若干规定	同上	同上	民事	1
关于审理刑事案件程序的具体规定	同上	同上	刑事	3
经济纠纷案件适用简易程序开庭审理的若干规定	同上	同上	民事	1
第一审经济纠纷案件适用普通程序开庭审理的若干规定	同上	同上	民事	3
关于刑事再审案件开庭审理程序的意见	同上	同上	刑事	1
关于庭审活动录音录像的若干规定	同上	指导文件	综合	1
关于进一步加强法庭审判秩序管理的通知	同上	同上	综合	1
人民法院法槌使用规定（试行）	同上	同上	综合	3
人民法院司法警察押解规则	同上	同上	刑事	1
人民检察院开展量刑建议工作的指导意见（试行）	最高检	司法解释	刑事	1
关于刑事诉讼法律监督工作贯彻刑诉法若干问题的意见	同上	同上	刑事	2
人民检察院办理未成年人刑事案件的规定	同上	同上	刑事	2
刑事抗诉案件出庭规则（试行）	同上	同上	刑事	1
人民检察院办理不起诉案件公开审查规则（试行）	同上	同上	刑事	1
关于刑事抗诉工作的若干意见	同上	同上	刑事	1
人民检察院刑事诉讼规则	同上	同上	刑事	8

（续表）

文件名称	制发机关	法律位阶	所涉领域	出现次数
检察机关文明用语规则	同上	指导文件	刑事	1
关于进一步加强公诉工作强化法律监督的意见	同上	同上	刑事	2
律师执业行为规范（试行）	全国律协	行业规范	综合	1
律师办理刑事案件规范	同上	同上	刑事	7

（二）混乱的司法实践

为切实了解休庭的司法实践，笔者采用了综合样本立体考察法：一是对话访谈，先后与分布于各法院各条线的数十名法官进行了或深或浅的交谈；二是实地考察，先后亲临现场旁听了数十场各类案件的庭审过程；三是网络调查，利用百度的搜索功能，搜集并整理了 40 个典型的休庭案例。根据考察结果，可以说当前的休庭司法实践一定程度上存在混乱、随意、失范等不尽如人意的状况。这既是法律粗疏的直接后果，也是机制缺失、法官素质等因素综合作用的结果。

1. 角色错位

部分法官对休庭的功能和性质认识不清，将其混同于其他程序，使其承担了超出自身的功能。其一，与闭庭混淆。在访谈和实践中，针对某次庭审结束还有后续庭审或者准备择期宣判的情况，有的法官休庭，有的法官闭庭，莫衷一是。孰是孰非，关键在于"庭"的理解——围绕个案审理组成的审判庭，即独任庭或合议庭。这个庭因案件审理开始而开启——开庭，因案件审理完结而关闭——闭庭，因案件审理中止而暂停——休庭。因此，当某次庭审结束时，只要案件还未审理完结，则宜说休庭而非闭庭，这也与法律设计的从立案到结案的完整诉讼程序相契合。另外，如此做法也符合国际惯例，电影《东京审判》有一幅场景：远东国际军事法庭在对日本战犯进行完第 817 次庭审后，法官团主席宣布：现在宣布休庭，直到判决宣告之日①。其二，替代延期审理或中止审理。延期审理或中

---

① 参见李启明：《休庭与闭庭之辨》，载 http://court. gmw. cn/html/article/201102/12/1324. shtml，2011 年 5 月 20 日访问。

止审理与休庭在时间上有交叉——都可能发生在庭审中，在理由上有重合——都会因为证据问题、申请回避、当事人不到庭等引起，同时在成本上有较大差异——延期审理或中止审理程序繁杂，往往需要领导决定或者出具裁定，而休庭则完全由法官自己掌握，简便易行。基于此，实践中不少法官会直接以休庭来替代延期审理或中止审理——特别是在没有超出法定审限的情形下。在40个休庭案例中，就有一简易程序案件休庭4个月，一普通程序案件休庭2年。

2. 理由杂乱

除了证据问题、合议庭评议、当事人申请回避等休庭的法定理由外，实践中还有其他五花八门的理由：一是突发事件，即由于发生难以预知的突发性事件而必须休庭。比如发生地震，当事人心脏病发作，法庭电脑设备故障。二是法庭秩序，即由于法庭秩序混乱致使庭审难以继续进行。比如当事人激烈争吵，旁听人员喧哗。三是择期宣判，即不少案件并非当庭宣判，而择期宣判不可避免要休庭。四是审前准备，即由于审前准备不充分而休庭。比如律师忘带授权委托书，法官事先没有阅看卷宗。五是中途休息，即因为庭审时间太长法官或控辩双方需要中场休息、吃饭，或者内急上卫生间。六是其他情形，比如法官因为其他公事（比如单位开会）或私事（比如家人生病）而休庭，等等。

3. 秩序失控

在休庭期间，除了合议庭评议、做调解工作、调查核实交接证据、审查决定回避申请等法定工作外，实践中还存在一些无序失控的状况。比如，当事人销毁证据、服毒自杀、发生争吵对骂等冲突甚至斗殴引发刑事案件，旁听人员打伤法官，法警殴打当事人，刑事被告人脱逃，律师退庭拒绝履行代理职责等。在40个休庭案例中，有9个案例存在此类混乱情况[①]。

4. 程序失范

在访谈中，不少法官都认同"休庭是庭审期间法官最自由的权力"。这种下意识的"自由"也加剧了休庭的随意性：一是休庭次数多。对于休庭次数不加控制，甚至患上"休庭依赖症"[②]，简单案件要休庭定期宣判，复杂案件甚至休庭数十次。二是不宣告休庭时间。宣告休庭时仅告知当事人下次开庭等候通知，对于休

---

① 类似情形网上信息很多，限于篇幅，恕不枚举。
② 访谈中不少法官甚至部分资深法官表示，庭审中遇到问题时，首先想到的便是休庭。

庭时间或缺乏规划，或语焉不详。三是庭审笔录不完整。大多简单记载 "休庭" 两字，至于休庭的理由、时间等内容大都空缺。四是违反有关规定。比如，对于《人民法院法槌使用规定（试行）》中 "宣布休庭后要敲击法槌" 的规定，有的法官忘了敲，有的先敲后宣，有的则敲击多次。再如，有的法官对于当事人申请回避比较反感，认为是 "胡搅蛮缠"，一概予以当庭驳回而非休庭处理①。但即使当事人申请回避不符合法定理由，一概当庭驳回也是不适宜的。因为根据《民事诉讼法》第 47 条、《行政诉讼法》第 47 条的规定，审判人员的回避由院长决定，书记员等其他人员的回避由审判长决定；根据《刑事诉讼法》第 3 章及有关司法解释，检察人员的回避由检察长决定，审判人员以及书记员等其他人员的回避由院长决定。而且，根据最高人民法院《关于审理刑事案件程序的具体规定》、《第一审经济纠纷案件适用普通程序开庭审理的若干规定》等文件，遇到当事人申请回避时也需要休庭处理。

三　正面与负面：休庭的价值分析和弊端透视

与庭审相比，休庭提供了一个别样的 "司法场域"②：一是参与人员更多。在庭审场域，只有法官、当事人和其他诉讼参与人可以正式参与其中。而在休庭场域，很多其他人员或组织都可能以正式或非正式乃至非法的途径参与其中。二是行为更加自由。在庭审场域，参与者须遵从法定的严格的程序限制。而在休庭场域，参与者在是否参与以及如何参与方面拥有更大的自主权。三是空间更加开放。庭审场域相对封闭、固定，像一个 "剧场"。而休庭场域比较开放、多变，像一个 "广场"③。四是 "暗箱" 色彩增多。在庭审场域，程序比较透明，参与者容易知悉他人行为。而在休庭场域，程序多不公开，参与者难以知悉他人行为。任何场域都是一个充满竞争、冲突与合作的社会空间，在参与者的博弈下，休庭的价值

---

① 不少轰动案件也有类似情况。在 "李庄案" 中，审判长就曾当庭驳回李庄针对审判员和公诉人的回避申请，载http://news.qq.com/a/20091231/000147.htm，2011 年 3 月 4 日访问。

② 场域是指由各种位置构成的系列客观关系所形成的社会空间，不同位置为了强化或改变既有的客观关系（如支配与等级关系），会利用各种资本或策略进行争夺。参见 ［法］ 布迪厄：《法律的力量——迈向司法场域的社会学》，强世功译，载《北大法律评论》1999 年第 2 辑，第 496—545 页。

③ 参见舒国滢：《从司法的广场化到司法的剧场化——一个符号学的视角》，载《政法论坛》1999 年第 3 期，第 12—19 页。

和弊端逐一呈现。

（一）休庭的价值分析

休庭作为一个程序，不仅具有独特的程序价值，还承载积极的实体意义。

1. 调控庭审节奏

如果将庭审视为球赛，法官就是裁判，须有驾轻就熟的操控能力，确保赛事行云流水般进行。如果出现球员犯规、球迷闹事、大雨滂沱等妨碍赛事的事件，裁判的明智之举就是鸣哨暂停，及时处理，以确保后续进程。同理，庭审中也难免发生一些意外事件影响进程，而休庭就是法官驾驭庭审、调控节奏的必备法宝：它可以缓解气氛，平和情绪，使当事人恢复理性对话；它可以应对意外，消除阻碍，使庭审顺利进行下去。为了前进一大步，往往需要后退一小步，而休庭正是庭审中"后退"的"一小步"。

2. 稳妥处理案件

稳妥处理案件是每个法官的愿望，得到公正对待是每个当事人的渴望。对法官而言，休庭会提供稳妥处理的"时空场域"。一般而言，稳妥处理案件需依赖两个因素：一是自己审慎思考，比如认真审视案件情况，仔细研读法律规定，精心梳理法律关系，积极构筑利益衡平；二是借助他人智慧，比如求助于同事、领导、审判委员会、审判长联席会议、上级法院乃至院外机构。基于时空和条件的限制，有些活动——如提请审委会讨论案件，查证法条时法律文本偏偏不在身边——不便在庭审中进行，此时休庭无疑会提供一个恰到好处的时空场域。对当事人而言，休庭则会提供公正对待的"心理幻象"（中性词）。以合议庭休庭评议为例，第一个幻象是"深思熟虑"，几个人专门拿出一段时间讨论案件，可以让人感觉判决经过了认真研究，而非仓促武断。第二个幻象是"暗箱权威"，几个人专门在一密闭空间讨论案件，如此"暗箱操作"反倒增加了判决的神秘感和权威性。就像用word打字，你所看到的只是键盘的输入和屏幕的输出，其间电脑程序的运作过程则是看不到的。再以回避为例，只有将回避与休庭配合起来，才既有利于调查核实回避理由是否成立，使回避不流于形式，又有利于当事人心服口服，感觉自己得到了认真对待。

3. 塑造法律事实

如何做到"以事实为依据，以法律为准绳"？作为连接事实和法律的纽带，证据至关重要。正因如此，在前述文件中才有大量休庭与证据相关：对证据有疑问时，可以休庭调查核实；当事人提出就新证据作必要准备时，可以休庭给予准备时间；对于无法当庭移交的证据，可以要求当事人休庭后移交；经过庭审质证但不能当即认证的证据，可以休庭合议后再认定；对于当庭出示、宣读的证据，休庭期间可与当事人办理交接手续。可见与庭审场域中的法庭调查相比，休庭场域中同样有证据的调查、核实、准备和交接，两者相辅相成，共同担负起塑造法律事实的重任。

（二）休庭的弊端透视

休庭作为一个程序，如果被滥用，也会产生各类弊端。

1. 违背集中审理原则

集中审理原则，即审理不间断原则，"系为达成短期间内终结某一事件之目标，就该事件之辩论或集中于一次言词辩论期间一举为之，或继续开数次言词辩论期日而不予时间上隔离，且于该数次期日之间不审理其他事件"[1]。易言之，"裁判活动要在相对集中的时间、集中的场所，并由固定的裁判者主持下连续不断地进行，直至形成最后的裁判结论为止"[2]。该原则指向三大目标：一是司法效率，即尽量避免多次开庭，力争"毕其功于一役"，减少诉讼成本，节约司法资源。二是司法公正，即贯彻直接言辞审理主义，减少法官对书面卷宗材料的依赖，使法官亲历的审理过程直接决定裁判结论的形成。三是司法公信，即通过集中而充实的法庭调查和辩论活动，确保当事人对裁判过程的有效参与，增强对裁判结论的认可。在司法实践中，该原则却因休庭的滥用而遭架空：其一，休庭次数过多使审判过程随意中断，造成诉讼拖延，增加讼累，浪费资源；其二，休庭时间过长使法庭审理与裁判结论的形成之间存在较长的时间间隔（特别是定期宣判的案件），加上案多人少的态势，不少法官在休庭期间还审理其他案件。如此一来，法官无法在对庭审记忆犹新的状态下作出裁判，致使裁判结论难以有效形成于庭审过程之中，开庭的言辞审理异化为闭庭的书面审理，也自然影响了当事人对裁判结论的认可与接受。

2. 为司法腐败提供温床

理想的司法运转过程如同一个中立的空间，将当事人之间不可调和的冲突转

---

[1] 邱联恭：《程序制度机能论》，（台湾）三民书局 1996 年版，第 210 页。

[2] 陈瑞华：《司法的集中性》，载 http://article.chinalawinfo.com/Article_Detail.asp?ArticleID=19959，2011 年 6 月 13 日访问。

化为平等主体之间受规则约束的理性论辩的交流[①]。其中蕴含了两项基本原则：一是裁判者的客观中立，即"任何人不得担任自己案件的法官"；二是当事人的平等参与，即"法官必须同时听取控辩双方的意见"。而休庭的滥用却大大增加了与之背离的可能性——一定意义上，可以说休庭是滋生司法腐败的温床。基于前述有别于庭审场域的特殊性，在休庭其间，特别是休庭时间较长的时期，当事人更有机会通过各种非法途径，利用各种法外力量参与审理过程，干涉法官办案。一方面，当事人的平等参与会受到非法途径和法外力量的冲击；另一方面，法官在各种诱惑和压力面前也会丧失客观中立的立场。回顾文首的例子，村民愤怒固然与不懂法有关，但既然庭审已经结束，为何不及时判决，从愤怒中我们或许也可读出某种"夜长梦多"的隐忧。

3. 成为法官素质的羁绊

"有治人，无治法"，法治进程的推进离不开法官素质的提升，而休庭的滥用则会成为法官素质的羁绊。第一，休庭成为屡试不爽的"遮羞布"和"万金油"。当事人来到法院，目的是在法官的主持下化解纠纷。但事实上并非每个法官都能胜任案件的处理，此时休庭就成为通常选择：一方面通过休庭在当事人面前掩盖能力欠缺，使其成为光明正大的"遮羞布"；另一方面通过休庭缓解燃眉之急，使其成为将问题延后解决的"万金油"。结果造成很多法官因为不清楚法律规定、事先没有阅看卷宗、没有准备详细的庭审提纲、缺乏处置突发事件的能力、对于法律关系拿捏不准等种种能力问题而休庭。长此以往，很容易养成作风慵懒、行为拖沓、不思进取的不良习惯——特别是在激励机制缺乏，法官意志薄弱的情况下。第二，休庭成为法官独立的绊脚石。一定程度的司法独立是法治的必要条件，而法官独立是其中的核心内容。只有法官个体独立了，司法整体才更有能力抗御各种外部干涉。司法实践中，法官休庭的很多情况都是为了求助，比如请教同事，请示领导，商请审判长联席会议帮忙，提请审委会讨论，请示上级法院，向政法委汇报。通过类似求助，案件可能得到一时解决，但代价却是法官职责的转移，责任的旁落和能力的丧失。一旦求助成为习惯，法官就会丧失独立品性，形成依

---

① 场域是指由各种位置构成的系列客观关系所形成的社会空间，不同位置为了强化或改变既有的客观关系（如支配与等级关系），会利用各种资本或策略进行争夺。参见［法］布迪厄：《法律的力量——迈向司法场域的社会学》，强世功译，载《北大法律评论》1999年第2辑，第496—545页。

附人格，遇事不爱思考，惧于承担责任[①]。第三，养成不尊重程序的恶习。程序的意义不言而喻，可以说法治就是一部从实体正义迈向程序正义的过程。而休庭的滥用则会养成或助长法官轻视、规避乃至违反程序的恶习，一个突出表现就是法官在休庭其间会有各种各样的 "非正式开庭"[②]。比如，单方面接触当事人，通过电话质证，让书记员代行职责，秘密调查核实证据，采取诱骗甚至胁迫的方式调解。综上，说句危言但不耸听的话，如果放纵休庭滥用，说不定就会成为影响法治 "大堤" 的那个 "蚁穴"。

四　解构与建构：休庭的定位复归和程式规制

结合前面论述，如果将休庭置于诉讼程序的大背景中察看，就会发现其原本意义上的定位：一是角色的辅助性。作为一个 "配角" 程序，对于妨碍庭审的各种情况予以补救，服务庭审公正而高效的进行。二是功能的备用性。虽然非常重要，并非可有可无，但本身不是目的，最好备而不用，引而不发。三是作用的双重性。对司法效率和公正而言是把 "双刃剑"，运用得当会促进，运用失当会阻碍。在此定位的指引下，对于休庭的程式规制可以分为三个层次。

（一）重视审前准备程序以控制休庭数量

所谓控制休庭数量，是指在可否休庭的问题上，要尽量减少休庭次数，特别是那些可以避免与没有必要的休庭。虽然所有休庭都发生于庭审之中，但导致休庭的那只 "蝴蝶" 却往往来自庭审之前，因此重视审前准备程序是控制休庭数量的最佳途径。

审前准备程序，又称审前程序或庭前程序，是法院受理案件后至开庭审理前诉讼活动的总称。它是顺利进行庭审的基础，也是公正作出裁判的关键。实践中不少法官因心态上怠于，或行为上疏于，或技术上拙于审前准备，导致了大量 "准备不足，休庭来凑" 的情况。在审前程序中，法官要着力做到以下方面：

1. 区分争点

要通过送达文书、权利告知等诉答程序，组织双方当事人以起诉书、起诉状、

---

① 访谈中不少法官对审委会讨论案件予以极大肯定，因为案件一经讨论，自己就 "解脱" 了。
② 参见徐昕、徐昀：《非正式开庭研究》，载《比较法研究》2005 年第 1 期，第 75—90 页。

自诉状、上诉状、申请书、答辩状、代理词和辩护词等文书形式交换看法和主张，在此基础上进行梳理、归纳和确认。特别是将争点区分为无争议的焦点和有争议的焦点、重要的焦点和次要的焦点，以及事实认定焦点和法律适用焦点等类别，以便在庭审中对症下药。

2. 整理证据

一方面让当事人了解对方证据，提前准备，减少在庭审时辨认证据和思索对策的时间；另一方面力求多数证据的合法性、真实性和关联性在审前达成共识，从而使庭审集中于少数问题证据的调查和辩论上[①]。为此，法官根据案情需要可组织当事人在庭前交换证据，可依职权或申请委托评估、审计、鉴定等事项，以及采取必要措施确保重要证人出庭等。

3. 排除妨碍

诸如管辖、回避、追加当事人等事项无疑会对庭审顺利进行造成极大妨碍。因此在审前阶段，法官既要对当事人进行充分的权利告知和适当的诉讼引导，也要未雨绸缪解决各种潜在问题。比如组成合议庭时，不仅及时告知当事人，还要主动审查是否有回避情形。

4. 制定提纲

庭审提纲相当于学位论文的开题报告，在重大、复杂、疑难案件中尤其如此。法官要在阅看卷宗、区分争点、整理证据、排除妨碍的基础上，制定内容齐全、层次清楚、目标明确的庭审提纲。同时注意提纲的灵活性和开放性，以便应对庭审中可能出现的意外情况。

(二) 构建"双向"模式以提高休庭质量

所谓提高休庭质量，是指在如何休庭的问题上，要尽量扬长避短，做到规范、有序、科学和高效。司法实践中之所以休庭质量低、休庭状况乱，追根溯源可归咎于我国当前的休庭模式——"单向"模式（见图1）——法官在休庭的启动、决定、时间、方式等方面都是单方指向当事人，可以说拥有绝对权力，而且当事人之间也缺少对话。因此，要彻底走出当前的休庭困境，需要有破有立，即在解构"单向"模式的同时建构"双向"模式（见图2）。

[①] 参见李怡：《完善我国审前程序的若干思考》，载 http://jxfy. chinacourt. org/public/detail. php? id＝66009，2011年6月5日访问。

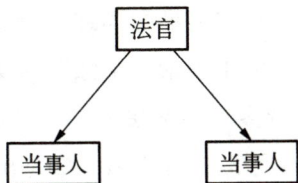

图 1 "单向"休庭模式   图 2 "双向"休庭模式

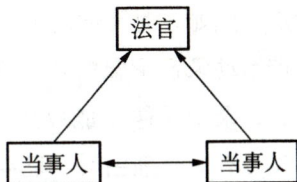

1. 基本框架

在保证法官主导地位的情况下，增强各方当事人的参与性，适当衡平法官与当事人之间的权重，使休庭成为理性对话和良性博弈的司法场域。

2. 法官的义务

在"双向"模式下，法官依然占有主导地位，即对休庭具有总体和最终的控制权，这是庭审活动进行下去的底线要求。但与"单向"模式相比，法官的主导地位附带了若干义务：一是告知义务。对于休庭的理由、时间、任务等事项要向当事人予以明确告知。二是释明义务。对于当事人的休庭异议，要从情理法层面予以充分释明。三是主持义务。出现不同休庭意见时，可主持双方当事人辩论，相互阐明理由，做到兼听则明。四是征询义务。作出休庭决定前要向当事人征求意见，并认真听取。五是维序义务。对于短时间的休庭，要维持休庭其间秩序，防止意外事件发生。

3. 当事人的权利

为确保当事人对休庭场域的积极参与，需明确赋予两项权利：休庭建议权和休庭异议权。所谓休庭建议权，是指当发生特殊情况时，当事人可以向法官提出休庭申请或要求。综合法律规定和司法实践，这些情况大致可分为但不限于以下几类：一是基于生理原因，比如相关人员突发疾病难以继续参加庭审、庭审时间过长而饥饿难耐。二是庭审活动违法，比如法官明显偏袒对方当事人、合议庭成员中途退庭。三是应对不利情况，比如为对方的新证据准备、代理人出现严重失职。所谓休庭异议权，是指对法官的休庭决定和对方当事人的休庭建议提出不同意见，要求予以解释和回应。这样一方面可以督促法官履行相应的告知、释明与征询义务，一方面可以避免对方当事人假休庭之名行拖延庭审等不当目的之实。

4. 配套机制

"双向"模式的落地需要建立健全系列配套机制。当务之急有两项机制：一是加强监督救济。比如，对于休庭的有关事项要在庭审笔录中详细记录。再如，改变《关于庭审活动录音录像的若干规定》中"休庭不予录音录像"的规定，对于短时间的休庭，录音录像不能停止。又如，可借鉴国外做法①，规定如果休庭时间超过计划又没有适当理由时，已经进行的庭审活动视为无效。二是出台规范文件。各地法院可根据法律规定和司法实践制定集中性的休庭综合文件，对本院或辖区法院进行规范和指导。

（三）提升庭审驾驭能力以升华休庭艺术

前面关于休庭的论述都是出于"法治"视角，可以称之为"法治"视角下的休庭。即将休庭作为一个"程序"，以过程为导向，注重规则约束和程序控制，以建构普适性的休庭模式，通过规范的作用最大限度地消弭休庭的负面效应。然而休庭毕竟是法官庭审中"最自由的权力"，于是实践中还有一种"人治"视角下的休庭。即将休庭作为一种"艺术"，以结果为导向，注重自由发挥和灵活应对，以形成个人化的休庭习惯，借助个人的智慧最大限度地彰显休庭的正面价值。比如在前面的实践考察中，针对律师忘带委托书的情况，有的法官会直接休庭，有的法官则会予以变通——在根据卷宗材料可以确认委托身份，并征得对方当事人同意的前提下继续开庭，同时要求庭后补交委托书。此外，还有法官休庭让毒贩为幼女换尿不湿而使其认罪伏法，通过休庭让濒临离婚的夫妻破镜重圆，在休庭期间运用调解等手段化解重大疑难案件，甚至总结了独特的休庭心得……我们或许很难对两种休庭的优劣作出简单评判，但可以肯定的是，与"法治"视角下的休庭相比，"人治"视角下的休庭对法官提出了更高要求，特别是要有挥洒自如的庭审驾驭能力。而一个法官没有经过前者的历练就直接运用后者，效果多半会不尽如人意。其实，如果以休庭为标志，来打量一个法官的成长史，其轨迹很可能是这样的：开始办案时，由于经验少，能力差，往往遇到问题就会休庭，休庭次数多，质量低；后来随着经验的累积，开始注意数量控制和质量提升，休庭的"法治"色彩增多，过程得到规范，负面效应减少；再后来随着自信的提升，休庭的"人治"色彩渐浓，不再拘泥于规则限制，而是视情需要灵活运用，直至得心应手之境。对照文首的例子，老法官不同寻常的作答无疑充满了个人智慧，属于典型

---

① 比如《德国刑事诉讼法典》第 268 条规定，定期宣判须于庭审结束后 11 日内作出，否则之前的庭审活动全部无效。

的"人治"视角下的休庭。

五 结语：奢望成为一个起点

或许司空见惯，抑或鸡毛蒜皮，对于休庭无论学术界还是实务界都没人深切关注。因此本文的写作就像拓荒，不管垦出良田还是劣田，只要能吸引更多人的关注，便值得笔者欣慰了。

从"休眠条款"到规定"落地"

——以40例拒不支付劳动报酬案件为分析样本

徐　跃* 彭　勇** 舒平锋***

从热热闹闹到冷冷清清，大致反映了恶意欠薪从入罪到具体适用的一个过程。由于拒不支付劳动报酬罪法条规定过于原则，缺乏可操作性，且相关司法解释也迟迟未能出台，致该罪在较长时间内无法从"纸面上的法"转化为"行动中的法"[①]，有关该罪的规定成为"休眠条款"，实践效果并未理想。因此，如何通过制度设计使该罪"落地"将是今后一段时间需要重点解决的问题。本文立足于大量实证考察，通过对40例拒不支付劳动报酬案件的分析，提出影响该罪适用的因素，并探讨完善该罪适用的具体问题，希望本文对该罪法律适用研究及实践有所裨益。

一　分析样本来源及基本情况

本文引用的40例拒不支付劳动报酬罪案件均来源于互联网，其中大部分案例系新华网、法制网、正义网首发或转载，其他少部分案例为各地区政府或有关部门官方网站、地方媒体报道，其信息真实性可以保障。另外，根据笔者检索结果显示，本文引用的40例案件基本上为笔者通过网络检索所查找到的大部分案件，

---

* 上海市金山区人民法院院党组成员、副院长、纪检组组长。

** 上海市金山区人民法院刑事审判庭庭长。

*** 上海市金山区人民法院刑事审判庭助理审判员。

① 东南大学法学院刘艳红教授认为，恶意欠薪行为虽然得以入罪，但该罪在客观行为认定、主观故意认定方面存在困难，致该罪很可能成为"纸面上的法"，而无法转化为"行动中的法"。参见刘艳红：《当下中国刑事立法应当如何谦抑？——以恶意欠薪行为入罪为例之批判性分析》，载《环球法律评论》2012年第2期。

基本反映了各地适用拒不支付劳动报酬罪的情况。因此，在分析样本来源可靠，又具有普遍性、代表性的情况下，本文对拒不支付劳动报酬罪法律适用的分析具有充分的实证基础。

本文引用的 40 例案件分布于全国 20 个省、市、自治区，具体为浙江 6 例，广东、湖北各 4 例，安徽 3 例，辽宁、河北、山东、江苏、福建、湖南、四川各 2 例，黑龙江、内蒙古、甘肃、宁夏、陕西、河南、重庆、江西、海南各 1 例[①]。

本文引用的 40 例案件主要发生于建筑工程领域，共涉及被告人 44 人，劳动者 2400 多人，拖欠工资 2200 余万元。详见下表：

表 1　40 例拒不支付劳动报酬罪案件基本情况表

序号	所属行业	案件数（件）	劳动者（人）	欠薪金额（万元）	已判决（件）
1	建筑工程	23	998	1310	6
2	服装厂	4	199	152	3
3	箱包、鞋	4	730	364	1
4	其他	10	522	383	1

二　拒不支付劳动报酬罪适用现状

（一）适用总量屈指可数

1. 与欠薪行为总量不成比例

一方面，欠薪问题（包括恶意欠薪）已成为普遍社会现象，根据有关材料显示，2010 年各地人力资源社会保障部门查处包括拖欠工资在内的各类劳动保障违法案件 38.4 万件[②]；另一方面，截至 2012 年 5 月份，全国公安、司法机关共受理或审结的恶意欠薪案件仅 100 件左右[③]，与欠薪行为总量明显不成比例，难以达到遏制恶意欠薪的立法预期效果。

---

① 限于篇幅，本文不一一列举 40 例案件，只在下文中具体引用案例时再作说明。
② 《2010 年各地人力资源社会保障部门责令用人单位追讨欠薪近 100 亿元》，载新华网，http://news.xinhuanet.com/fortune/2011-05/23/c_121448772.htm，2011 年 05 月 23 日。
③ 参见刘晓燕：《恶意欠薪入刑　深圳一年受理九件》，载 http://www.oeeee.com/a/20120511/1054452.html，2012 年 06 月 20 日访问。

2. 各地该罪适用情况不均衡

根据笔者网络检索材料反映（截至 2012 年 6 月份），在各地适用拒不劳动报酬罪情况中，以广东省受理案件总量最多，该省检察机关共批捕涉及恶意欠薪犯罪案件为 15 件 15 人[①]；其次分别为湖北、浙江、江苏、山东，分别为 10 件[②]、7 件[③]、4 件[④]、4 件[⑤]。另外，安徽、福建、湖南、河北、重庆等地均有适用拒不支付劳动报酬罪的情况。但是，目前尚未见上海、北京两地适用该罪的报道。

（二）处理结果有失均衡

在本文引用的 40 例拒不支付劳动报酬案件中，有 11 例案件已经法院判决，但其中 1 例案件的有关案情在相关报道中未予以说明，故以下选取其中 10 例案件进行分析比较，该 10 例案件基本情况如下：

① 《"拒不支付劳动报酬罪"定罪难 1 年仅办 15 案》，载南方日报网，http://gd.nfdaily.cn/content/2012-05/16/content_45449220.htm，2012 年 5 月 16 日。

② 《湖北省数名恶意欠薪老板被捕》，载现在网，http://news.cnxianzai.com/2012/06/403961.html，2012 年 6 月 4 日。

③ 截至今年 6 月份，浙江省见报道的拒不支付劳动报酬案件共有 7 例，其中嘉兴、宁波、杭州、绍兴、温州各 1 例，台州 2 例，详见《浙江审结一拒不支付劳动报酬犯罪案》，载人民法院报，http://rmfyb.chinacourt.org/paper/html/2012-01/21/content39278.htm，2012 年 1 月 21 日；《拒不支付劳动报酬　跑路老板恶意欠薪被判刑》，载东方热线网，http://news.cnool.net/0-1-20/102762.html，2012 年 4 月 20 日；《杭州市首例拒不支付劳动报酬罪案件在我市开庭审理》，载建德市人民法院网，http://jdfy.jiande.gov.cn/jdfy_fzxc/201206/t20120601_148269.html，2012 年 6 月 1 日；《浙江检方批捕首个拒不支付劳动报酬案》，载正义网，http://news.jcrb.com/jxsw/201112/t20111221_776866.html，2011 年 12 月 21 日；《温州破获当地首例拒不支付劳动报酬案》，载http://zjdaily.zjol.com.cn/qjwb/html/2011-07/01/content_935866.htm?div=-1，2011 年 7 月 1 日；《温岭横峰派出所查处两起恶意欠薪刑案》，载中国警察网，http://www.cpd.com.cn/n4548/n4571/c11195604/content.html，2012 年 3 月 14 日。

④ 截至今年 1 月份，江苏省有 4 件案件因涉嫌拒不支付劳动报酬罪移送公安机关，《拒不支付劳动报酬 江苏已有 4 起移送公安机关》，载人民网，http://js.people.com.cn/html/2012/01/12/68071.html，2012 年 1 月 12 日。

⑤ 截至今年 6 月份，山东省见报道的拒不支付劳动报酬案件共有 4 例，其中，济宁、菏泽、潍坊、莱芜各 1 例，详见《山东恶意欠薪第一人被批捕　济宁 17 名民工拿回血汗钱》，载齐鲁网，http://news.sina.com.cn/c/2012-04-11/132624255538.shtml，2012 年 4 月 11 日；《恶意欠薪"老赖"，这次耍大了》，载齐鲁晚报网，http://epaper.qlwb.com.cn/qlwb/content/20120521/ArticelP06002FM.htm，2012 年 5 月 21 日；《潍坊恶意欠薪第一案　承包人卷走 101 万被刑拘》，载山东潍坊网，http://www.wfnews.com.cn/news/2012-03/07/content_1076124.htm，2012 年 3 月 7 日；《山东莱芜莱城区检察院首次批捕"恶意欠薪"老板》，载正义网，http://news.jcrb.com/Biglaw/CaseFile/Criminal/201206/t20120606_877963.html，2012 年 6 月 6 日。

表 2　10 例已判决案件基本情况表

序号	地区	被告人	劳动者（人）	金额（万元）	欠薪	逃匿	判刑
1	重庆	梁某等①	30	36	支付	否	拘役 6 个月，缓刑 8 个月，罚金 5000 元
2	福建	庄某②	47	7.8	支付	是	有期徒刑 1 年，缓刑 1 年，罚金 3000 元
3	甘肃	王某某③	40	17.5	支付	是	有期徒刑 1 年，缓刑 1 年
4	安徽	穆某某④	27	19	支付	否	有期徒刑 1 年，罚金 2 万元
5	浙江	黄某某⑤	多人	30	垫付	是	有期徒刑 1 年，罚金 2 万元
6	浙江	黄某⑥	104	22	支付	是	有期徒刑 1 年零 6 个月，罚金 2 万元
7	广东	许某某⑦	47	20	垫付	是	有期徒刑 1 年零 6 个月，罚金人民币 2 万元
8	广东	杨某某⑧	25	10	支付	是	有期徒刑 10 个月，罚金 2 万元
9	福建	任某某⑨	54	15.8	支付	是	拘役 2 个月，罚金 5000 元
10	四川	胡某⑩	20	13	垫付	是	有期徒刑 1 年，罚金 2 万元

---

① 《重庆首例拒不支付劳动报酬刑案宣判》，载正义网，http://news. jcrb. com/Biglaw/CaseFile/ Criminal/201205/t20120526_871139.html，2012 年 5 月 26 日。

② 《拒不付工资老板被判刑》，载泉州网，http://szb. qzwb. com/dnzb/html/2012-04/11/content_384465. html，2012 年 4 月 11 日。

③ 《甘肃省首例拒不支付劳动报酬案宣判　包工头被判刑一年》，载每日甘肃网，http://gansu. gansudaily. com. cn/system/2012/03/15/012408637. shtml，2012 年 3 月 15 日（该引用材料中未说明该 案被告人处罚金情况，笔者注）。

④ 《安徽首例拒不支付劳动报酬案宣判》，载安徽法院网，http://www. ahcourt. gov. cn/gb/ahgy_2004/ fczs/sy/userobject1ai32746. html，2012 年 4 月 29 日。

⑤ 《浙江审结一拒不支付劳动报酬犯罪案》，http://rmfyb. chinacourt. org/paper/html/2012-01/21/ content_39278. htm 人民法院报，2012 年 1 月 21 日。

⑥ 《拒不付出劳动酬金　跑路老板恶意欠薪被判刑》，载宁波新闻网网，http://www. szhrzly. com/a/tufa _xianchang/20120421/60. html，2012 年 4 月 21 日。

⑦ 《人社部曝光 6 起拒不支付劳动报酬罪典型案例》，载新华网，http://news. xinhuanet. com/local/ 2012-01/17/c_111445946. htm，2012 年 1 月 17 日。

⑧ 《广东首例拒不支付劳动报酬罪案宣判　被告人获刑 10 个月》，载正义网，http://news. jcrb. com/ jxsw/201203/t20120330_834573. html，2012 年 3 月 20 日。

⑨ 参见蓝芳：《福建省首例 "拒不支付劳动报酬案" 在武平宣判》，载http://news. 66163. com/2012-01- 10/587095. shtml，2012 年 6 月 4 日访问。

⑩ 《四川广元元坝：批捕全市首例拒不支付劳动报酬案》，载正义网，http://www. jcrb. com/ procuratorate/jckx/201203/t20120324_831031. html，2012 年 3 月 24 日。

从上述表格反映出各地区在适用该罪时存在以下量刑不均衡的情况：

1. 适用缓刑标准不统一

上述 10 例中，有 3 例适用缓刑，其他 7 例判处实刑。比较第 1 例与第 4 例案件，前者在涉案金额、劳动者人数方面均多于后者，其社会危害性大于后者，而在处理结果上，反而前者适用缓刑，后者判处实刑。其他情况也同样存在于第 3 例与第 8 例的比较中，可见各地在办理拒不支付劳动报酬案件中适用缓刑标准并不统一。

2. 存在量刑失衡情况

以判处实刑的第 5 例与第 6 例案件情况进行比较，前者涉案金额大于后者，且前者至法院审理时仍未支付拖欠工资，而后者已支付拖欠工资，因此，前者的社会危害性应大于后者，而在处理结果上前者反而轻于后者。同样的情况也存在于第 5 例与第 7 例、第 8 例与第 9 例等案件比较中，笔者不再一一列举。

（三）启动程序不尽统一

根据相关规定，发生恶意欠薪行为后，"经政府相关部门责令支付仍不支付的"，移送公安机关立案，启动刑事追诉程序。但在实践中，具体案件启动方式存在多种形式：

表 3   37 例案件启动方式情况表[①]

序号	案件启动方式	案件数
1	劳动行政部门移送案件	32
2	劳动仲裁部门移送案件	1
3	法院移送案件	1
4	劳动者或其他单位移送案件	3

1. 劳动行政部门移送案件

在发生欠薪行为后，由人力资源与社会保障局或劳动监察大队等向恶意欠薪行为人下达书面责令整改通知书，要求限期支付工资，恶意欠薪行为人仍然拒付

[①] 在本文引用 40 例案件中，根据现有报道有 3 例案件无法查实其案件启动方式，故表 3 仅对其余 37 例案件的启动方式问题进行比较。

的，移送公安机关进行立案侦查。此为实践中的普遍做法，在上述 40 例案件中，除去 3 例案件案件启动方式不详外，有 32 例案件采用该方式。

2. 劳动仲裁部门移送案件

如在表 5 第 6 例案件中，发生恶意欠薪行为后，劳动者申请劳动仲裁，由劳动仲裁委员会作出裁决，裁定被告人黄某支付劳动报酬，后因黄某拒绝支付，而移送公安机关刑事立案。

3. 法院移送案件

如在表 5 第 2 例案件中，发生恶意欠薪行为后，劳动者先向劳动监察部门进行投诉，后向法院提起民事诉讼，法院作出调解书，后恶意欠薪行为人逃匿，劳动者申请法院强制执行，法院在无法继续执行的情况下将该案移送公安机关刑事立案。

4. 劳动者或相关企业报案

如在表 5 第 7 例案件中，包工头许某某拖欠 47 名工人工资 20 余万元逃匿，发包公司垫付了工人工资后向公安机关报案，公安机关进行立案侦查，在抓获许某某后，由政府相关部门责令其支付，但许某某仍不支付。许某某最终被法院以拒不支付劳动报酬罪判处有期徒刑 1 年零 6 个月，并处罚金人民币 2 万元。另外，广州市办理的 "宋某拒不支付劳动报酬案"[①]，该案中，由被拖欠工资职工向公安机关报案，后者进行立案侦查，由此启动刑事追诉程序。

三　拒不支付劳动报酬罪适用的掣肘因素

(一)"数额较大"具体标准尚未明确

根据法律规定，拒不支付劳动报酬罪是数额犯，必须满足 "数额较大" 的客观方面要求，而 "数额较大" 的具体标准是多少，目前尚未有司法解释对此作出规定，实务部门面临无法（具体依据）可依的难题[②]，这也是目前拒不支付劳动

---

① 《拖欠员工薪水老板已被刑拘》，载中山网，http://www.zsnews.cn/news/2011/12/19/1896220.shtml，2011 年 12 月 19 日。

② 学者刘武俊指出，拒不支付劳动报酬罪关于 "'数额较大' 的规定偏于原则，目前尚无定论，如果不进一步细化，司法人员在办案中难以把握尺度，法律适用中无论就高还是就低均缺少依据"，《恶意欠薪入罪还要落地》，载法制网，http://www.legaldaily.com.cn/bm/content/2012-06/11/content_3630624.htm? node=20729，2012 年 6 月 11 日。

报酬罪适用总量偏少，且存在量刑不均衡的一个重要原因。

目前，在该罪数额标准方面对实务部门具有一定参考意义的材料是最高人民法院关于该罪适用的司法解释征求意见稿，该意见稿提出，拒不支付单个劳动者的劳动报酬数额在5000元至3万元以上的，拒不支付多个劳动者的劳动报酬数额累计在5万元至30万元以上的，为数额较大，另各地可根据本地经济社会发展情况，在上述数额幅度内确定本地执行标准。该意见稿采用的"数额较大"标准是一种选择性标准，即只要符合单个劳动者或多个劳动者相关数额标准即认定为"数额较大"。这样规定可最大限度保障劳动者的合法权益，打击与遏制恶意欠薪行为。

但由于该意见稿毕竟不等同于正式司法解释，不具有法律效力，且尚处于修改讨论中，不代表最后意见，故该意见稿对实务部门仅具有参考意义，而无指导意义，实务部门在该罪适用具体数额标准问题上实际仍处于无法可依的状态，只能根据各自对该罪适用的理解，并结合本地经济社会发展情况，探索适用该罪名。目前，在各地适用的具体案例中，为稳妥起见，基本上都选择了涉案劳动者为多人，且涉案金额为10万元以上的情况，在网上报道过的案件中，涉案金额最高的为发生于广东东莞的一例案件，涉案金额高达280万元[①]。但笔者也发现，有个别地区对涉案金额少于10万元的恶意欠薪行为也予以刑事追诉，如湖北襄阳对一例涉案金额3万元的恶意欠薪案件刑事立案[②]，福建泉州对一例涉案金额7.8万元的恶意欠薪案件刑事立案[③]。

（二）对"政府有关部门责令支付"存在理解分歧

如上所述，根据相关规定，发生恶意欠薪行为后，"经政府相关部门责令支付仍不支付的"，移送公安机关立案，启动刑事追诉程序。但在实践中，由于对"政府有关部门责令支付"存在不同理解，故存在劳动监管部门移送案件、劳动仲裁部门移送案件等多种案件启动方式，在案件启动方式上比较混乱。

---

① 参见韩成良：《鞋厂老板欠千万逃匿 成厚街刑拘欠薪第一人》，载http://gd. qq. com/a/20120612/000028. htm，2012年6月26日访问。

② 《我院成功督促我市首例拒不支付劳动报酬案立案》，载湖北省襄阳市襄州区人民检察院网，http://www. xiangfanxc. jcy. gov. cn/news_view. asp? newsid＝372，2012年5月3日。

③ 《拒不付工资老板被判刑》，载泉州网，http://szb. qzwb. com/dnzb/html/2012-04/11/content_384465. html，2012年4月11日。

1. 对“政府有关部门”的不同理解

对于“政府有关部门”目前有三种理解：第一种意见主张狭义的理解，认为政府有关部门仅指各级劳动行政部门[1]，包括县级以上劳动保障行政部门设立的劳动保障监察行政机构和劳动保障行政部门依法委托实施劳动保障监察的组织[2]；第二种意见主张限制的理解，认为政府有关部门包括劳动监察部门、劳动仲裁部门，也包括政府的其他相关职能部门[3]；第三种意见主张广义的理解，认为政府有关部门也包括劳动争议仲裁部门和法院等[4]。

2. 对“责令支付”的不同理解

目前，实践中对于“责令支付”的理解也存在许多答案尚不明确的问题，如责令支付的性质、形式、方式、期限、次数等问题，也包括行为人能否对政府部门的责令支付提出行政复议或提起行政诉讼，以及对责令支付提出复议或行政诉讼是否影响刑事追诉程序等一系列问题。

如对于“责令支付”的性质存在不同理解：有观点认为属于行政裁决，是劳动行政部门经过审查，对欠薪者作出的限期支付劳动报酬的裁决，属于行政裁决[5]；也有观点认为属于行政命令、行政强制措施等。

另外，对于“责令支付”的外延也存在多种理解，有意见认为包括劳动监察部门的处理决定、劳动仲裁部门的裁决及政府其他相关职能部门作出的要求雇主支付劳动者报酬的行政命令[6]；有意见认为也包括劳动行政部门即各级劳动监察大队作出的行政处罚决定书、各级劳动争议仲裁委员会作出的劳动争议仲裁决定书、各级法院作出的民事判决书[7]；也有意见认为包括劳动监察部门的处罚书、责令改正书、仲裁决定、支付令、信访部门的处理决定等[8]。

---

[1] 赵秉志、张伟珂：《拒不支付劳动报酬罪立法研究》，载《南开学报》（哲学社会科学版）2012 年第 2 期。

[2] 杜邈、商浩文：《拒不支付劳动报酬罪的司法认定》，载《法学杂志》2011 年第 10 期。

[3] 张军主编：《〈刑法修正案（八）〉条文及配套司法解释理解与适用》，人民法院出版社 2011 年版，第 286 页。

[4] 付其运、王其生：《拒不支付劳动报酬罪的理解和适用》，载《人民法院报》2011 年 8 月 17 日第 6 版。

[5] 《拒不支付劳动报酬罪的认定与适用》，载正义网，http://www.jcrb.com/procuratorate/theories/essay/201202/t20120217_806956.html，2012 年 2 月 17 日。

[6] 张军主编：《〈刑法修正案（八）〉条文及配套司法解释理解与适用》，人民法院出版社 2011 年版，第 286 页。

[7] 付其运、王其生：《拒不支付劳动报酬罪的理解和适用》，载《人民法院报》2011 年 8 月 17 日第 6 版。

[8] 王亦君：《恶意欠薪入罪岂能成为“休眠条款”》，载《中国青年报》2012 年 2 月 16 日第 11 版。

上述对于"政府有关部门"、"责令支付"理解上存在的问题，一方面造成了实践中多个主体启动恶意欠薪案件刑事追诉程序的混乱现象，另一方面也影响该罪适用，致适用总量偏少。

四　拒不支付劳动报酬罪"落地"的相关建议

（一）"数额较大"标准认定

如上所述，最高人民法院在关于该罪适用的司法解释征求意见稿中提出了在单个劳动者和多个劳动者情况下的不同"数额较大"认定标准，并指出各地可根据本地经济社会发展情况，在上述数额幅度内确定本地执行标准。

1. 单个劳动者情形下"数额较大"标准认定

在"数额较大"标准认定上，有意见认为可考虑与职务侵占罪与盗窃罪数额标准进行比较来确定，因为本罪是雇主个人或单位侵占劳动者的财产，考虑到劳动者与雇主或单位相比通常是弱者，故在确定本罪"数额较大"标准时，应确定一个相比个人侵占单位财产的职务侵占罪数额标准更低一些的数额；另一方面，本罪与盗窃罪同为侵财犯罪，但其主观恶性低于盗窃罪等自然犯，故本罪"数额较大"标准又应比盗窃罪高，故可考虑在 10 000 元上下确定本罪"数额较大"标准[①]。

上述意见通过分析比较本罪与职务侵占罪与盗窃罪的异同来确定单个劳动者情形下，本罪"数额较大"标准，具有一定合理性。但笔者认为，在本罪数额标准确定上，也可参照信用卡恶意透支犯罪、诈骗犯罪等经济犯罪的追诉标准，并结合本地薪资水平标准进行综合考虑确定。

就本罪与恶意透支型信用卡诈骗犯罪而言，两罪存在一定相似性：第一，两罪均要求行为人主观上具有恶性，且均通过一系列客观行为表现来确定行为人具有主观恶性；第二，两罪均为经济犯罪，从本质上而言，两者均为非法占有他人、他单位的财产。故，本罪数额标准确定可参考恶意透支型信用卡诈骗犯罪，但鉴于本罪实际非法占有的是劳动者的财产（工资），恶意透支型犯罪实际非法占有银行的财产，就相同涉案金额而言，对劳动者造成的影响要远大于对银行造成的影

---

① 张军主编：《〈刑法修正案（八）〉条文及配套司法解释理解与适用》，人民法院出版社 2011 年版，第286 页。

响，故在考虑本罪 "数额较大" 标准确定上，要适当低于恶意透支型信用卡诈骗犯罪的数额标准。目前，恶意透支型信用卡诈骗犯罪 "数额较大" 标准确定在 10 000 元～100 000 元之间，笔者认为可在上述金额标准范围内就低认定本罪 "数额较大" 标准，可考虑在 10 000 元左右。

另外，就本罪与诈骗犯罪而言，两罪同样存在一定相似性：两罪均为经济犯罪，且在拒不支付劳动报酬案件中或多或少存在一定诈骗因素，并可能存在本罪与诈骗罪的选择适用问题，故，诈骗罪的数额标准也可作为本罪认定 "数额较大" 的参考标准。

对于单个劳动者情形下 "数额较大" 标准，也有观点认为，"数额较大" 标准可以用工单位所在地单月薪资平均水平的 3 倍以上为标准，因为 "3 倍以上" 的规定可以体现用工者至少 3 个月未支付劳动者工资，从而反映出其主观恶性[1]。

综合参考恶意透支型信用卡诈骗犯罪、诈骗犯罪、当地单月薪资水平的 3 倍标准这三个参考标准，以上海市为例，恶意透支型信用卡诈骗犯罪与诈骗犯罪 "数额较大" 标准起点均为 10 000 元，且根据 2011 年上海城市居民家庭人均可支配收入 36 230 元标准计算[2]，单月薪资水平在 3000 元左右，3 月工资也在 10 000 元左右。故，在单个劳动者情形下，就上海市该罪 "数额较大" 标准而言，确定为 10 000 元是比较妥当的。

2. 多个劳动者情形下 "数额较大" 标准认定

在劳动者为多人的情形下，"数额较大" 标准应结合单个劳动者 "数额较大" 标准，并根据目前恶意欠薪的普遍情况进行考虑。根据表 1 及表 2 情况反映，目前恶意欠薪行为主要发生于建筑工程领域，犯罪主体多为个体包工头或中小企业主，一般涉案劳动者人数众多，涉案金额也较大。

根据笔者对本文引用 40 例案件的统计分析，除 5 例具体涉及劳动者人数不详外，其余 35 例案件涉及劳动者人数均在 10 人以上，最多为 618 人[3]；在涉案金额上，有 37 例案件涉案金额超过 10 万元，最高为 280 万元，3 例低于 10 万元的案

---

[1] 周莉宁：《恶意欠薪罪举证责任和数额标准的理解》，载《检察日报》2011 年 4 月 8 日第 3 版。

[2] 参见李若楠：《2011 年上海城市居民家庭人均可支配收入 36 230 元》，载新民网，http://shanghai. xinmin. cn/msrx/2012/01/20/13397919. html，2012 年 1 月 20 日。

[3] 参见韩成良：《鞋厂老板欠千万逃匿　成厚街刑拘欠薪第一人》，载 http://gd. qq. com/a/20120612/000028. htm，2012 年 6 月 26 日访问。

件中,最低涉案金额为 3 万元。故,在确定涉及多名劳动者情况下该罪"数额较大"标准上,笔者认为可借鉴各地普遍的做法,并结合本地具体经济社会发展水平来进行综合考虑确定。

如就上海市而言,地区经济社会发展水平较高,可考虑将 10 万元以上作为本罪"数额较大"的标准。确定该罪在涉及多名劳动者情况下 10 万元的"数额较大"标准,也能与前述单个劳动者情况下该罪"数额较大"标准呼应起来,因为实践中涉及的劳动者人数一般在 10 人以上,按单个劳动者被拖欠 1 万元工资计算,其涉案总额也一般在 10 万元以上,因此确定 10 万元为该罪在多个劳动者情况下的"数额较大"标准比较适宜。

(二)对"政府有关部门责令支付"的理解

1. 对"政府有关部门"的理解

笔者认为该罪适用中,对"政府有关部门"应作狭义理解,即仅指政府行政机关中负责劳动保障与监督管理的有关部门。因为就该罪立法原意而言,设置"政府有关部门责令支付"的前置程序,主要是考虑到《劳动法》、《劳动合同法》、《劳动保障监察条例》等法律均对不支付劳动报酬的行为规定了由政府有关部门责令支付的措施。故为了更好维护广大劳动者合法权益,宜将刑事处罚与行政监管措施相衔接[①],并在"政府有关部门"的理解上保持一致。

目前,"政府有关部门"主要是指政府各级人力资源与社会保障部门,其负责对区域用人单位工资及其他劳动报酬进行宏观管理。根据最高人民法院等四机关于 2012 年 1 月 14 日颁布实施的《关于加强对拒不支付劳动报酬案件查处工作的通知》规定,人力资源社会保障部门要依法对用人单位遵守劳动保障法律、法规和规章的情况进行监督检查,通过各种检查方式监督用人单位劳动报酬支付情况,依法受理拖欠劳动报酬的举报、投诉。经调查,对违法事实清楚、证据确凿的,应当依法及时责令用人单位向劳动者支付劳动报酬。

在人力资源与社会保障部门具体机构设置中,具体由劳动监察机构等职责部门负责劳动保障与监察。根据人力资源与社会保障部网站资料显示,其部机关之一的劳动监察局承担的机构职责有:拟订劳动监察工作制度;组织实施劳动监察,

---

① 高铭暄、陈璐:《〈中华人民共和国刑法修正案(八)〉解读与思考》,中国人民大学出版社 2011 年版,第 108 页。

依法查处和督办重大案件；指导地方开展劳动监察工作；协调劳动者维权工作，组织处理有关突发事件；承担其他人力资源和社会保障监督检查工作①。目前各地在适用该罪中，也一般是由各地人力资源和社会保障部门向欠薪单位或个人下达相关责令书，责令支付拖欠工资。

对于劳动争议仲裁机构、法院或其他单位，笔者认为不属于 "政府有关部门" 的范畴。即使上述部门对欠薪行为作出了相关裁决、决定，也不能替代政府有关部门的责令支付程序。

2. 对 "责令支付" 的理解

对 "责令支付" 的性质理解，笔者认为，鉴于 "政府有关部门" 作出的 "责令支付" 行为主要是针对特定主体，故该行为本质上属于具体行政行为，但具体属于哪一类具体行政行为尚无定论。因为其似乎不具有行政处罚、行政确认、行政裁决、行政强制措施等常见具体行政行为的特征。笔者认为，其比较接近于行政命令。行政命令从概念上理解是行政主体依法要求相对人进行一定的作为或不作为的意思表示；从实质上理解，行政命令是行政主体的一种强制性行为，只存在于行政处理行为之中，与行政检查、行政决定和行政强制执行相联系，并且相互衔接②。

具体到 "政府有关部门" 作出的 "责令支付" 而言，政府有关部门根据个人或单位的欠薪行为作出责令其于一定期限内支付拖欠工资的命令、通知。问题是，对于 "政府有关部门" 作出的 "责令支付" 行为，拖欠工资的个人或单位是否可以提出行政复议、行政诉讼；如果可以提出，则是否影响、中止政府有关部门将案件移送公安机关立案。笔者认为，从理论上而言，行政相对人对于行政机关作出的具体行政行为均有申请行政复议与提起行政诉讼的权利，这是《行政复议法》、《行政诉讼法》等相关法律所明确规定的；但上述法律同时规定，在行政复议与行政诉讼期间，并不停止具体行政行为的执行。故根据上述法律规定，对于政府有关部门作出的责令支付的行政行为，行政相对人可以申请行政复议或提起

---

① 见人力资源与社会保障部官方网站，载 http://www.mohrss.gov.cn/page.do? pa = 8a81f0842d78e88c012dale7f89820cc，2012 年 6 月 6 日访问。

② 参考百度百科关于 "行政命令" 的解释，详见 http://baike.baidu.com/view/1669581.htm，2012 年 7 月 12 日访问。

行政诉讼，但并不影响政府有关部门将有关案件移送公安机关立案侦查①。

另外，责令支付的次数、规定的期限及期限届满后何时才能将案件移送公安机关立案也是需要探讨的问题。笔者认为，责令支付的以一次为限，责令支付的期限可根据涉案劳动者人数、金额等具体情况而具体规定，责令支付规定的期限届满后政府有关部门可直接将案件移送公安机关立案，以及时对恶意欠薪行为进行刑事追诉，促使行为人及时支付拖欠工资，保障劳动者合法权益。

（三）多种救济方式并存下的罪名适用及程序衔接

在发生恶意欠薪行为后，劳动者一般可采取三种方式进行权利救济：一是向劳动监管部门投诉反映，由后者责令用人单位或个人支付劳动报酬；二是向劳动争议仲裁部门申请仲裁，由后者裁决用人单位或个人支付劳动报酬；三是向法院提起民事诉讼，由后者判决用人单位或个人支付劳动报酬。上述三种救济方式可能单独存在，也可能存在并存情况，如劳动者向劳动监管部门投诉无果后，向仲裁部门申请仲裁或向法院提起民事诉讼。在单一救济方式下，如果用人单位或个人拒不支付劳动报酬的，则由对应部门启动具体刑事追诉程序，并适用不同罪名：如在第一种救济方式下，可由劳动监管部门以用人单位或个人涉嫌拒不支付劳动报酬罪移送公安机关立案侦查；在第三种救济方式下，可由法院对用人单位或个人强制执行判决内容，直至以其涉嫌拒不履行判决、裁定罪移送公安机关立案侦查②。上述单一救济方式下，由于只存在相应职能部门与公安机关之间的案件移送问题，因此，刑事程序启动方式相对比较简单，罪名适用也比较明确。但在多种救济方式并存的情况下，则存在一定复杂情况，需要解决以下几个问题：

1. 罪名适用

在多种救济方式并存的情况下，需要解决的第一个问题就是，在拒不支付劳动报酬罪与拒不履行判决、裁定罪之间，适用何罪名对用人单位或个人进行刑事追诉更能保护劳动者的合法权益？

笔者选取了启动程序耗时、处罚严厉程度和宣传打击力度三方面对上述两罪

---

① 有学者认为，"责令行为本身包含了政府有关部门对欠薪行为的审查……只要有关部门作出了责令行为，就要首先承认责令行为的合法性和正当性，就认为完成了认定拒不支付劳动报酬罪所必需的前置程序"。参见谢天长：《拒不支付劳动报酬罪的法律适用问题探讨》，载《中国刑事法杂志》2011年第11期。

② 目前，在第二种救济方式下，尚不能直接由劳动仲裁部门以具体罪名直接移送公安机关立案侦查。

的适用效果进行了比较。第一，从启动刑事诉讼程序所需时间而言，一般情况下，由劳动监管部门责令用人单位或个人限期支付，在拒付情况下启动刑事追诉程序所需时间相对较短，而通过民事诉讼程序再到执行程序，再进入刑事追诉程序所需时间相对较长。第二，从处罚严厉程度而言，前罪要求恶意欠薪 "数额较大" 才能追究刑事责任，处 3 年以下有期徒刑或者拘役，并处或者单处罚金；后罪要求 "情节严重" 才能追究刑事责任，处 3 年以下有期徒刑、拘役或者罚金，因此在一般情况下，两罪处罚严厉程度相当。第三，从宣传打击力度而言，前罪系新罪，是国家为打击日益严重的恶意欠薪行为专门创设，恶意欠薪行为是当前及今后国家打击的一个重点，后罪在这两年日益为社会所关注，对于拒不履行判决、裁定中的民事财产行为也是目前打击的一个重点，故两罪在宣传打击力度而言也基本相当。综合上述情况，在目前为有效保障劳动者合法权益，打击恶意欠薪行为，可优先选择以拒不支付劳动报酬罪对涉嫌恶意欠薪的用人单位或个人进行刑事追诉；但在恶意欠薪行为未达到数额较大要求的情况下，如果符合拒不履行判决、裁定罪，也可考虑以该罪对相关单位或个人进行刑事追诉。

2. 程序衔接

既然在通常情况下，以拒不支付劳动报酬罪对涉嫌恶意欠薪的用人单位或个人进行刑事追诉更能保护劳动者合法权益，则在该程序中，劳动监管部门、劳动仲裁部门及法院之间角色、关系如何，以及应如何互相配合是需要解决的第二个问题。

(1) 移送案件的主体

根据相关规定，在拒不支付劳动报酬罪程序启动上，应由劳动监管部门在经责令支付程序无果后，将案件移送公安机关立案侦查，故在多种救济方式并存的情况下，尽管可能已经由劳动仲裁部门或法院就恶意欠薪行为作出了相应裁决，如果以拒不支付劳动报酬罪追诉更合适的，应将上述案件移送劳动监管部门，由后者进行案件移送。

(2) 劳动仲裁或法院判决可否替代政府责令支付行为

鉴于劳动仲裁部门、法院不属于 "政府有关部门" 的范畴，故即使已存在劳动争议仲裁或法院民事判决、调解等情况，只要相关个人或企业仍不支付欠薪，在劳动监管部门受理案件后，其仍然需要向用人单位或个人责令限期支付。也只有经过 "政府有关部门责令支付" 程序，上述行为才能进入刑事追诉程序。

五 结语

　　拒不支付劳动报酬罪不应是"休眠条款",相关部门应在充分调研、考察的基础上完善该罪适用的具体措施,使其从"纸面上的法"转化为"行动中的法",使其真正发挥预防与遏制恶意欠薪行为、保障劳动者合法权益的功效。

民事再审事由规范的完善

——从价值定位、功能重构到路径选择

上海市第一中级人民法院课题组[①]

2007 年，我国对《民事诉讼法》（以下简称为 "2007 年《民诉法》"）民事再审部分规定作了修改；2012 年 8 月 31 日，全国人大常委会通过了第二次修改《民事诉讼法》（以下简称为 "2012 年《民诉法》"）的决定，进一步强化了法律监督与完善了审判监督程序。但修正后的民事再审程序似乎仍有改进的余地。立法者应充分尊重民事诉讼法的原理和规律，注重回应人民群众关切的热点问题，并在价值考量的基础上明确再审制度的功能定位，探寻完善民事再审事由规范的现实路径。

一 困顿于理想与现实之间的民事再审制度

（一）现行再审事由设置概况

我国民事再审制度主要规定于 2007 年《民诉法》第 2 编第 16 章审判监督程序，以及 2008 年 12 月 1 日起施行的《最高人民法院关于适用〈中华人民共和国民事诉讼法〉审判监督程序若干问题的解释》（以下简称为 "《审监程序解释》"）中。从上述规定看，再审事由因程序发起人不同而有所不同。

对行使审判监督权的法院来说，再审事由规定于 2007 年《民诉法》第 177 条，即已生效的判决、裁定确有错误的。

对享有诉权的当事人来说，再审事由规定于 2007 年《民诉法》第 179 条和第 182 条。第 179 条主要针对生效的判决或裁定，第 1 款规定了 13 种再审事由，包

---

① 课题组成员：宋学东、王犁、申黎、颜海燕。

括：①有新的证据，足以推翻原判决、裁定的；②原判决、裁定认定的基本事实缺乏证据证明的；③原判决、裁定认定事实的主要证据是伪造的；④原判决、裁定认定事实的主要证据未经质证的；⑤对审理案件需要的证据，当事人因客观原因不能自行收集，书面申请人民法院调查收集，人民法院未调查收集的；⑥原判决、裁定适用法律确有错误的；⑦违反法律规定，管辖错误的；⑧审判组织的组成不合法或者依法应当回避的审判人员没有回避的；⑨无诉讼行为能力人未经法定代理人代为诉讼或者应当参加诉讼的当事人，因不能归责于本人或者其诉讼代理人的事由，未参加诉讼的；⑩违反法律规定，剥夺当事人辩论权利的；⑪未经传票传唤，缺席判决的；⑫原判决、裁定遗漏或者超出诉讼请求的；⑬据以作出原判决、裁定的法律文书被撤销或者变更的。第2款另外规定了2种情形，一为"违反法定程序可能影响案件正确判决、裁定的"，一为"审判人员在审理该案件时有贪污受贿，徇私舞弊，枉法裁判行为的"。第182条规定了对生效调解书提起的再审程序，再审事由为"调解违反自愿原则或者调解协议的内容违反法律的"。

对享有检察监督权的检察院来说，依据2007年《民诉法》第187条，其仅能对法院的生效判决和裁定提出抗诉，抗诉再审事由与第179条规定的情形相同。

（二）新修改民诉法中的再审事由

2012年《民诉法》关于民事再审制度的规定，主要集中于第2编第16章审判监督程序；从新规定看，再审事由因程序发起人不同而作区分设置的总体格局没有改变。

对行使审判监督权的法院来说，再审事由规定于2012年《民诉法》第198条，即已生效的判决、裁定、调解书确有错误。在2007年《民诉法》第177条的规定外，增加了法院依职权对已生效调解书提起再审的权力。

对享有诉权的当事人来说，再审事由规定于2012年《民诉法》第200条和201条，其范围较修改前略有限缩。第200条将现行民诉法第179条第1款第5项中的"证据"限定为"主要证据"，删除了第1款第7项；并将第2款中"违反法定程序可能影响案件正确判决、裁定的"的情形删去后作为第13项。第201条与2007年《民诉法》第182条条文完全一致。

对享有检察监督权的检察院来说，2012年《民诉法》大大加强了其法律监督的权力，即最高检对各级法院、上级地方检察院对下级地方法院的生效裁决及调解书有权提出抗诉，地方检察院对同级地方法院有权提出检察建议。第208条规定了检察机关依职权提起抗诉或者提出检察建议的两类事由：第一类为已生效判决或裁定存在第 200 条规定的情形；第二类为调解书损害国家利益、社会公共利益的。第 209 条规定了当事人向检察机关申请检察建议或抗诉的三项事由：其一，法院驳回再审申请的；其二，法院逾期未对再审申请作出裁定的；其三，再审判决、裁定有明显错误的。

（三）现行再审制度的运行困境

2007 年《民诉法》对再审程序和再审事由进行了修改，体现了立法的公正性和科学性，但现行再审制度在运行中仍存在一些问题。下面结合上海法院系统中此项制度的运行情况进行说明。

1. 再审"需求"的非理性膨胀

在司法实践中发现，一些败诉的当事人、未能达到诉讼目标的当事人会通过申请再审以推翻生效判决。2004 至 2011 年，全市法院民商事申诉案件每年的收案量都在 3000 件以上，但民商事再审案件的收案数量并不高，数量最高的 2011 年只有 390 件[①]。从统计数据可见，民商事申诉案件收案数长期以来在高位运行，而再审案件收案数则一直在低位徘徊，两项数据对比显示出一些当事人再审"需求"非理性膨胀，也使法院面临的显性或潜在审判压力不断增加。

2. 再审事由运用的集中与趋同

虽然 2007 年《民诉法》规定的再审事由多达十几项，但司法实践中当事人申请再审的理由呈现了一定的趋同性。课题组对 2009 至 2011 年当事人对我院审结的民商事案件提起的申诉案件进行的抽样调查发现[②]，申请再审的理由相对集中于 2007 年《民诉法》第 179 条第 1 款第 2 项"原判决、裁定认定的基本事实缺乏证据证明"和第 6 项"原判决、裁定适用法律确有错误"。司法实践中，无论是检察机关抗诉的理由，还是法院最终裁定再审的理由，均较多集中于这两项。

3. 再审结果折射程序的低效率

实践中，数量庞大的申诉、再审案件消耗了大量的司法资源，但是最终效果却未必尽如人意。2009 至 2011 年，上海市各法院的民商事申诉案件每年的收案

---

① 上述数据来源：《2004—2011 年上海法院司法统计分析》。

② 选取样本的规则是，2009 至 2011 年三年中进入再审的全部申诉案件、申诉审查阶段撤诉的全部案件，以及随机抽取的部分申诉审查阶段驳回申请及以其他方式结案的案件。

数分别 3261 件、3123 件和 3378 件，但申诉裁定再审率仅分别为 3.3%、4.0% 和 4.8%；全市法院申诉再审案件收案数和抗诉再审案件收案数均逐年上升，但是申诉再审改发率维持在 46.5% 至 47.9% 之间，抗诉再审改发率在 35.4% 至 44.6% 之间[1]。偏低的申诉裁定再审率、不高的再审改发率重叠，在某种程度上折射出现行再审制度运行效率较低。

二 民事再审制度运行失范的实质原因分析

课题组深入分析了现行民事再审制度运行中出现的问题，发现导致这一制度运行失范的实质原因主要表现在三个方面。

(一)价值取向的偏差

基于建国初期我国特定的政治背景和特殊的意识形态环境，"有错必纠"已经成为大众意识和观念[2]。2007 年《民诉法》关于再审制度的修改，就是为了回应民众"有错必纠"的呼声，有效解决"再审难"的问题。但是要对"有错必纠"这样一种抽象的大众诉求进行精确的概念化解构十分困难；同时，"有错必纠"的价值追求也挤占了其他价值目标的地位，例如裁判终局性、法律关系稳定性、司法权威性等，也使再审制度的功能超出了程序的承载力，突破了程序安定的底限。

(二)功能设定的错位

建立在"有错必纠"价值理念上的民事再审制度，自然而然地将全面纠错作为制度功能定位。但这种功能定位是不准确的，我国再审程序设计上存在的种种问题，其根源都在于此[3]。

表现之一是，将再审程序设计为一种普适的救济程序。法院的生效裁判，除解除婚姻关系的判决和法律规定不得申请再审的裁定外，只要当事人对判决不满，均可向法院申请再审，即使再审作出的生效判决，亦无法避免被再审程序挑战。在申诉受理阶段，只要当事人主张的事由是法定事由，即视为符合条件，法院不必过度审查事由是否成立，就可裁定再审[4]。这样的制度设计，使 2007 年《民诉

---

① 上述数据来源：2008—2011 年上海法院司法统计分析。

② 张卫平：《再审事由规范的再调整》，载《中国法学》2011 年第 3 期，第 63 页。

③ 陈桂明：《再审事由应当如何确定——兼评 2007 年民事诉讼法修改之得失》，载《法学家》2007 年第 6 期，第 3 页。

④ 最高人民法院立案二庭编著：《民事案件申请再审指南》，中国法制出版社 2010 年版，第 14—15 页。

法》规定的异议、复议、上诉、申请补正裁判或作出补充判决等普通救济方式不被重视以及很好地利用。如果当事人频繁启动再审以图救济，将损害生效裁判的权威性和法的安定性，也不利于加强正当程序保障之下当事人的自我责任①。

表现之二是，将再审程序设计为多主体均可启动的程序。拥有诉权的当事人、拥有审判监督权的人民法院和拥有检察监督权的检察院均可启动再审，导致多渠道申诉、反复再审的情况大量存在，不仅使民事法律关系长期处于不稳定状态，而且多次再审结果不一致也极大地损害了司法的权威性②。

表现之三是，将再审程序设计为救济对象广泛的程序。现行的民事再审制度，将事实认定、法律适用、法律程序存在的错误或者瑕疵以及审判组织不合法的法院生效裁判，尽数纳入其救济范围内。这使一些原本可以通过普通救济予以解决的问题大量进入再审程序，浪费了有限的司法资源。

（三）事由规范的泛化

如果民事再审制度以全面纠错、普适救济、多元启动、广泛纳入等作为功能定位目标，那么容易将再审事由规范的宽泛化设定作为实现制度功能的方式。

一是采取事由列举与概括并存的立法模式。2007年《民诉法》第179条采用详尽列举的方式规定了当事人申请再审和检察机关抗诉再审的事由，包含了程序瑕疵、法律适用错误、新证据、事实认定错误和审判主体不廉等十余种情形。第182条在此之外增加了一项当事人申请再审的事由，即生效调解书违反自愿原则或者内容违反法律。如此详尽的列举，几乎涵盖了生效裁判的各类瑕疵。而针对法院依职权提起再审的事由，则采取了"发现生效裁判确有错误"这样高度概括的表述，赋予法院较大的程序启动自由权。

二是个别再审事由的抽象化、宽泛化处理。部分再审事由表述较为抽象，对其含义的理解空间较宽泛。例如，"有新的证据，足以推翻原判决、裁定"，"认定的基本事实缺乏证据证明"，"适用法律确有错误"，"主要证据是伪造的或未经质证的"等。这使法院难以准确界定再审启动和终结的标准。尤其是，"认定的基本

---

① 蔡虹：《民事再审程序立法的完善——以〈中华人民共和国民事诉讼法修正案（草案）〉为中心的考察》，载《法商研究》2012年第2期，第23页。

② 江必新：《论民事审判监督制度之完善》，载《中国法学》2011年第5期，第129页。

事实缺乏证据证明"和"适用法律确有错误"似乎已成为启动再审的"金钥匙"，不应当进入再审而进入再审的案件，大都是以这两项事由进入再审的[①]。

三是限制再审事由的规定不足。现行民诉法对申请再审事由的规定较为详尽和集中，相较之下，对当事人不得申请再审的规定却较为零星和分散。例如，2007年《民诉法》仅在第183条规定"当事人对已经发生法律效力的解除婚姻关系的判决，不得申请再审"；又如，《最高人民法院关于适用〈中华人民共和国民事诉讼法〉若干问题的意见》第207条规定："按照督促程序、公示催告程序、企业法人破产还债程序审理的案件以及依照审判监督程序审理后维持原判的案件，当事人不得申请再审。"总体而言，我国《民诉法》对限制再审事由的规定不足，同时，零星、分散的规定方式也不利于再审程序进一步制度化、规范化。

三 完善民事再审事由规范的现实路径选择

再审事由的设置并非仅有精良的立法技术即可解决，立法者应基于对民事再审制度的价值理念和功能定位的正确理解，作出符合司法规律和中国社会现实的路径选择。

（一）民事再审制度的价值定位

在明确民事再审制度的价值定位时，需要考量并衡平司法判定终局性与正当性的关系。

1. 司法判定的终局性

司法判定的终局性与既判力的概念密切相关。既判力，主要指判决确定以后，判决中针对当事人请求而作出的实体判断就成为确定当事人之间法律关系的基准，此后当事人不能再提出与此基准相冲突的主张来进行争议，法院也不得作出与此基准矛盾的判断[②]。既判力最重要的功能，在于通过判决终局性的达成，来帮助人们在观念上确立一种规范的秩序，进而引导社会生活空间内的秩序形成[③]。既判力的概念为司法判定的终局性提供了正当性依据。

---

① 江必新：《民事再审事由：问题与探索——对〈民事诉讼法〉有关再审事由规定的再思考》，载《法治研究》2012年第1期，第4页。
② 王亚新：《对抗与判定：日本民事诉讼法的基本结构》，清华大学出版社2002年版，第338页。
③ 王亚新：《对抗与判定：日本民事诉讼法的基本结构》，清华大学出版社2002年版，第338页。

但在一定条件下，再审制度可以抵消既判力，突破判决的终局性。因此，再审制度是从相反的方向划定了既判力的边界，而且这条边界可随着再审适用范围的调整而推移。世界各国普遍认识到司法判定终局性的重要价值，均在民事再审制度中明确维护判决既判力并在不同程度上限制再审事由。正如日本民事诉讼法专家兼子一教授所说："不惮改错这样的格言，也不能够无条件地适用于审判①。"因此，我国设置民事再审具体制度时，也要充分尊重司法判定的终局性价值。

2. 司法判定的正当性

司法判定的正当性同样是司法追求的重要价值目标。司法实践中，判决的既判力、司法判定的终局性并不是绝对的，民事诉讼制度也要为因不当判决而遭受侵害的当事人提供救济途径，以平衡司法判定的终局性与正当性之间的关系。

要维护司法判定的正当性，就有必要通过再审制度纠正"不当判决"，但从当前情况看，"不当判决"的判断标准并不容易界定。因为所谓判决"实体内容有误"、"程序违法"含义模糊，立法者有必要对"不当判决"的内涵作出清晰明确的界定，以便于司法实践操作。

"不当判决"的判断标准与既判力的正当化息息相关。通说认为，既判力正当化的根据在于制度安定的需要和当事人在诉讼中获得的程序保障，以及作为其逻辑归结的当事人自我责任②。由此可见，既判力的正当化，首先根源于法律对适用实体规范而成立的权利义务关系的确认。原则上，只要当事人的程序权利得到了充分保障，即可认为诉讼程序正当，由此形成的判决的既判力即有了正当性，如果当事人仍要在实体上对判决内容提出挑战，法律一般不再允许；即便允许，法律也应加以严格限制，以避免司法判定的终局性受到较大冲击。

3. 终局性与正当性的衡平

根据上述分析，民事再审程序要平衡司法判决的终局性和正当性，并不容易。比较稳妥的方案，是在维持既判力稳定的前提下，综合考虑审判和诉讼的主体、诉讼程序的结构、社会上一般人的意识等因素，在维护法律状态稳定和努力纠正错案之间巧妙地进行价值衡量和选择，并不断优化再审制度，尤其注重对再审事由及期限进行调整。

---

① ［日］兼子一、竹下守夫：《裁判法》（新版），有斐阁1979年版，第270页。
② 王亚新：《对抗与判定：日本民事诉讼法的基本结构》，清华大学出版社2002年版，第353—354页。

（二）民事再审制度的功能重构

依托于民事再审制度价值的不断调整，再审制度功能定位亦需进一步细化和优化。

1. 特殊救济程序

再审案件审理的对象是已经产生既判力的法院裁判，从兼顾法律关系的稳定与判决的正当性出发，再审程序应当被定位为具有补充性质的"特殊救济程序"。与普通救济程序不同，再审程序与既判力存在实质的、内生的冲突，故法院启动再审程序时应当非常慎重。

同时，普通救济与特殊救济的适用应当是有先后顺序的，只有普通救济程序已经穷尽且无效的情况下，当事人方可诉诸特殊救济程序。我国立法上应设置限制条件，对应当先行寻求普通救济而未提出相关主张的当事人，原则上不允许其寻求特殊救济，以强化民众的"穷尽普通救济"意识，并将再审程序作为补充性的特殊救济机制。

2. 单一主体启动程序

在民事再审制度中，当事人有权以诉讼的方式对不公正裁判主张国家救济，从理论上看，再审提起权属于诉权。但我国现行审判监督程序有着较为浓厚的职权主义色彩，"法院依职权提起再审"和"检察院抗诉或提出检察建议"方式使国家公权力过分介入了再审程序，并造成了再审程序运行中的种种弊端。

2012年《民诉法》进一步加强了民事检察监督。按照全国人大常委会法工委副主任王胜明的说法，"加强检察机关监督源于审判实践中确实存在司法不公，司法权威不高"[①]。因此，在立法者看来，司法不公现象的存在是当前强化民事检察监督的根本原因。但是，民事纠纷的私权性和民事诉讼中三角形结构，要求民事检察监督保持"谦抑性"，其界限在于不侵害私权自治性，不破坏"当事人平等对抗、法官居中裁判"的程序构造，不违背依法独立审判和审判终局性原则。

从长远来看，在民事再审制度的调整过程中，让民事再审提起权回归当事人，才是正确的方向。我国应当逐步构建救济型民事再审制度，在再审程序提起时遵循当事人主义，给予当事人程序上的充分保障，形成再审诉权对审判权的有效制约。

---

① 《我国修改民诉法强化检察机关民事审判监督权》，载新华网，http://news. xinhuanet. com/legal/2012-08/31/c_112921688. htm，2012年9月15日访问。

另一方面，在这一制度下，当事人请求救济应以诉权为依据，立法者可以设定诉权行使的条件限制，且随着当事人诉权消耗，当事人将不可能无限制地请求再审。

3. 有限纠错程序

为了维护司法裁判的终局性，再审制度只能实行有限纠错，其制度设计必须权衡救济利益与救济成本的关系。再审制度应当坚持"再审事由重大明显原则"，即只有在裁判具有重大且明显瑕疵时，方可启动再审程序，作为例外情况突破法院判决既判力。因此，立法者在确定再审事由时应当慎重进行权衡：一方面，即便确定裁判"确有错误"，如果没有达到"重大且明显"的程度，原则上不应当启动再审程序；另一方面，如果确定裁判中存在"重大且明显"的错误，就意味着确定裁判已经陷入无效、或使当事人的权益遭受到重大损害，此时通过再审纠正错判获得的利益将大于维护既判力和法安定性的利益，应当启动再审。

(三) 民事再审事由规范的改造

从再审制度的基本定位出发，民事再审事由规范的改造应遵循如下路径：

1. 范围的限缩

从上文分析可知，无论是 2007 年《民诉法》还是 2012 年《民诉法》，民事再审事由规范不仅针对重大程序违法的生效裁判，还针对实体错误的生效裁判。

程序性违法事由应当限于严重剥夺当事人诉讼程序权利的情形，只有严重的程序违法才能寻求再审救济。以管辖为例，管辖主要是法院审判工作的内部分工，因此违反管辖导致的错误不宜通过再审加以救济，2012 年《民诉法》删除"违反法律规定，管辖错误"这一事由非常有必要。此外，2012 年《民诉法》删除"违反法定程序可能影响案件正确判决、裁定"的事由，也代表了正确的方向。

同时，再审事由不宜涉及案件事实的认定。我国的上诉审不仅涉及法律问题，也涉及事实问题，加之事实的认定在时间维度上越接近案件的发生时点越接近真实，因此，案件事实认定问题完全可以在普通诉讼程序中处理，法院并没有必要专门启动再审程序对事实认定加以救济。

2. 层级化分类

首先，再审事由的规定可采取"限制列举"而非"部分列举"的方式，即取消诸如"兜底条款"之类的表述[①]，将再审事由严格限定在条文具体列举的事由，

---

① 例如，取消《民事诉讼法》第 179 条第 2 款规定的"违反法定程序可能影响案件正确判决、裁定的情形"。

原则上不再允许当事人根据其他事由提起再审。

其次，将民事再审事由区分为"绝对性再审事由"和"相对性再审事由"两项。绝对性再审事由又称为程序性再审事由，大都是原生效裁判严重违反诉讼程序的事由，其设置目的在于维护诉讼的严肃性。相对性再审事由，一般指实体处理确有错误，从而损害了一方当事人的实体利益，因此可将其类型化为实体性再审事由。在实践区分中，绝对性再审事由所涉及的权利一般属于当事人的基本程序权利，除此之外的均为相对性再审事由。

一旦出现绝对性再审事由，不论该事由是否与生效裁判有因果关系，都必然要启动再审程序，不允许法院进行自由裁量，依该类事由启动再审程序也不以当事人在诉讼程序中对此类事由提出过异议为前提。然而，对于相对性再审事由，法律可以设定启动再审的前提条件；同时，对于相对性再审事由所涉权利，当事人应该主张而没有主张的，则将失去提起再审的权利。

3. 明确化处理

在对民事再审事由进行前两步的修改后，立法者还应进一步明确各项民事再审事由的含义及适用条件，这是属于立法技术范畴内的工作。

在进行民事再审事由的明确化处理时，《审监程序解释》中一些运行成熟的规定，值得吸纳与借鉴。一方面，可将法律适用类事由明确为：适用法律与案件性质明显不符的；确定民事责任明显违背当事人约定或者法律规定的；所适用的法律规范对本案不具有适用效力的；违反法律溯及力规定的；违反冲突规范选择适用规则和法律推理规则的；违反法律解释规则且明显违背立法本意的。另一方面，可将"对原判决或裁定结果有实质影响的新证据"明确为：原审庭审结束前已客观存在庭审结束后新发现的证据；原审庭审结束前已经发现，但因客观原因无法取得或在规定的期限内不能提供的证据；原审庭审结束后原作出鉴定结论、勘验笔录者重新鉴定、勘验，推翻原结论的证据。

改革探索

培育优秀法院文化成果
促进审判事业健康发展

王秋良*

强调文化建设，是因为文化具有感染、激励、凝聚、约束、辐射的重要功能。"在任何一项伟大的事业后面，必然存在着一种精神力量，尤为重要的是这种精神力量一定与该事业的背景有密切的根源。"法律文化、法院文化就是审判事业背后的这种精神力量。法院文化可以引导法官的价值取向，决定法官的道德评判，激活法官的思维认知，制约法官的行为失范，并从根本上影响法院的凝聚力和战斗力。

一 端正认识，用法律思维看待文化建设

法院文化有广义与狭义之分。广义上涉及法律规范完善、司法制度改革、法律素养提升和对法律的认同和感知，概而言之是文化建设触及社会管理层面，为司法完成其应尽的社会责任奠定基础。狭义的法院文化涉及司法公正、高效廉洁、法院形象、职业道德、价值理念、行为规范等以及承载这些精神产物的物质载体。

在法院文化建设问题上往往容易走入三大误区：一是将文化建设与审判工作割裂开来，使文化建设虚无化，忽视文化建设与提高审判质效、提升队伍整体素养的内在联系，忽视法院文化建设对法院工作的根本性、基础性和长期性的推进作用。二是曲解文化建设的内涵，把法院文化内涵大而化之，或将法院文化与业外传统文化等同起来，把文体活动、读书活动、竞赛活动看作是文化建设的代名词，一说到文化建设就想到文体活动、联欢旅游。三是急功近利、盲目仿效，看

---

* 上海市闵行区人民法院院长。

样学样不分情况，指望立竿见影，列出几条宗旨，总结几条经验即可，没有打造法院文化特质和长期扎实营造的思想准备。

真正的法院文化是通过对法官群体的文化培养与培育，将法律知识与法律技能以及司法职业道德不断内化，从而最终在法院范围内形成某种对司法活动共同的看法，并以此指引自己的行为，体现公正、精神、对外形象和法院特色亮点。它是一个长期的、渐近的过程，也是需要全体法官和工作人员共同精心打造的过程。每一名法官都要以围绕审判工作这一中心，投入到文化建设中去，做先进文化的传播者、维护者，用法律的思维和视角去看待法院文化，建设法院文化。法院文化建设要指向"公正"。对人民法院而言，公正体现在两个层面，第一个层面是通过案件裁判体现出来的公平和公正。因此，法院文化建设必须关注法律认知和理性思考方法的形成，关注人民群众对司法公正的需求，将文化建设与落实上级法院促进审判公正的精神结合起来，与解决庭审质量、文书质量、审判效率方面的突出问题结合起来，以文化建设促进裁判公正，以文化建设服务司法公正，以公正审判彰显法院文化建设的职业特质。第二个层面是通过在工作管理和人际关系处理中营造办事公道、平等待人、处事公正、追求正派的氛围，体现公平与公正。法院文化建设要指向"包容"。包容的基础是尊重和维护公民的权利。包容产生自信，自信才不会浮躁，才能心平气和地求同存异，才能接受批评和促进各种思想的交流。有了包容之心，大量的民事争端就会有回旋的余地，法官的裁判就会有更多的合理性而不会显得"站着说话不腰痛"，我们的干部就不会嫉贤妒能而会赢得更多的认同和信任。法院文化建设要指向"责任"。权利和责任相应而生，在其位、谋其政、行其权、尽其责。法官要对历史负责，对司法事业负责，对人民群众负责，也要对自己负责。信息时代，法院的文书、法官的庭审，在某种程度上说，已不仅仅是某一时间段，少数人和特定人可见的司法过程。因此，必须强调法官的职业责任感和社会责任感建设，努力把司法过程打造的白璧无瑕，作为法官形象和审判文化的展示，减少合理怀疑和不必要的误解。好的经验可以看一看，借鉴一下。重要的是，将"责任"的视点放在高处，而将"责任"的落点放在实处。法院文化建设要指向"诚信"。诚信是社会信任的基石，是市场经济的内在要求，也是人的自由发展应有的品质。人无信不立，国家公职人员更要有诚信。遵守法律适用的规则，注重效率及时裁判，依章办事严格执行制度，以此可以创造诚实守信的司法环境；在案件处理时，注重保护诚实守信方的利益，对欺骗失信予以惩处，在文化软环境建设上突出对传统美德的提倡，以此可以为社会创造诚实守信的舆论环境。

二　找准要点，以文化建设引导法院工作

从逻辑学上说，一个概念的内涵越多，那么这个概念的外延越小；反之，一个概念的内涵越少，那么这个概念的外延越大。也就是说，对一个事物的规定越多，符合规定的事物就越少；你对一个事物的规定越少，符合规定的事物就越多。人民法院文化建设不但有内在功力，还有外在张力，所以对法院文化的内涵的定义不用过多过细，这样就可以留出更多的余地去丰富他的外延。

文化建设重点应围绕三方面展开：一是提升质量确保公正。应当看到，许多案件的法律适用和处理思路还值得商榷，一些上网的裁判文书经不起推敲。要善于自查，从中吸收教训，找出对策，形成机制，不断改进。二是提高效率均衡发展。强调效率是中国特色法律制度和人民群众迫切司法需求的产物，在审判质量意识增强的情况下，这种意识不能弱化。开展文化建设，就必须将文化建设的触角延伸到审判质效管理上。在借鉴现代管理理念构建高效、严密、协调、规范的管理体系方面；在强化审判管理提升管理科学性方面，在建章立制防微杜渐抓落实方面，研究形成问题的文化原因，发现完善过程的文化因素，用好拾遗补缺的文化形式，打造改进提升的文化环境。三是营造氛围培育团队精神。要树立"院荣我荣、院辱我辱"的团队意识。法院文化具有激励和培育人的功能，他的要素成长发育的过程就是法官精神境界、文明道德素质得以提高的过程。法官的行为不仅取决于个体心理的需求与动机，而且还取决于他所在的群体文化环境。培养团队精神要求院、庭领导秉持宽容、公平之心对待法官的需求。有欢迎提建设性意见、愿听取批评改进工作的心态，要适当拓展诉求表达机制，彼此传递管理者与被管理者的观点和看法。

三　准确定位，促法院文化建设特质形成

主体：法院文化建设的主体是法官，但也不能将其他人员排除在外。当前，基层人民法院不但有法官群体、书记员群体，还有聘任制人员群体、文员群体、临时用工群体，以及少量行政事业编制人员。不同序列的人员有不同的文化要求，

他们每一个人都是团队的肌体细胞，每个个体的价值观、精神面貌、工作状态都与整体团队的形象息息相关。法院文化作用的发挥，需要全体人员的积极认可和深度参与。只有共同参与，法院文化建设才有生命力，才能收集更多的创意，出现更多的亮点。

目标： 打造一流干警队伍——忠诚、为民、公正、廉洁。形成一流管理制度——完善、科学、有效、落实。营造一流工作氛围——积极、和谐、支持、共进。树立一流职业形象——崇法、明理、亲民、善断。建设一流工作环境——安全、有序、健康、优雅。

路径： ①增强认同度与参与度。群众是真正的英雄。文化建设要善于动员、组织、引导参与，获得切身的感受，才能在工作中体现出文化的要求，群策群力，创意无限。第一，对提炼出的法院文化的价值体系和理念要能被不同序列的群体认同并认为可接受。第二，重视交流和沟通，让每个人明确自己所处的位置及应付出的努力。第三，要学会和运用领导艺术、管理艺术，将文化目标要求于工作部署之中。第四，多了解群众正确意愿，多解决实际问题。第五，建立成就展示和表扬机制，培养法官成就感，创造一个能充分发挥积极性、创造性、和谐性的文化氛围，搭建想干事、能干事、干成事的舞台。②内化于心、固化于制、外化于形、实化于行。"内化于心"主要是以构建法院文化理念体系和发展战略体系为重点，树立适应社会需求的法律思维方式和价值取向。"固化于制"主要通过实施有效的制度来加强团队建设，建立适应法官队伍发展要求的行为准则和岗位规范，以此促进制度创新和素质提高。"外化于形"主要是开展形象塑造，"实化于行"就是踏实地去开展工作，使文化建设成为传承司法文明的载体、展示司法形象的平台。③围绕即定内容有组织、有类别、有措施的推进。无论是制度文化、精神文化、物质文化还是其他文化分类，都要从实际出发，统筹规划，突出重点。既不搞形式主义，又防止抽象化。④避免文化建设与审判工作推进"二张皮"。首先，法院文化建设必须依照本单位的实际来设计，不要想找到一个"放之四海而皆准"的文化体系来照搬。要尽可能发动群众智慧，利用各种媒介开展讨论、征集活动，在"大家文化大家建"的过程中捕捉真知灼见。其次，法院文化体系的主线要围绕着审判工作的目标要求来设计。第三，要善于通过法院文化建设将审执工作和五个一流工作要求在操作层面上的东西上升到思维层面，再从思维层面指导具体工作。

载体：①有形与无形相结合。即有形制度规定、有形硬件条件、庭审观摩、走廊文化、理论研讨等与润物细无声的教育、关怀、倾听相结合。②固化与机动相结合。比如守望和谐的法文明瓷板画与廉政格言长期固定化、院史陈列长期固定化，而阶段性活动、节点性活动随时间或上级工作要求开展。

四　文化建设应当注意的问题

（一）关注持续性和渐进性

文化建设是把时代的价值观内化的过程，不可能毕其功于一役。有时甚至得从头做起，比如海尔文化建设，就是从规定不准在厂区随地大小便开始的，然后一点一滴的灌输，将企业文化潜移默化地深入到人们的意识中去。法院文化建设是法院自我完善的方式。文化建设与法院是一种长态的共存关系。文化建设本就不能一蹴而就，而是需要一个漫长的过程，经过浸润，日积月累。当今，社会现实的复杂性和司法能力的有限性，使得法院常常为各种社会弊端和社会不公买单。这对法院文化建设提出了系统性、科学性的更高要求。我们的法院文化建设必须克服浪漫主义和激进主义的倾向，认识到面临的形势任务，建立起近期目标、中期目标和远期目标。比如开展学习型法院建设，如果把它定为中长期目标，那么今年中心组学习、法官讲坛、法官宣讲活动作为短期目标就要跟上去。每一个目标之后跟的是具体行动，但不能认为只要有几个行动就万事大吉，更不能集中行动，拔苗助长。

（二）关注建设成果的展示与推介

文化建设成果展示本身就可视为文化建设的一种载体，他对充分发挥先进文化在指导法院实际工作、塑造法官精神理念、规范法官执法行为等方面具有积极意义。一要注重阶段性成果的展示与推介。二要注重体系性成果的展示与推介。通过展示与推介活动，对内引发思考、相互借鉴、寻找共鸣，通过他人的文化建设成果督促自己在文化建设上创新思维和启发动力。通过展示推介活动，对外展示形象，运用一定的媒介，展现文化建设成果，提升整体形象。

简易程序扩大趋势下的
效率困境与理性反思

———— 任素贤* 秦现峰**

2012 年 3 月 14 日,《全国人民代表大会关于修改〈刑事诉讼法〉的决定》在第十一届全国人民代表大会第五次会议上获得通过。在修改后的《刑事诉讼法》中,简易程序的适用范围得到了有力拓展,从原来的仅适用于"依法可能判处三年以下有期徒刑、拘役、管制、单处罚金"的案件,扩大至基层人民法院管辖的所有适格案件。简易程序扩大的理想目标是促进诉讼效率的提高,然而基于动因不足等问题所导致的效率困境仍然可能无法破解,值得深入思考。

一 现状初探:简易程序固有功能难以充分发挥的现实困境

(一)简易程序的适用率相对较低

《刑事诉讼法》修改之后,简易程序的适用范围在立法上得以扩展,这是对司法现状和司法经验的认可与总结,新简易程序的适用案件包含了之前司法实践中基层法院适用简易程序和普通程序简化审的两类案件。在考察新的简易程序的适用率时,我们可以综合考虑实践中简易程序和普通程序简化审这两类程序的适用情况。据统计,2002 年全国公诉案件适用简易程序审理率只占已起诉公诉案件的8. 27%①。为了提高诉讼效率,2003 年 3 月 14 日,最高人民检察院、最高人民法院和司法部联合颁布了《关于适用简易程序审理公诉案件的若干意见》和《关

---

* 上海市第一中级人民法院刑事审判第二庭副庭长。

** 上海市第一中级人民法院刑事审判第二庭书记员。

① 童建明主编:《新刑事诉讼法理解与适用》,中国检察出版社 2012 年版,第 209 页。

于适用普通程序审理"被告人认罪案件"的若干意见（试行）》（以下简称"两简意见"）。从司法实践情况来看，这两部司法解释取得了较好的现实效果，适用简易程序和普通程序简化审的案件比例大幅提升。"从统计数据看，近年来人民法院判决的公诉案件中，判处 3 年有期徒刑以下刑罚的占 65％。在全部判决的公诉案件中，适用简易程序的约占 40％，而在判处 3 年以上有期徒刑以上刑罚的案件中，适用普通程序简化审的案件已占 30％左右。"[①] 根据以上数据可以推出，近年来在人民法院判决的全部公诉案件中，适用简易程序和普通程序简化审的案件约占50％。因为新的简易程序是原简易程序和普通程序简化审的合集，由这一数据大致可以推断出新的简易程序的适用率大约在 50％左右。虽然这一比例已经较为可观，与原简易程序最初的司法实践状况相比已经有了较大的进步，但这一数据与国外一些国家相比还是存在一定的差距。以美国为例，由于辩诉交易在该国司法系统中充当着繁简分流的重要角色，所以有学者一般将辩诉交易视为美式的简易程序。"在纽约，1839 年的统计表明，25％的有罪判决来源于有罪答辩，10 年后有罪答辩率上升至 45％，到 1869 年，上升至 70％，而且有罪答辩持续上升直至20 世纪 20 年代的 90％。"[②] "目前，美国联邦和各州约有 90％的刑事案件是以辩诉交易的方式结案的。"[③] 以此为参照，我国简易程序的适用率仍处于较低的水平，存在较大的提升空间。

（二）过分推崇简易程序导致的效率背反

社会转型、经济转轨、观念转变……织就了转型期的当代中国，转型孕育着新生，新生无法避免阵痛。社会矛盾突出和刑事犯罪高升不降便是社会转型期阵痛的现实表现，犯罪案件的上升性与司法资源的有限性已成为一对突出的矛盾。为了提高司法效率、减轻司法负重，适当扩大简易程序的适用范围成为必然的选择。但是，正所谓过犹不及，在相关的配套制度不健全的情况下，过分推崇简易程序可能带来效率的背反。在司法实践中广泛存在这样一种现象，被告人在一审中认罪并同意适用简易程序以期法院对其从轻处罚，却在一审宣判后，以其行为

---

① 童建明主编：《新刑事诉讼法理解与适用》，中国检察出版社 2012 年版，第 212 页。
② See Douglas D. Guidorizzi, *Should We Really "Ban" Plea Bargaining? The Core Concerns of Plea Bargaining Critics*, Emory Law Journal, Vol. 47, 1998. 转引自左卫民等：《简易刑事程序研究》，法律出版社 2005 年版，第 53 页。
③ 陈瑞华：《比较刑事诉讼法》，中国人民大学出版社 2010 年版，第 419 页。

不构成犯罪或者一审判决量刑过重为由提出上诉。这种情况，虽然一审时适用简易程序貌似提高了诉讼效率、节约了司法资源，但是实际上由于一审未能案结事了，二审程序的频繁启动，从整体上看反而拖累了诉讼效率。简易程序改革的初衷便是基于诉讼效率的追求，这种效率背反的情况值得重视。

二 原因探究：实际运行中种种矛盾与困惑的理性反思

法治，从来都不是立法者的文字游戏，而是人民的实践。法治改革必须从司法实践中吸取营养，否则立法者许下的良好改革愿望便会成为镜中花。新简易程序的实施效果有待实践的检验，可以断定的是，担负了繁简分流重望的简易程序改革在实践中将会充满矛盾和困惑，其主要原因有以下几个方面：

（一）被告人对适用简易程序动因不足

新《刑事诉讼法》关于简易程序修改的一个亮点就是赋予了被告人程序选择权，即简易程序的启动须以被告人的同意为前提。但是，改革中忽略了对适用简易程序的被告人宽宥处罚的制度，这将会导致被告人同意适用简易程序的动力不足。

简易程序的适用是以被告人放弃一定的诉讼权利为前提的，如果法律未给予这种放弃以优待，被告人将丧失选择适用简易程序的动力。如在"被告人李某妨害作证案"中，法院询问其是否同意适用简易程序时，李某反问如果其放弃部分诉讼权利以同意适用简易程序，对其有何意义。现在，法官或许还可以回答，同意适用简易程序可以获得从轻处罚的待遇，但是新法律实施后却不能摆脱无法可依的状况：一方面，新《刑事诉讼法》中并不存在被告人同意适用简易程序可以获得从轻处罚的规定；另一方面，司法实践中，被告人同意适用简易程序所获得的从轻待遇和普通程序中的认罪并无二致。既然同意适用简易程序与否对被告人最终的定罪量刑结果影响并不是很大，法律又怎么能够寄望被告人为了国家的诉讼效率而放弃自己的部分诉讼权利去同意适用简易程序呢？

这一问题在原《刑事诉讼法》中同样存在，由于被告人同意适用简易程序的动因不足，导致了简易程序适用率的低下。为了解决这一问题，最高人民法院、最高人民检察院和司法部在颁布的"两简意见"中均增设了"从轻处罚"的规定。从某种意义上讲，这是"两简"适用率大幅提升的主要原因之一。人是理性的，甚至是自私的，都存在自利的倾向。被告人在作出是否同意适用简易程序的决定前，在其内心深处必定存在着一番利益的衡量，在计算着放弃一定诉讼权利的得与失。如果放弃的所得大于所失，其就存在放弃的动力，这种价差越大，动力越是充足；如果放弃的所得等于甚至小于所失，其放弃的动力就不复存在。新《刑事诉讼法》并未跳出原《刑事诉讼法》的窠臼，未吸收借鉴"两简意见"的相关规定，被告人适用简易程序动力不足的缺陷依然存在。

（二）被告人、自诉人参与简易程序启动的渠道不畅

新《刑事诉讼法》虽然赋予了被告人和自诉人适用简易程序的选择权，但仍然没有赋予他们适用简易程序的建议权，这种对诉讼当事人自主性重视不足是导致简易程序适用率不高的另一个重要因素。第一，适用简易程序的建议权专属于检察院，被告人、自诉人意见表达渠道不畅。一方面，因为被告人、自诉人不享有程序的建议权，所以向检察院或者法院提出建议的渠道并不通畅；另一方面，当检察院或者法院收到被告人、自诉人的请求时，无论是接受该建议还是拒绝该建议都缺乏相应的法律依据。第二，被告人存在建议适用简易程序的可能性，但是不享有简易程序的建议权。新《刑事诉讼法》第 208 条仅赋予了被告人程序选择权，但是这并非完全的选择权，完全的程序选择权应当包括程序的建议权和同意权。法律规定"被告人对适用简易程序没有异议的"，仅赋予被告人程序的同意权，并不包括程序的建议权。实践中，在案件的审查起诉或者审理过程中，被告人基于早日结案以免受煎熬等原因，存在向检察院或者法院提出适用简易程序审理建议的可能。第三，自诉人也存在建议适用简易程序的可能性，但也不享有程序建议权，这不利于自诉案件中诉讼效率的提高。法律规定享有程序建议权的主体仅有检察院，未赋予被告人、自诉人程序建议权，导致被告人、自诉人在简易程序启动的过程中缺乏表达意见的畅通渠道，不利于简易程序诉讼效率的提高。

（三）被告人参与简易程序能力匮乏

简易程序是以被告人放弃一部分诉讼权利为前提的，其正当性以被告人的同意为前提，这种放弃和同意都以被告人具有一定的能力为基础。新《刑事诉讼法》规定了简易程序的适用须以被告人的同意为要件，却未设立被告人具有行使该权利的充分能力的制度保障。

第一，囿于自身知识、阅历等能力因素的局限，在缺乏专业法律帮助的情况下，被告人作出的同意适用简易程序的意思表示，并不能增加简易程序的正当性。

法律是一门复杂的艺术，种类繁多，浩如烟海，必须经过长期的研习才能窥知其中奥妙。现代法治，博繁而精深，一般公民很难全面理解法律的真实含义。在缺乏专业的法律帮助的情况下，被告人同意与否的意思表示并不能增加相关制度的正当性。第二，被告人参与能力的匮乏将导致上诉的频繁发生，拖累诉讼效率的提高。被告人因为文化程度较低等原因可能无法对适用简易程序的法律后果存在正确的理解，在一审判决确定之后，其基于误解等原因提出上诉的情况也在很大程度上影响了诉讼经济的实现。如在"被告人胡某某诈骗案"中，胡某某在一审中认罪并同意适用简易程序，一审宣判后，胡某某以其不构成诈骗罪、原判量刑过重为由提出上诉。这一上诉理由完全推翻了简易程序适用的前提条件，表明其在同意适用简易程序时很可能存在对法律的误解。

简易程序设置的初衷是提高诉讼效率，可是最终结果却未能定分止争，频繁启动的上诉程序终将导致诉讼效率的低下。被告人认罪并同意适用简易程序后提出上诉的原因通常是对认罪结果抱有过高期望或者误解，后因对判决结果失望和不满而上诉。无论是何种原因，因被告人参与能力的匮乏所导致的上诉不经济已经抵消了一审适用简易程序的经济性。

三 制度修补：兼具效率和实用功能的简易程序制度之完善

简易程序的核心价值是诉讼经济。对于案情简单、事实清楚的轻微刑事案件，通过简化诉讼程序，迅速及时地处理案件，不仅有助于及时修复被告人所破坏的社会关系，也能够节约有限的司法资源①。但是，单纯扩大简易程序的适用范围并不是诉讼经济的唯一途径，借助简易程序提高诉讼效率的关键是提高简易程序的适用率和经济性。同时，在追求诉讼经济时不能盲目的扩大简易程序而忽略了基本的权利保护，否则将导致效率的背反。只有通过深层次分析制度与实践脱节的根源，才能从根本上打开羁绊诉讼效率的绳索。

（一）宽宥处罚制度的建立：解决简易程序动因不足问题

宽宥处罚制度是指在被告人认罪并同意适用简易程序的案件中，对被告人从

---

① 张军、陈卫东主编：《刑事诉讼法法新制度讲义》，人民法院出版社2012年版，第234页。

宽处罚的制度。一方面，被告人同意适用简易程序将为国家、社会节约大量司法资源，作为回报，法律应当对被告人从宽处理；另一方面，适用简易程序可以提高诉讼效率，为了鼓励被告人认罪并选择适用简易程序，对其从轻处罚也是一种激励。

第一，我国的司法实践已经证明了宽宥处罚制度对简易程序的适用率存在重大影响。原《刑事诉讼法》并未规定在适用简易程序的案件中可以对被告人从宽处罚，导致简易程序的适用率一直在低位徘徊。2003 年"两简意见"颁布后，对适用简易程序的案件被告人可以从轻处罚具有了法定依据，简易程序的适用率提升到 40％，该制度的贡献不容小觑。第二，对适用简易程序审理的案件被告人从宽处罚，我国的实践并非孤例。如在意大利刑法典第 442 条规定，"如果被告人选择简易审判程序，且法官判决被告人有罪，法官可以根据被告人的罪行所应判处的刑罚减少 1/3 的幅度"[①]。在美国的辩诉交易过程中，为了获取被告人的有罪答辩，检察官可以降低对被告人的指控或者撤销对被告人的部分指控，这实际上也是对被告人的一种宽宥处罚。

我国现行司法解释规定，在简易程序和普通程序简化审中，人民法院对自愿认罪的被告人，均是酌情予以从轻处罚。在实践中，此优惠量刑幅度几乎等同于普通程序中的被告人自愿认罪，没有体现对被告人适用简易程序的宽宥。而且，原来的简易程序仅适用于 3 年以下有期徒刑案件，不存在减轻处罚之情形。新《刑事诉讼法》实施后，从理论上讲，对适用简易程序案件的被告人最高可以判处有期徒刑 25 年（数罪并罚情况下）。因此，在量刑时可能存在着多个档次，在具体从宽处罚的量刑幅度上，也存在了减轻处罚的可能性。笔者建议，立法应当吸收之前司法解释的规定并予以扩展，对于适用简易程序的案件，可以对被告人从轻、减轻或者免除处罚。综合考虑我国的国情因素和民众的可接受程度，这种减轻、从轻处罚的最高幅度宜设置为 1/4 或者 1/3。具体的从宽幅度，可以由法官根据被告人的犯罪性质、情节及危害后果等自由裁量。

（二）当事人主体地位的强化：解决当事人参与渠道不畅问题

刑事诉讼过程是由国家机关和当事人共同推进的，不能过分地强调国家机关的主导作用而完全忽略了当事人的诉讼主体地位。为了提高诉讼效率，应当提高

[①] 陈瑞华：《比较刑事诉讼法》，中国人民大学出版社 2010 年版，第 419 页。

当事人的诉讼参与程度，并从以下方面强调当事人的诉讼主体地位：

第一，尊重被告人的主体地位，赋予被告人完全的程序选择权。在诉讼过程中，检察院和被告人作为诉讼的两造，具有相对对等的法律地位，在权力和权利的分配设置时也应该考虑双方的对等关系。原《刑事诉讼法》赋予了检察院适用简易程序的建议权和决定权，却未考虑到被告人存在建议适用简易程序的可能性，存在法律上的空隙地带。所以，2007 年 1 月 15 日最高人民检察院发布的《关于在检察工作中贯彻宽严相济刑事司法政策的若干意见》第 18 条规定，被告人及其辩护人提出适用简易程序，人民检察院经审查认为符合法定条件的，应当同意并向人民法院提出建议。可惜的是，在《刑事诉讼法》修改之时未能吸收该司法解释的规定，仅赋予了检察院适用简易程序的建议权，却未赋予被告人该建议权，造成了被告人程序选择权的不完整性。笔者建议，立法应当赋予被告人完整的程序选择权。

第二，尊重自诉人的主体地位，赋予自诉人提起简易程序的建议权。一方面，在自诉案件中，自诉人的法律地位与公诉案件中的检察院公诉人的职能地位大致相同，自诉人应该享有与检察院公诉人大致相同的诉讼权利（力）；另一方面，自诉人通常是刑事犯罪案件的受害人，他们通常更希望案件能够得到快速的审结以平衡心中的忿恨之气。新旧《刑事诉讼法》对此均无规定，我们建议应当比照检察院的程序建议权规定增设自诉人的程序建议权。

第三，设立检察院量刑建议制度及控辩协商机制。被告人同意适用简易程序的最重要心理动机之一是获得法律的宽恕，无论是希望适用简易程序后获得的宽宥处罚，还是期望认罪后的从轻处理，量刑的期待总是绕不开的因素。实践中，也往往因为量刑结果没有达到预期，导致被告人反悔上诉，甚至申诉不断的现象。为了较好的解决这一问题，平衡被告人的心理预期，检察院在建议适用简易程序时可以对案件的量刑结果作出相对确定的量刑范围建议。该量刑建议在征询被告人关于适用简易程序的意见时，一并送达被告人，以保证被告人完全理解适用简易程序所可能的法律后果，并作出有效的参与决定。这种检察院提出量刑范围的建议并以此为基础征询被告人意见的过程就是控辩协商的一种具体形式，经过如此的控辩意见交流，双方对最终结果的可接受度将大幅提升，可以有效的降低案件的上诉率，实现案结事了，提高诉讼效率。

（三）强制辩护制度的引入：解决被告人参与能力匮乏问题

简易程序的改革，将简易程序的适用范围扩展至基层法院管辖的所有一审案件。与其他国家的相关制度相比，这一改革是大胆而激进的。如在日本，"简易公审程序……死刑、无期或者一年以上短期惩役、禁锢的重罪，不适用该程序"①。当然，也有一些国家对于重罪也可以适用被告人认罪类型的简易程序，如在美国，辩诉交易并不存在范围限制。但是，被告人享有获得律师帮助的权利。在一般情况下，辩诉交易都发生在检察官和辩护律师之间。我们认为，为了提高被告人的参与能力，增强简易程序的正当性，以提高简易程序的有效经济性，对于可能判处 10 年以上有期徒刑的简易程序案件被告人，如果其缺乏经济能力而未委托辩护人的，应当实行强制辩护制度。

1. 强制辩护制度引入的理由

首先，从理论上讲，"无救济则无权利"。第一，交换的保障。被告人在刑事诉讼中处于较为不利的地位，为了保障其能够自主地行使程序选择权，仅仅在"宣读起诉书后，审判人员应当询问被告人对起诉书指控的犯罪事实的意见"是不够的。尤其是在被告人有可能判处 10 年以上有期徒刑的重罪案件中，被告人放弃了重要的诉讼权利而作有罪答辩，其更应该享有充分的辩护权，作为对其放弃部分诉讼权利的交换保障。第二，社会的回报。简易程序中，被告人认罪且同意适用简易程序节约了社会资源，作为社会对其的回报，法律需要对其权益加强保护。第三，误认的存在。简易程序中，被告人虽然认罪，但是由于其对事实和法律的认知能力的限制，可能存在误认的情况。如被告人实际上可能是正当防卫等，却误认为自己犯了罪。第四，程序的补正。简易程序中，因为被告人已经认罪，人民检察院和人民法院对案件事实和证据的审查程序不如普通程序中要求得那么严格，需要为被告人指定辩护人，保障其权益，防止错案的发生。

其次，从实践上讲，部分地区的司法实践已经证明了简易程序中强制辩护制度的可行性。如北京市高级人民法院、北京市人民检察院、北京市司法局联合发布的《关于简化适用刑事普通程序审理被告人认罪案件实施细则（试行）》第 6 条规定，为保障被告人的合法权利和理智地自愿认罪，人民法院应当为没有委托辩护人的认罪被告人指定辩护律师；第 9 条又规定，简化适用刑事普通程序的案件，

---

① 张军、陈卫东主编：《刑事诉讼法新制度讲义》，人民法院出版社 2012 年版，第 238 页。

应当具备的条件之一是：有辩护律师参加的第一审公诉案件。在上海地区，浦东新区等适用简化审程序审理的案件，人民法院也都是为被告人指定辩护人的。这一制度能够充分保障被告人的合法权益，北京、上海等地区简化审程序中的指定辩护制度值得推广。

最后，从比较法上讲，国外的相关立法例值得借鉴。如德国《刑事诉讼法》第418条规定，对于地方法院以简易程序审理的案件，预计要判处剥夺自由至少6个月的时候，对尚无辩护人的被指控人，要为其指定辩护人。其他国家，因为简易程序一般仅仅适用于罚金、缓刑以下刑罚的案件，故对此没有特别规定。我国《刑事诉讼法》修改后将简易程序的适用范围覆盖于重罪案件，德国《刑事诉讼法》有关简易程序中强制辩护制度的规定值得我们借鉴。

2. 强制辩护的适用情形

第一，强制辩护的适用不应当是无条件的。首先，为简易程序案件全部指定辩护不符合简易程序设立的宗旨。新《刑事诉讼法》颁布实行后，基层人民法院存在大量需要采用简易程序审理的案件，应采用经济、高效的方法，如果为所有的被告人指定辩护人，将带来时间上的拖延，难以体现简易程序提高诉讼效率的优点。其次，为简易程序案件全部指定辩护不符合我国的司法国情。我国各个地区经济发展不平衡，不宜将指定辩护的范围设立过于广泛。虽然北京等地在简化审程序中已全部采用指定辩护制度，但综合考虑我国司法资源的有限性，结合我国的经济和社会发展不均衡的现实状况，不宜将此范围设置得过于广泛。再次，简易程序案件全部指定辩护与普通程序的规定不相平衡。目前我国普通程序审理的刑事案件尚未做到全面指定辩护人，考虑二者之间的平衡，目前不适宜将这项工作全面铺开。最后，之前的地方实践和国外立法例也没有对简易程序案件做到指定辩护的全面覆盖。北京等地的指定辩护仅适用于简化审程序，即为指定辩护增设了刑罚条件，仅限于被告人可能判处3年以上有期徒刑的案件。德国的立法也存在6个月以上有期徒刑这一刑罚条件的限制。

第二，强制辩护适用的具体条件：一是刑度条件，被告人可能判处10年以上有期徒刑的。可能判处10年以上有期徒刑的案件是公认的重罪案件，综合考虑我国的经济发展状况、司法资源的供给能力及简易程序与普通程序的平衡，暂时将强制辩护制度设定为可能判处10年以上有期徒刑的案件是较为合理的。当然，随着经济和社会的发展，强制辩护制度的覆盖面应当随之拓展。二是经济条件，被告人必须存在经济困难等原因。被告人享有获得律师帮助的权利，这种权利首先应该由被告人自己行使。如果被告人自身存在委托辩护的经济条件而未委托辩护的，系其对辩护权的放弃，国家与社会没有必要浪费国家和社会的资源为其指定辩护。在诉讼资源较为紧缺的现实困境之下，有限的公共司法资源应该优先满足最困难的社会群体。

四　结语

简易程序的改革最终服务于有中国特色的稳定有序、充满竞争与活力的和谐社会建设，因此，简易程序改革的总体战略应是在正确、深刻地认识和把握我国当前刑事司法现状及其发展规律的基础上产生的。简易程序的改革应该着眼于实践中普遍面临的动因不足、渠道不畅等问题，在扩大简易程序适用范围以提高诉讼效率的同时兼顾被告人的基本权利保护，从而促进又好又快的简易程序制度蓝图的实现。

诉讼程序中限制出境措施的完善与救济
——对公民出境自由的限制与救济

董礼洁 *

一 引言

限制出境措施在诉讼程序中运用得比较广泛，针对的主体主要是诉讼参加人或者被执行人。但是，当法院根据一方当事人的申请限制另一方当事人出境后，被限制出境的当事人如果获得胜诉，一旦其向法院提起诉讼，要求申请人赔偿其因限制出境所导致的损失，法院是否应当支持其诉讼请求，这在实践中争议较大。这种争议很大程度上是限制出境制度本身的不完善所导致的。作为诉讼强制措施的一种，限制出境措施虽然在实践中运用得很广泛，但是，其制度设计仍具有一定的缺陷，容易导致对公民出境自由的不当限制。本文借鉴相关制度，对限制出境措施与公民出境自由之间的冲突进行分析，并通过制度设计对这些冲突进行调和，拓宽对错误的限制出境决定的救济途径，以期实现这两者的平衡。

二 限制出境措施与公民出境自由的冲突

（一）法定限制出境措施的种类与目的

根据我国诉讼法及相关司法解释的规定[①]，限制出境措施主要有两种：一是

---

* 上海市第一中级人民法院民事审判第一庭助理审判员。

[①] 我国现有刑事诉讼、民事诉讼、行政诉讼三大诉讼制度，限制出境措施主要在刑事诉讼和民事诉讼中广泛使用；行政诉讼中由于诉讼主体的特殊性以及诉讼请求的模式化，限制出境措施运用得较少，且根据《最高人民法院关于执行〈中华人民共和国行政诉讼法〉若干问题的解释》第97条的规定，人民法院审理行政案件，除依照行政诉讼法和本解释外，可以参照民事诉讼的有关规定。故本文不再单独对行政诉讼中限制出境措施进行分析，相关内容可参照民事诉讼部分的论述。

在刑事诉讼中，对涉外刑事案件的被告人及法院认定的其他相关犯罪嫌疑人，法院可以决定限制其出境，对开庭审理案件时必须到庭的证人，可以要求暂缓出境；① 二是在民事诉讼中，对不履行法律文书确定义务的被执行人，法院可以对其采取限制其出境的措施。② 这两种限制出境措施运用于诉讼程序的不同阶段，其目的也不尽相同。刑事诉讼中的限制出境措施运用于案件审理阶段，其目的是为了确保被告人、犯罪嫌疑人到庭参加案件审理；而民事诉讼中的限制出境措施运用于执行阶段，其目的是为了保证生效裁判的执行。

（二）限制出境措施运用范围的拓展

在司法实践中，限制出境措施的运用范围有了一定的拓展。为了保证民事案件审理的顺利进行和将来生效裁判的执行，限制出境措施的运用范围拓展到了民事诉讼的审理阶段。法院可能会应当事人的申请，通知有未了结民事案件的当事人不得离境。这种拓展一定程度上获得了最高人民法院的认可。最高人民法院在《最高人民法院关于进一步做好边境地区涉外民商事案件审判工作的指导意见》（法发〔2010〕57 号）中认可了这种做法，但是，最高人民法院也对限制出境措施的运用作出了明确的限制，将其范围限定在涉外民事诉讼中③。

（三）公民出境自由与限制出境措施的冲突

限制出境措施究其实质是对出境自由④的限制，尽管这种限制可能对某些公民的影响非常小。但是，不可否认，限制出境措施仍然是对于本国公民和外国公民的自由和权利所施加的限制。一般而言，这种限制对于不同的主体影响程度是不同的：就未长期定居他国的本国公民而言，限制出境措施对其的影响可能仅限

---

① 参见《最高人民法院关于执行〈中华人民共和国刑事诉讼法〉若干问题的解释》第 322 条的规定：对涉外刑事案件的被告人及人民法院认定的其他相关犯罪嫌疑人，可以决定限制出境；对开庭审理案件时必须到庭的证人，可以要求暂缓出境。限制出境的决定应当通报同级公安机关或者国家安全机关。

② 参见《中华人民共和国民事诉讼法》第 231 条的规定：被执行人不履行法律文书确定的义务的，人民法院可以对其采取或者通知有关单位协助采取限制出境，在征信系统记录、通过媒体公布不履行义务信息以及法律规定的其他措施。

③ 参见《最高人民法院关于进一步做好边境地区涉外民商事案件审判工作的指导意见》（法发〔2010〕57 号）第 7 条。我国的民事诉讼和商事诉讼都适用民事诉讼法，本文将它们统称为民事诉讼，不再进行区分。

④ 出境自由是迁徙自由的一种，也经常与入境自由合称为出入境自由。出境自由包括短期从一国境内移居他国境内的自由，如出国旅游、参观、访问、学习和探亲等，也包括长期定居他国甚至脱离国籍的自由。出境自由的主体有国籍国的公民，也有短期或者长期留居本国的外国人。参见汪进元：《人身自由的构成与限制》，载《华东政法大学学报》2011 年第 2 期，第 11 页。

于精神层面，即不能通过出国旅游、学习、探亲等获得精神上的愉悦；就外国公民或者长期定居他国的本国公民而言，限制出境措施所产生的消极影响较为严重，可能直接涉及个人的生存，如在中国短期旅游的外国人，因限制出境措施而长期滞留在中国，缺乏收入来源，导致其生活无着。这种情况下，限制出境措施对于外国公民造成的消极影响是非常巨大的，公民出境自由与限制出境措施之间的冲突也表现得最为剧烈。这种冲突就其实质是两种价值之间的冲突，公民的出境自由所保护的是个人的自由权，而限制出境制度所保护的则是一种公共的秩序，即司法程序的完整性和生效裁判的执行力。在限制出境制度下，这两种价值是相互冲突的，此时，我们就要慎重地进行选择，考虑更需要获得保护的是哪一种价值。这种选择不是一成不变的，需要我们根据现实情况来选择，通过程序的规范来保障。下文主要是从制度完善层面论述，如何在这两个相互矛盾的利益中进行取舍，在何种情况下应当优先保护某一种利益。

三　根据被限制出境主体的不同进行衡量

根据我国相关的法律规定，可以适用限制出境措施的主体以下三类：一是涉外诉讼的当事人，包括涉外民事诉讼的当事人和涉外刑事诉讼的当事人；二是民事诉讼的被执行人；三是涉外刑事诉讼的证人。但是，对于这三类主体适用限制出境措施的目的并不相同，我们应当结合立法目的，对相应的制度进行解释和完善，平衡各种利益。

（一）涉外诉讼的当事人

法院对于涉外刑事诉讼和涉外民事诉讼的当事人都可以采取限制出境的措施。在刑事诉讼中，法律允许对尚未定罪的犯罪嫌疑人或者被告人采取一定的限制人身自由的措施，如刑事拘留、逮捕等。即使犯罪嫌疑人、被告人没有被羁押，侦查机关或者司法机关也会采取一定的措施，如监视居住、取保候审等，这些措施都是对当事人人身自由的限制。相较于前述这些措施，限制出境措施是对当事人影响最小的一种。故对于涉外刑事诉讼的当事人采用限制出境措施不存在利益衡量问题。因为涉外刑事诉讼当事人已经丧失了人身自由，当然也就丧失了出境自由。刑事诉讼法及其相关司法解释没有对适用限制出境的条件作出明确规定，法院可以根据案件的具体情况，依职权决定是否对当事人采取限制出境措施。

在民事诉讼中,限制出境措施的适用范围仅限于涉外民事诉讼的当事人,其中,既包括中国人,也包括外国人;既包括自然人,也包括法人等社会组织。法院对于涉外民事诉讼的所有当事人都可以采取限制出境的措施,但是,对外国人采取限制出境措施,应当从严掌握,必须同时具备以下条件:①被采取限制出境措施的人只能是在我国有未了结民商事案件的当事人或当事人的法定代表人、负责人;②当事人有逃避诉讼或者逃避履行法定义务的可能;③不采取限制出境措施可能造成案件难以审理或者无法执行①。从上述规定可以看出,法院是否对涉外民事诉讼当事人采取限制出境措施的主要考量因素,不是保证当事人或者当事人的法定代表人、负责人亲自参与案件审理,而是为了保障此后生效裁判文书的执行。这是民事诉讼与刑事诉讼的最大区别。一般情况下,刑事诉讼中,被告人或者犯罪嫌疑人已经丧失了人身自由;而民事诉讼中,当事人并未丧失人身自由,且其可以委托代理人代为出庭应诉。这也就导致了在刑事诉讼和民事诉讼中,法院采取限制出境措施的理由有所区别。

(二)民事诉讼中的被执行人

根据我国民事诉讼法第231条的规定,被执行人不履行法律文书确定的义务的,人民法院可以对其采取限制出境措施。这里所称的被执行人是指在民事诉讼法规定的执行程序中,与申请执行人相对的应当履行生效法律文书所确定义务的人。针对被执行人设置限制出境措施有两重目的:一是防止被执行人转移财产或者逃避义务;二是限制被执行人的高消费行为。因此,对于中国公民而言,其出境的目的主要是为了满足精神层面的需要(除非其有证据证明出境是由于工作原因由单位委派其出境工作),故对于未取得外国长久居留权的中国公民而言,利益的选择相对较为明确,应当更为注重保护司法程序的完整性和生效裁判的执行力;而对于外国公民或者取得外国长久居留权的中国公民,限制出境措施不仅是对其出境自由的限制,还有可能影响其生存权,此时,法院应当慎重审查,根据其是否有转移财产或者逃避义务的意图或者行为来决定是否对其采取限制出境措施。

(三)涉外刑事诉讼中的证人

在涉外刑事诉讼中,除了当事人以外,法院对于开庭审理案件时必须到庭的

---

① 参见《最高人民法院关于进一步做好边境地区涉外民商事案件审判工作的指导意见》(法发〔2010〕57号)第7条。

证人，可以要求暂缓出境①。虽然，这里的表述为"暂缓出境"，但是，其实质就是限制出境。限制出境措施主要是对出境时间的限制，对于涉外诉讼的当事人而言，限制出境措施的效力就是要求当事人在诉讼期间不得离境；对于民事诉讼中的被执行人而言，限制出境措施的效力就是要求被执行人在履行生效法律文书确定的义务之前不得离境；而对于涉外刑事诉讼的证人而言，限制出境措施的效力就是要求证人在出庭作证完毕之前不得离境。由此，我们可以看出，对于涉外刑事诉讼中证人的"暂缓出境"措施就是限制出境的一种，都是要求特定的主体在完成一定行为之前不得离境。

对于涉外刑事诉讼中证人采取限制出境措施的条件只有一项，即证人在开庭审理案件时必须到庭。至于哪些情况属于必须到庭的，应当遵循以下原则：如果证人不到庭将会导致案件主要事实无法查清②，则该名证人在开庭审理案件时必须到庭。法院可以根据案件实际情况对其采取限制出境措施。

四　通过对限制出境制度的完善对利益进行平衡

程序对于实体的制约作用是非常明显的。限制出境措施之所以在司法实践中存在较大争议，主要原因是限制出境制度的不完善，特别是对于作出限制出境决定的程序缺乏相应的规定。下文将通过对限制出境措施的程序进行尝试性的设计来进一步实现利益的平衡。

（一）依职权作出的限制出境措施的决定程序

1. 限制出境措施的启动

在刑事诉讼中，法院依据职权主动对犯罪嫌疑人、公诉案件的被告人采取限制出境措施的情况比较少。这是由于，在公诉案件中可以采取限制出境措施的主体比较多，有公安机关、国家安全机关、检察院和法院③。从时间顺序上看，审

---

① 参见《最高人民法院关于执行〈中华人民共和国刑事诉讼法〉若干问题的解释》第 322 条的规定：对涉外刑事案件的被告人及人民法院认定的其他相关犯罪嫌疑人，可以决定限制出境；对开庭审理案件时必须到庭的证人，可以要求暂缓出境。限制出境的决定应当通报同级公安机关或者国家安全机关。

② 刑事诉讼中，案件的主要事实是指犯罪的时间、地点、过程、被害人等对定罪量刑有重大影响的事实。

③ 参见最高人民法院、最高人民检察院、公安部、国家安全部 1987 年 3 月 10 日联合发布的《关于依法限制外国人和中国公民出境问题的若干规定》。

判阶段位于侦查阶段、审查起诉阶段之后。在之前的诉讼程序中，如果确有需要采取限制出境措施的情况，一般公安机关、国家安全机关、检察院会依照职权采取相应的措施。只有在其他国家机关没有采取限制出境措施，而法院认为应当采取限制出境措施的情况下，才会直接由法院依职权启动该程序。

对于涉外刑事诉讼的证人和自诉刑事案件的被告人，其他国家机关无权对其采取限制出境措施。法院可以根据实际情况，依职权主动采取限制出境措施。

在民事诉讼中，法院有权依职权主动采取限制出境措施的，仅限于被执行人，而不适用于民事诉讼的当事人。根据《最高人民法院关于适用〈中华人民共和国民事诉讼法〉执行程序若干问题的解释》第36条的规定，对被执行人采取限制出境措施的，应当由申请执行人向执行法院提出书面申请；必要时，执行法院可以依职权决定。但是，民事诉讼法和相关司法解释并未授权法院对民事诉讼当事人依职权主动采取限制出境措施，故法院无权依职权采取该措施。

2. 决定的主体和程序

依职权作出限制出境措施决定的主体是法院，但是，法律和相关司法解释并未规定法院内部作出此类决定的主体和程序。本文在此根据诉讼程序的种类、限制出境措施对当事人影响的大小，对决定的主体和程序进行分类探讨，明确各类限制出境措施的决定主体和程序。在刑事诉讼中，无论对中国公民还是外国公民采取限制出境措施，可以由合议庭经过评议程序决定；在民事诉讼中，对中国公民采取限制出境措施，也可以由合议庭经过评议程序决定；在民事诉讼中，对外国公民采取限制出境措施，应当由合议庭评议后，经庭长审核后，报分管院长批准。

3. 告知程序

法院决定采取限制出境措施后，应当制作限制出境决定，并将限制出境决定的内容告知被限制出境人，并告知其提出异议的方式、时间，解除限制出境决定的条件、方式，以及对错误的限制出境决定的救济途径。

（二）依申请作出的限制出境措施的决定程序

在民事诉讼程序中，法院一般是依当事人或者申请执行人的申请对另一方当事人或者被执行人采取限制出境措施。如果是在案件审理中一方当事人对另一方当事人提出的限制出境申请，法院在进行实质性审查之前应当设置一定的前置程序并要求申请人提供担保；如果是在执行程序中申请执行人提出的限制出境申请，法院可以直接审查其合理性，并作出决定。

1. 申请的前置程序

在涉外案件审理过程中，甚至在起诉时，一方当事人（一般是原告方）可能会向法院提出申请，要求限制对方当事人出境。对于这类申请，法院在进行实质性审查前，应当设置前置程序，防止申请人滥用诉讼权利。申请人在提出限制出境申请之前，必须对被申请限制出境人在中国境内的财产进行必要的调查，只有被限制出境人在中国境内没有可供查封、扣押、冻结的财产，或者其财产与诉讼标的的差额较大，申请人才能申请限制其出境。设置这一前置程序可以充分平衡诉讼秩序、当事人诉讼权利以及公民出境自由之间的关系。在民事诉讼中，主要是涉及身份关系和财产关系的纠纷，除了极少数涉及特定身份关系的诉讼（如离婚诉讼）需要当事人亲自到庭参加诉讼以外①，其他案件当事人都可以委托代理人代为行使诉讼权利，故法律并不要求当事人在诉讼期间在一定的地域范围内停留，也不会对当事人出境作出一定的限制。在民事诉讼中，限制出境措施的手段虽然是限制公民的出境自由，但其目的仍然是财产性的，当事人只要能够提供财产担保，法院应当优先采取财产保全措施来保障申请人的权利，而不应当采取限制出境措施。如果通过前置程序，法院发现被申请限制出境人在境内有财产可保证未来生效判决的执行，则应当告知申请人可以采取财产保全措施。如果申请人无合理理由坚持要求采取限制出境措施的，法院应当驳回其申请。

2. 告知错误申请的法律后果并要求申请人提供担保

申请人在提出申请时，法院应当告知申请人错误申请的法律后果，使其明确该法律行为的效果，审慎地作出决定。除申请人确有困难的情况外，法院还应当告知申请人提供相应的担保，担保的金额应当根据诉讼标的确定。

3. 决定的主体和程序

依申请作出的限制出境措施的决定主体是法院，但是，法律和相关司法解释同样并未对法院内部作出此类决定的主体和程序作出规定。司法实践中，对中国公民采取限制出境措施，可以由合议庭经过评议程序决定；对外国公民采取限制

---

① 《民事诉讼法》第62条规定："离婚案件有诉讼代理人的，本人除不能表达意志的以外，仍应出庭，确因特殊情况无法出庭的，必须向人民法院提交书面意见。"该条一直被认为是立法要求离婚当事人亲自到庭的特殊规定。该条规定的目的是为了使法官就是否同意离婚等涉及身份事项的问题更为直接、客观地听取当事人意见。

出境措施，应当由合议庭评议后，报庭长决定。

4. 审查的标准和例外规则

法院决定是否要采取限制出境措施的审查标准主要有两项：一是当事人有逃避诉讼或者逃避履行法定义务的可能；二是不采取限制出境措施可能造成案件难以审理或者无法执行。具体的表现为：当事人有转移财产的行为，当事人在境内没有财产并有出境后不再返回的意图等。法院在审查上述内容以外，还应当设置一定的例外规则来平衡各种利益。这种例外规则可以根据案件的具体情况确定，如在涉外案件中，一方当事人申请对另一方当事人采取限制出境措施，但是，这两方当事人属于同一国籍，且该国与我国之间有司法协助协议的，则法院一般不采取限制出境措施。这主要是从便利性角度出发，在上述情况下，胜诉方的当事人完全可以回到其母国通过相应的途径执行我国的生效法律文书。

5. 告知程序

法院决定采取限制出境措施后，应当制作限制出境决定，并将限制出境决定的内容告知被限制出境人，并告知其提出异议的方式、时间，以及解除限制出境决定的条件、方式等。除此以外，法院还应当告知申请人提供担保的情况，以便于被申请限制出境人选择适当的救济途径。

（三）决定后的异议程序

1. 告知被限制出境人有提出异议的权利

限制出境措施是对公民出境自由的限制，法院在作出此项决定后，应当设置即时的异议程序，为当事人提供最为即时的救济途径。由于限制出境措施具有一定的时效性，法院不可能在作出决定前充分地听取被限制出境人的意见，因此，法院应当在决定采取限制出境措施后立即通知被限制出境人，并告知其可以提出异议以及提出异议的方式、时间、途经等。一般而言，异议可以通过书面方式提出，也可以通过口头方式提出。如果当事人通过口头方式提出异议，则法院应当记录在案。对于异议提出的时间也不能作过多的限制，一般而言，只要在限制出境措施解除之前，被限制出境人都可以提出异议。

2. 告知被限制出境人可以提供担保

在民事诉讼中，法院还必须告知被限制出境人可以通过提供担保来解除限制出境措施。在诉讼阶段作出的限制出境决定，其担保的金额就是该案起诉的标的金额；在执行阶段作出的限制出境决定，其担保金额就是该执行案件的执行标的金额。如果被限制出境人能够提供担保，法院应当接受担保，解除限制出境措施，并告知申请人或者另一方当事人。

3. 异议复核程序

如果被限制出境人提出异议，合议庭应当进行评议，并逐级报庭长、分管院长批准。在限制出境决定程序中设置异议复核程序体现了对被限制出境人权利的保障，使其能够及时地表达自己的意见以撤销对其不利的决定。除了被限制出境人提供担保以外，如果法院认为不解除限制出境措施将会对被限制出境人造成重大的损失或者影响的，也应当解除限制出境措施。所谓重大的损失或者影响，是指影响被限制出境人的生存，或者可能给其造成直接、重担损失的情况，如无意在中国长期居留的外国公民（如短期来中国旅游的游客等）在中国境内无收入来源，对其采取限制出境措施将可能导致其生活无着，或者被限制出境人有理由必须出国的，如出国参加诉讼等。对于上述情况，法院应当认定异议成立，并解除限制出境措施。

五　错误的限制出境措施的救济

对于依职权作出的限制出境决定，如果该决定确有错误，被限制出境人主要通过国家赔偿获得救济；而对于依申请作出的限制出境决定，如果该决定确有错误，被限制出境人可以选择国家赔偿或者民事诉讼途径获得救济，但只能择其一，不能重复获得赔偿。

（一）通过国家赔偿获得救济

我国的国家赔偿主要由行政赔偿和刑事赔偿两种。虽然《国家赔偿法》没有明确规定对于错误的限制出境决定应当适用何种赔偿程序，但是从限制出境决定本身的性质而言，应当根据该法第38条的规定适用刑事赔偿程序①。

1. 赔偿请求人和赔偿义务机关

被限制出境人必然是自然人，如果该自然人是因为其自身的诉讼而被限制出境的，则其有权要求赔偿，被限制出境人死亡，其继承人和其他有扶养关系的亲

---

① 《国家赔偿法》第38条规定："人民法院在民事诉讼、行政诉讼过程中，违法采取对妨害诉讼的强制措施、保全措施或者对判决、裁定及其他生效法律文书执行错误，造成损害的，赔偿请求人要求赔偿的程序，适用本法刑事赔偿程序的规定。"

属有权要求赔偿；如该自然人是作为法人或者其他组织的法定代表人、负责人而被限制出境的，该自然人可就其自身的损失要求赔偿，同时，法人或者其他组织也有权就其自身的损失要求赔偿。如果该法人或者其他组织终止的，其权利承受人有权要求赔偿。决定采取限制出境措施的人民法院是赔偿义务机关。

2. 赔偿的条件

限制出境决定确有错误的，作出限制出境决定的法院应当承担赔偿责任。所谓确有错误主要包括以下内容：一是违反程序规定，如法院未审查前置程序直接作出决定、未及时将限制出境决定及救济方式告知被限制出境人、未按照程序复核被限制出境人提出的异议等；二是违反职权规定，如合议庭未经庭长或者分管副院长批准擅自作出决定等；三是违反实体性规定，如被限制出境人没有逃避诉讼或者逃避履行法定义务的可能、申请人和被限制出境拥有同一国籍等。但是，上述错误如果是由于申请人或者被限制出境人的虚假陈述所造成的，法院不承担赔偿责任。赔偿请求人可以通过民事诉讼途径要求过错方承担赔偿责任。

3. 赔偿方式和计算标准

限制出境措施是对公民出境自由的限制，出境自由属于人身自由范畴，故赔偿的方式和计算标准应当参照侵犯公民人身自由的相关规定，即按照限制出境的期间，向被限制出境人给付赔偿金，赔偿金每日按照国家上年度职工日平均工资计算。

（二）通过民事诉讼获得救济

因限制出境决定而受到直接损害的利害关系人还可以通过民事诉讼途径获得救济。此类案件仅限于依申请作出的限制出境措施中，其原告范围与国家赔偿诉讼的申请人范围基本相同，即被限制出境人本人或者因法定代表人、负责人被限制出境而遭受直接损失的法人或者其他组织。原告能够获得赔偿必须同时满足以下条件：一是限制出境决定的申请人存在恶意；二是被限制出境人遭受实际损失；三是被限制出境的当事人所遭受的损失必须是直接损失。其中第二、第三个要件的认定与一般案件并无差别，而对于第一个要件，即限制出境决定的申请人是否存在恶意则应该从起诉行为和申请行为两个环节进行细致的考量。

1. 起诉行为是否存在恶意

恶意是一种主观状态，但可以通过客观的事实和行为推断出来。如果申请人限制他人出境的是原告，则法院应当首先审查原告的起诉行为是否存在恶意。判断原告的起诉行为是否存在恶意的标准，就是其提起诉讼是否具有一定的合理性。如果原告有合理的理由认为自己的权益遭受侵犯，则其起诉行为就是行使诉权的正当行为，不存在恶意；如果根据相关证据，原告无任何合理理由认为其权益遭受侵犯，则其提起前案诉讼就是恶意诉讼。据此，法院可以推定原告在该案中的任何诉讼行为都不具有合理性，即存在恶意。

2. 申请行为中是否存在恶意

在确认原告的起诉行为不具有恶意的前提下，法院还需要审查原告申请限制他人出境的行为是否存在恶意。一般情况下，原告应当首先对被限制出境人的财产状况进行初步的调查，如果其在国内无固定资产、无收入来源等，且其一旦出境可能导致诉讼程序无法进行或者生效裁判无法执行的，原告才可以申请限制他人出境。如果申请人对于被申请人的财产状况未作调查而直接申请限制其出境的，或者申请人隐瞒被申请人的财产状况，对被申请人的相关情况作虚假陈述的，则可以认定申请人存在恶意。

必须强调的是，在考察当事人的诉讼行为是否具有恶意时，法院应当采取宽松的标准。只有排除当事人的诉讼行为具有任何合理基础的前提下，即当事人明知或者应当知道其权益并未遭受侵害、明知或者应当知道其据以提起诉讼的证据是虚假的，或者当事人明显是希望通过诉讼行为达到限制被当事人出境或者给当事人造成不必要的负担（如阻止当事人至境外出庭作证等），或者当事人采用虚构、隐瞒事实等手段申请法院限制对方当事人出境并获得法院批准的情况下，才能认定当事人的诉讼行为存在恶意。

二审民商事案件快速审理机制的现实与出路

金绍奇 *

为了应对民商事案件的快速增长，解决案多人少的矛盾，随着审判方式改革的深入，各地法院开始探索民商事案件的快速审理机制。其中部分基层法院以我国民诉法规定的简易程序为基础，纷纷尝试在民庭设立速裁组或者单独设立速裁庭，专门审理简单的一审民商事案件。部分中级法院也以我国民诉法第 152 条的规定为基础，在立案庭设立专门的快审组审理简单的二审民商事案件。

一　二审民商事案件快速审理机制的界定

我国民诉法将民商事案件的审理程序规定为普通程序、简易程序和特别程序。就具有普遍意义的简易程序和普通程序而言，前者仅适用于一审程序，后者则适用于一审程序和二审程序。司法实务中出现的快速审理机制并非独立的诉讼程序，而是可以分别归入一审程序中的简易程序或者二审程序中的普通程序，只是存在不同程度的简化而已。

二审民商事案件快速审理机制的产生原因，大致可以归结为：针对日益紧张的案多人少的矛盾，人民法院为提高司法效率和满足人民群众多元化的司法需求主动在现行法律框架下进行探索。实务中，二审民商事快速审理机制往往具有如下特点：审理的案件标的金额较小或者事实清楚，权利义务关系明确，双方争议不大，从类型上看，主要集中于婚姻家庭纠纷、继承纠纷、劳动争议纠纷、损害赔偿纠纷、相邻关系纠纷、房屋居间纠纷、房屋买卖纠纷、房屋租赁纠纷、物业

＊ 上海市第一中级人民法院立案庭助理审判员。

纠纷等方面；由法院内设的专门机构及专门人员负责审理；适用的程序往往较为灵活、简化，并以书面审理为原则；相对于其他案件，通常要求在更短的时间内审结。

虽然对二审民商事案件快速审理机制，目前并无法律明确规定，实务中各个不同的中级法院往往亦存在不同的做法，但结合其产生的原因和基本特点，我们大致可以将其定义为：为了提高司法效率，满足当事人多元化的司法需求，中级法院以专门的机构和人员通过灵活、简化的诉讼程序，对简单民商事案件迅速作出裁判的审理机制。

二　二审民商事案件快速审理机制的积极意义及主要问题

（一）积极意义

应当说，二审民商事案件快速审理机制切实发挥了提高审判效率，减少诉讼成本，满足当事人多元化需求的作用。以上海两个中院为例。上海一中院从 2000 年 7 月开始尝试二审民商事案件的繁简分流，并于 2008 年 1 月在立案庭专门成立了两个简审合议庭，配备 8 名法官、8 名书记员的审判力量。2008 至 2010 年，两个简审合议庭审结的民商事案件依次占全院民商事结案的 38.2％、36.8％、33.5％。上海二中院从 2003 年开始在民事二审程序中进行速裁的尝试。其速裁合议庭编制为 4 名法官、4 名书记员，仅占全院从事民事审判人员的 7％，但 2004 至 2007 年受理和审结的案件分别占全院受理和审结的民事二审案件总数的两成以上①。

（二）存在的主要问题

1. 法律规定的缺失导致二审民商事案件快速审理机制存在失范的风险

二审民商事案件快速审理机制的探索，直接依据于民诉法第 152 条的规定，即"第二审人民法院经过阅卷和调查，询问当事人，在事实核对清楚后，合议庭认为不需要开庭审理的，也可以径行判决、裁定"。关于径行判决、裁定的范围，《最高人民法院关于适用〈民事诉讼法〉若干问题的意见》第 188 条的规定明确为：一审就不予受理、驳回起诉和管辖权异议作出裁定的案件；当事人提出的上诉请求明显不能成立的案件；原审裁判认定事实清楚，但适用法律错误的案件；

---

① 袁秀挺、冯静、陈娇莹：《民事诉讼速裁机制的探索与完善——对上海市基层和中级法院实践的考察分析》，载《人民司法》2007 年第 21 期，第 48 页。

原判决违反法定程序，可能影响案件正确判决，需要发回重审的案件。事实上，上述规定与实务中二审民商事案件快速审理机制并不完全对应。二审民商事案件快速审理机制涉及的适用案件范围、审理程序、审理机构和人员、审结时间、裁判文书的制作等，远远超出上述规定的范畴。同时，不同的中级法院的具体实践由于欠缺明确的法律规定又呈现出不同的状况。这种审理机制法律依据的不足及随意性使得其正当性受到天然影响。

2. 机构设置与审判专业性的冲突

二审民商事案件快速审理机制通常将专门审理机构设在立案庭，这就带来两个问题。第一，当事人的合理怀疑。立案庭，顾名思义，大众的理解就是法院负责立案的部门。案件的审理属于业务庭的职责范围。相应案件由立案庭进行审理，形式上就让当事人存在疑问。第二，法官业务素质的保障不足。现代民商事审判，务求专业化，而负责快审的法官需要全面掌握各类民商事案件的专业知识，有悖于专业化的趋向。同时在条线学习、培训时又容易被业务庭室排除在外，使快审法官在业务方面的知识、信息容易老化、滞后，对于新法律、新政策、新执法标准不能在第一时间了解掌握。

三　二审民商事案件快速审理机制的法理

（一）司法效率与程序保障

二审民商事案件的快速审理机制，在提高司法效率，减少诉讼成本的同时，往往带来当事人程序保障缺失的担忧。

事实上，司法效率与程序保障并非天然存在张力，相反，二者在一定程度上是统一的。现代法治国家的程序保障本身就兼具两方面的内容：一是有关追求达成慎重而正确的裁判之程序保障；二是有关追求达成迅速而经济的裁判的程序保障[①]。也就说，程序保障本身就包含着司法效率的追求。只不过，在不同的程序中，上述两个方面的内容呈现出相当的差异化，各有所侧重。当然，不管何种程序都必须体现出程序正义的基本要求。按照日本学者谷口安平的理解，程序正义在诉讼制度上的表现，体现在三个方面：一是确保利害关系者参加的程序。即，与程

---

① 章武生：《民事简易程序研究》，中国人民大学出版社 2002 年版，第 40 页。

序的结果有利害关系或者可能因该结果而蒙受不利影响的人，都有参加该程序并得到提出有利于自己的主张和证据以及反驳对方提出之主张和证据的机会。二是关于参加"场所"的程序保障。这里的"场所"是指诉讼制度本身，包含着具有公正、中立、独立等性质和法官、律师的人选、训练等各种制度方面的特殊要素。三是程序参加结果的展示。即，审判的结果如果是通过判决表现出来，就必须以判决理由的形式对当事者进行了的主张和举证作出回答①。可以说，任何案件审理程序或审理机制，只要不违背程序正义的基本要求，就不能说存在程序保障缺失的问题。

（二）二审的功能定位与二审案件审理方式

审级制度与二审案件的审理方式有着重大关联。依现行民诉法的规定，我国目前存在四级法院，实行两审终审制，并且二审包括对一审认定事实与适用法律的全面审查。由此，过去相当长的时间内，中级法院一方面受理大量一审案件，另一方面也审理大量不服基层法院裁判的上诉案件，功能定位相当模糊。近年来，为合理配置审判资源，各地不断下放管辖权，三级法院功能也得到重新定位。例如，上海地区从 2011 年开始，明确将三级法院的作用和功能定位为：基层法院发挥基层基础作用，成为化解矛盾纠纷、实现案结事了的主体；中级法院发挥承上启下的作用，成为二审终审、定分止争的主体；高级法院发挥好区域司法权威效应，成为申诉复查、依法纠错与区域适法统一的主体。

中级法院作为二审终审、定分止争的主体，其主要功能仍在于通过审判案件化解纠纷。根据民事纠纷类型化解决的法理，法院审理案件的方式应当与诉讼标的金额、案件性质、双方争议的复杂程度等相适应。因此，我国现行民诉法关于二审案件一律适用普通程序的规定，无疑有悖于纠纷类型化解决的原理，也与中级法院的功能不相适应。这也正是实务中探索二审快速审理机制，对民诉法的刚性规定加以调整的原因所在。

四　二审民商事案件快速审理机制的出路

（一）明确界定二审简易程序

过去国内相关教科书及学者对简易程序的理解，大多停留在对民诉法规定的

---

① ［日］谷口安平：《程序的正义与诉讼》，王亚新、刘荣军译，中国政法大学出版社 2002 年版，第 11—17 页。

解读上，认为简易程序就是指民诉法第 2 编第 13 章规定的基层法院及其派出法庭审理简单民事案件所适用的与普通程序相比更为简化的诉讼程序①。应该说，上述理解并未完全揭示简易程序的本质。简易程序，其核心在于以相对快速、简便的方式解决纠纷。从最广泛的意义上说，简易程序包括了相当丰富的内容，从程序的性质划分，可以分为普通程序中的简易程序和特别程序中的简易程序；从争议标的的金额来划分，又可以分为普通的简易程序和小额诉讼程序；从适用简易程序的法院来划分，可以分为简易法院适用的简易程序、普通法院适用的简易程序和专门法院适用的简易程序；从适用简易程序的审级划分，可以分为初审法院适用的简易程序和上诉审法院适用的简易程序；从简易程序的审理形式来划分，可以分为口头审理的简易程序和书面审理的简易程序；从适用简易程序的案件来划分，可以分为法律规定的简易程序和当事人选择适用的简易程序②。

我国新一轮民诉法的修改，简易程序和小额诉讼程序被排在首要的位置。目前讨论的重点也仍在一审程序中简易程序的改造和小额诉讼程序的构建上，但从民事诉讼法的研究和发展趋势来看，简易程序更应当被界定为基层法院或者中级法院以相对快速、简便的方式审理简单民商事案件的程序。该程序相对小额诉讼程序和普通程序独立存在，适用于民商事案件的一审及二审。

（二）规定二审简易程序的主要方面

1. 适用案件范围

我国民诉法第 142 条规定适用简易程序审理的案件限于事实清楚、权利义务关系明确、争议不大的简单的民事案件③。这一关于简单案件的判断标准，过于主观和抽象。事实上，在案件进入实体审理之前，事实是否清楚，权利义务关系是否明确，争议是否不大往往难以确定④。另一方面，《最高人民法院关于适用

---

① 章武生：《民事简易程序研究》，中国人民大学出版社 2002 年版，第 88 页。

② 章武生：《民事简易程序研究》，中国人民大学出版社 2002 年版，第 92—95 页。

③ 《最高人民法院关于适用〈民事诉讼法〉若干问题的意见》第 168 条对简单民事案件作了进一步解释，"事实清楚"是指当事人双方对于争议的事实陈述基本一致，并能提供可靠的证据，无需人民法院调查收集证据即可判明事实，分清是非；"权利义务关系明确"，是指谁是责任的承担着，谁是责任的享有者，关系明确；"争议不大"是指当事人对案件的是非、责任以及诉讼标的争执无原则分歧。

④ 在一审程序中，由于我国并不实行被告强制答辩制度，实务中也缺乏完备的庭前准备程序，案件本身的复杂程度等在实体审理之前往往难以判断。当然，对于二审案件，以双方当事人在一审中的攻击和防御及一审判决为基础，尚有判断的大致可能。

〈民事诉讼法〉若干问题的意见》及《最高人民法院关于适用简易程序审理民事案件的若干规定》从反面规定了五类不得使用简易程序的案件①。整体上，立法上关于简易程序的适用范围规定得相当狭窄②。而司法实务中，简易程序的适用范围又远远突破了上述规定而显得过于宽泛。

从世界上主要国家及地区的立法经验来看，确定简易程序适用案件的范围基本采用客观化的标准，即主要以标的数额和案件类型来确定③。二审简易程序的适用范围原则上应当与一审简易程序、小额诉讼程序的适用范围一致④。同时允许当事人对一审非适用简易程序审理的案件在二审中申请适用简易程序审理，包括双方当事人的合意选择及依一方当事人申请，由法院依职权决定。

2. 审理程序

简易程序的意义在于提高诉讼效率，节约诉讼成本，因此其本身具有简易性和灵活性的特点。对于二审简易程序而言，为更好地发挥其作用，不宜统一规定一律适用某一特定的审理方式，而应确定以书面审为原则，以谈话审理和开庭审理为例外。

3. 审理机构和人员

鉴于简易程序及普通程序具有不同的程序价值，原则上应当由专门的机构和

---

① 《最高人民法院关于适用〈民事诉讼法〉若干问题的意见》第 169 条规定，起诉时被告下落不明的案件，不得适用简易程序。《最高人民法院关于适用简易程序审理民事案件的若干规定》第 1 条规定，"下列案件不适用简易程序：（一）起诉时被告下落不明的；（二）发回重审的；（三）共同诉讼中一方或者双方当事人人数众多的；（四）法律规定应当适用特别程序、审判监督程序、督促程序、公示催告程序和企业法人破产还债程序的；（五）人民法院认为不宜适用简易程序进行审理的。"

② 曾参与我国《民事诉讼法》立法的杨荣新教授在谈到对此的立法意图时认为：民事案件就其性质可分为简单、一般和复杂三类，其中简单和复杂的案件都是少数，一般的案件居多，从立法的角度考量，简易程序的适用范围比较小。参见唐德华：《民事诉讼法立法与适用》，法律出版社 2002 年版。转引自李霞：《论民事简易程序的规范化》，载《山东大学学报》（哲学社会科学版）2003 年第 2 期，第 104 页。

③ 如法国法规定诉讼标的额在 1 万法郎以下的债权和有关动产的诉讼，由小审法院管辖适用简易程序。《德国法院组织法》规定，其初级法院（即简易法院）管辖诉讼标的额在 10 000 马克以下的案件和租赁、亲子、婚姻、监护、遗产、登记、执行、破产和解等案件。台湾地区"民事诉讼法"除规定关于财产权的诉讼，标的金额或价额在新台币 50 万元以下者适用简易程序外，更列举了 10 种类型的案件，"不问其标的金额或价额，一律适用简易程序"。参见李霞：《论民事简易程序的规范化》，载《山东大学学报》（哲学社会科学版）2003 年第 2 期，第 104 页。

④ 关于适用小额诉讼程序审理的案件是否实行一审终审制，学界尚存在不同意见。参见章武生：《我国民事简易程序的反思和发展进路》，载《现代法学》2012 年第 3 期，第 95 页。

人员来审理适用二审简易程序的案件，这也与目前司法实务的做法相一致。同时，从基层法院速裁庭的实践来看，宜成立单独的二审速裁庭。为保障法官的业务素质，审理适用二审简易程序案件的法官应当定期和审理适用普通程序案件的法官进行轮岗和交流，同时，前者也应当参与后者的各种培训和学习。

需要指出的是，从世界主要国家和地区的立法和司法实践来看，合议制与独任制本身并非区分简易程序与普通程序的标准之一。也就说，在审理适用普通程序的案件时尚存在独任审判的可能。从这个角度，二审简易程序应如一审简易程序实行独任审判，无需组成合议庭①。

4. 审理时间

借鉴目前二审民商事案件快速审理机制的实践，适用二审简易程序审理的二审民商事案件，应当在1个月内审结，在审理过程中发现不应适用简易程序审理，或者当事人一方及双方要求适用普通程序进行审理，经审查决定准许的，亦应当在1个月内决定移送专业合议庭。

5. 裁判文书的制作

适用二审简易程序审理的案件，裁判文书的制作应当简化。对于简化的具体情形，应当依据不同案件类型予以确定。对于一审适用小额程序审理的案件，如允许当事人上诉，在判决驳回上诉，维持原判的情况下，可采用格式化的裁判文书，无需说明裁判的理由；对于其他案件，裁判文书仅需说明当事人诉辩称及裁判理由的要点即可。

---

① 虽然根据现行民诉法的规定，二审案件必须实行合议制，但事实上，在目前二审民商事案件快速审理机制中的实务中，合议制往往沦为形式，案件实质上由主审法官独任审判。

关于案件质量评估数据质量
管理的实践与思考
——基于全面质量管理理论的运用

王保林[*]

一　引言

随着 2011 年案件质量评估体系正式运行，案件质量评估数据日趋成为审判工作的"晴雨表"和审判管理的"指挥棒"。既可利用评估数据反映审判状态，又可凭借评估数据查析审判问题；既可利用评估数据进行审判目标定位，又可凭借评估数据进行目标进度监测。在此背景之下，案件质量评估数据的质量不仅成了案件质量评估工作的生命，而且成了审判管理活动的灵魂。给予案件质量评估数据质量更多的关注，健全案件质量评估数据质量的管理已成为人民法院必须面对的重要课题。本文拟在梳理案件质量评估数据质量管理的现实态势的基础上，运用全面质量管理的基本理论，设计一套案件质量评估数据质量管理体系，为司法实践提供参考。

二　案件质量评估数据质量管理的现状

（一）法律规定的粗糙性

以"中国审判法律应用支持系统"中的"法律法规规章司法解释全库"为数据库，笔者进行了有关案件质量评估数据质量管理的条文梳理。根据梳理结果，可以说案件质量评估数据质量管理在立法层面没有引起足够重视。一是法律文件较少。涉及案件质量评估数据质量管理的法律文件主要有 3 个，即《最高人民法

---

[*]　上海市浦东新区人民法院研究室助理审判员。

院关于加强人民法院司法统计工作的若干规定》、《最高人民法院关于进一步加强司法统计工作的意见》和《最高人民法院关于开展案件质量评估工作的指导意见》。二是主要内容缺失。上述 3 个文件对案件质量评估数据质量管理的规定总体呈现出条文简略性、缺乏系统性和要求倡导性的特征。第一个文件仅仅简单规定了上级法院对下级法院司法统计工作的检查与考核制度，并未涉及其他。第二个文件虽具体提出了"加强统计数据的原始记录、采集、处理、流转、存储、利用等各个环节的管理工作"的要求，但如何操作却无详文。第三个文件虽要求设立案件质量评估数据的来源、台账、核查和举报等基础制度，但也无具体配套措施跟进。

（二）质量内涵的单一性

尽管目前国际上对评估数据质量的统一定义存有一定的分歧，但是各国统计机构都已不同程度地从评估数据提供者、生产者和使用者等多个角度来衡量数据质量，"准确性"早已不再是衡量评估数据质量的唯一标准①。而人民法院对评估数据质量的理解还基本停留在准确性上，评估工作基本以提高数据准确性为出发点，着重防控评估数据虚报、瞒报等不良情形的发生，尽量缩小评估误差。根据问卷调查，"案件质量评估数据质量内涵是什么"（多选），认为"准确性"的有92 人，占100%，"适用性"的有 14 人，占 15.2%，"其他的"有 2 人，占2.6%②。

（三）管理主体的模糊性

案件质量评估数据质量的管理主体不同于其执行主体，执行主体可以根据案件质量评估工作的流程来具体确定，而管理主体却并不如此简单。案件质量评估工作既涉及司法统计机构，又涉及审判管理部门。目前，司法统计机构一般设在研究室，由研究室归口管理，审判管理部门或者单独成立为审判管理办公室，或者合署于审监庭③。这样造成案件质量评估工作的多头管理，谁是案件质量评估

---

① 参见朱建平、陈飞：《统计数据质量评价体系探讨》，载《商业经济与管理》2010 年第 12 期，第 77—78 页。
② 本文采用在 S 市法院发放调查问卷（100 份，回收有效问卷 92 份）、全面统计与抽样统计、走访座谈等社会调查方法。
③ 参见钱锡青等：《基层法院审判管理办公室规范化运作三题》，载《上海审判实践》2012 年第 2 期，第7 页。

数据质量管理的真正主体并不清楚。根据问卷调查,"案件质量评估数据质量管理主体是谁",认为"研究室"的有51人,占55.4%,"审判管理办公室"的有23人,占25%,"不知道的"的有18人,占19.5%。

(四)事前预防的不足性

除了事前缺乏对工作人员的相关培训外,更主要的是,在评估指标设置时往往对由此产生的评估数据质量重视不够。比如,对于当庭裁判率指标的参考标准,最高人民法院仅仅规定当庭裁判包括当庭口头裁判和法官主持调解双方当庭签字的案件。司法确认的调解案件是否包含其中,没有明确,造成实践中做法不一,从而影响案件质量评估数据的真实性。又如,因执行标的到位率指标的统计口径不明确,实践中也存有三个不同做法。一类是总执行到位标的金额与总申请标的金额的比例,仅限于统计初执案件;二类是总执行到位标的金额与总申请标的金额的比例,包括统计初执、恢复执行案件;三类是每个执结案件执行到位标的金额与其申请标的金额之比的算术平均值。再如,对于结案均衡度指标,最高人民法院在《关于加强均衡结案的意见》[法(研)明传(2012)6号]中将其细化为8个二级指标,尽管提高了结案均衡的准确性和精确性,但对审判管理工作人员而言,缺少可操作性,在实现结案均衡的过程中没有操作性指标来指引,仅凭模糊静态管理。

(五)事中控制的薄弱性

根据问卷调查,"在案件质量评估过程中,评估数据质量控制措施哪些不足"(多选),认为"岗位工作人员经常变动、影响卷宗装订和数据电脑录入水平"的有78人,占84.8%,"本院卷宗归档抽查比例有点低"的有20人,占21.74%,"电脑输入数据校验设计不完善"的有40人,占43.48%,"审判管理信息修改不能及时提示"的有35人,占38.04%。通过走访座谈和参考历年审判管理信息修改情况,目前电脑输入数据校验主要是必填项的顺序校验和结案日期、生效日期的逻辑校验,尚缺少重复校验、视觉校验、总数校验、类型校验、格式校验和平衡校验等措施的广泛运用[1],比如,因缺乏总数校验无法有效防止当事人身份证号码输入错误。

---

[1] 参见张凯:《输入数据校验设计与软件可靠性》,载《电脑开发与应用》2004年第2期,第17—18页。

（六）事后检查的低效性

事后检查的低效性体现在三个方面。一是与事前、事中相比，事后检查出来的问题，通过整改，只能有利于今后的案件质量评估工作，而对之前的案件质量评估工作无任何益处，因为基于其作出审判管理决策这一工作已经实施完毕。二是因案件质量评估结果与领导干部政绩有一定程度上的关联，所以，本级法院内管理部门检查业务部门、上级法院检查下级法院必受其或多或少的影响，既要认真查出问题，又要"妥善"处理问题，效果打折。三是因重点检查对象的确定方法欠缺，常规项目检查偏多，同时，检查方式以定时检查为常态，临时抽查运用较少。

三　案件质量评估数据质量管理的合理定位

（一）顺应统计数据质量管理的发展趋势

20 世纪 80 年代之前，在准确性作为统计数据质量代名词的传统思维的指导下，国际统计界着重在于提高政府统计数据的准确性，从数理统计和抽样技术角度，大量研究如何缩小统计误差、控制数据质量[①]。20 世纪 80 年代以后，随着统计数据质量内涵的扩展，为了提高成员国的统计数据质量，国际货币基金组织（IMF）分别于 1996 年、1997 年、2003 年相继颁布了《数据公布特殊标准（SDDS）》、《数据公布通用系统（GDDS）》和《数据质量评估框架（DQAF）》。与此同时，欧盟统计局（ESS）制定了《统计质量管理框架》，经济合作与发展组织（OECD）颁布了《统计活动质量保证框架》，等等[②]。2002 年 4 月，我国正式加入国际货币基金组织（IMF）的《数据公布通用系统（GDDS）》。这些统计质量管理框架的颁布和运行为案件质量评估数据质量管理提供了许多可资借鉴的方法和经验。

1. 质量标准上，注重多元转变

《数据质量评估框架（DQAF）》确立了衡量数据质量的 6 个标准，即诚信保证、方法健全性、准确性、可靠性、适用性和可获得性。《统计质量管理框架》确立了衡量数据质量的 7 个标准，即适当性、准确性、时效性、易得性、可比较性、

---

① 参见孟祥兰等：《宏观统计数据质量规范研究》，载《中南财经政法大学学报》2011 年第 1 期，第 74 页。
② 程开明：《三种国际统计质量管理框架的比较及启示》，载《统计研究》2011 年第 4 期，第 75 页。

一致性和完整性。《统计活动质量保证框架》也确立了衡量数据质量的 7 个标准，即相关性、准确性、及时性、可得性、可解释性、一致性和可信性。

2. 管理理念上，注重过程控制

产品质量是产出的质量，从统计机构的角度是指所提供数据的质量。这些产品生成自一个基本过程或过程序列，因此该产品的质量可能受到过程质量的影响。在理论上，高质量的产品可以通过评估和返工来取得。然而，这不是一个可行的途径，因为它昂贵费时。可行的替代办法是改善过程质量来提高产品质量①。欧盟统计局的《统计质量管理框架》以全面质量管理方法为基础，保证统计过程的基本质量要求。经济合作与发展组织的《统计活动质量保证框架》将统计活动分解为 7 个阶段，针对每一阶段提出具体的质量要求。

3. 机构设置上，注重专门独立

为加强统计质量管理工作，许多国家均成立了一个专门独立的质量管理机构。美国于 1961 年成立了以麦克·波斯金命名的 5 人咨询委员会，专门对消费者物价指数的准确程度进行评价。英国皇家统计学会成立统计数据质量评估工作组，每年对官方统计数据的质量情况进行独立评估，并对外公布评估报告。加拿大由国家审计总长负责统计局的数据质量评审工作。此外，瑞典、芬兰、挪威等国家统计局开展"全面质量管理"项目。

4. 管理机制上，注重方法创新

因各国统计体制各异，质量评价标准不同，管理角度侧重不同，它们创设的质量管理办法也各不相同。即使在同一个国家内，由于统计项目不同，创设的质量管理方法也有所不同。概括起来，主要有如下三种：一是统计机构内部自我评价方法。比如，美国国民核算统计数据评估主要由经济分析局自己来进行。二是邀请统计机构外部专家来评价。比如，在英国，由有关专家、学者组成的英国皇家统计学会工作组，每 5 年一次通过公开会议的形式，来评估政府统计数据质量状况。三是引进国际质量认证标准体系。比如，自 1995 年以来，英国采取 ISO9002 国际质量认证标准体系进行零售物价指数的质量管理工作②。

① 聂富强、崔名铠、向蓉美：《政府统计数据质量内涵的深化与启示》，载《统计研究》2011 年第 5 期，第 73 页。
② 参见余芳东：《国外统计数据质量评价和管理方法及经验》，载《北京统计》2003 年第 7 期，第 55 页。

（二）吸收全面质量管理制度的基本理念

全面质量管理（TQM）就是一个以质量为中心，以全员参与为基础，目的在于通过让顾客满意和本组织所有成员及社会受益而达到长期成功的管理途径。自从 1961 年美国通用电气公司的费根堡姆和质量管理专家朱兰提出全面质量管理概念以来，全面质量管理在各国被迅速应用于各行各业，政府统计工作也不例外。我国在 1982 年第三次人口普查、1985 年第二次工业普查和 1990 年第四次人口普查中，都成功地运用了"统计数据全面质量管理"方法，保证了普查数据的高质量。"统计数据全面质量管理"方法并不断地在工商企业和农村抽样网点等专业统计中推行[①]。全面质量管理制度的基本理念在统计数据质量管理中逐渐清晰，主要有以下三点。

1. 全面质量管理的核心特征

全面质量管理具有三个核心特征，即全员参与的质量管理、全过程的质量管理和全面的质量管理。全员参与的质量管理要求全体员工，无论高层管理者还是普通员工，都要参与质量改进活动。全过程的质量管理必须在统计方案设计、统计调查、数据回收、方法手段的使用、数据处理和数据发布等各个环节把好质量关。其中，统计方案设计是统计数据全面质量管理的起点，统计调查、数据回收、方法手段的使用、数据处理和数据发布等是统计数据全面质量管理的重要过程，而统计数据产品的质量最终是在用户使用的过程中得到评判和认可。全面的质量管理是用全面的方法管理全面的质量。全面的方法包括科学的管理方法、数理统计的方法、现代电子技术等。全面的质量包括产品质量、工作质量和服务质量[②]。

2. 全面质量管理的基本原则

全面质量管理具有五个基本原则，即用户第一、领导作用、预防为先、自检为主和持续改进。用户第一原则要求产品的质量必须符合用户的要求，始终以用户的满意为目标，且将用户的概念扩充到统计数据生产过程内部，即下道工序就是上道工序的用户，不将问题留给用户。领导作用原则要求单位决策层必须对质量管理给予足够的重视，这样才能够使组织中的成员和资源都融入到全面质量管

---

① 参见傅德印、刘晓梅：《贯彻国际标准，建立健全统计数据质量管理与保证体系》，载《统计研究》1994 年第 6 期，第 47 页。

② 参见侯瑜、李晶：《基于 TQM 的统计数据质量管理体系构建》，载《统计科学与实践》2011 年第 7期，第 15 页。

理之中。预防为先原则要求在设计和加工过程中削除质量隐患。自检为主原则要求在全过程的生产中树立强烈的自我质量意识，而不是等到质量部门检验以后才形成质量的概念。持续改进原则要求根据用户需要不断地推进产品质量螺旋上升。

3. 全面质量管理的基本方法

全面质量管理的基本方法就是 PDCA 循环，四个字母分别代表计划（Plan）、执行（Do）、检查（Check）、处理（Action）四个阶段，其主要内容是指在做某事前先制定计划然后按照计划去执行，并在执行过程中进行检查和调整，在计划执行完毕时进行总结处理，具体可为 8 个步骤，如图 1 所示。

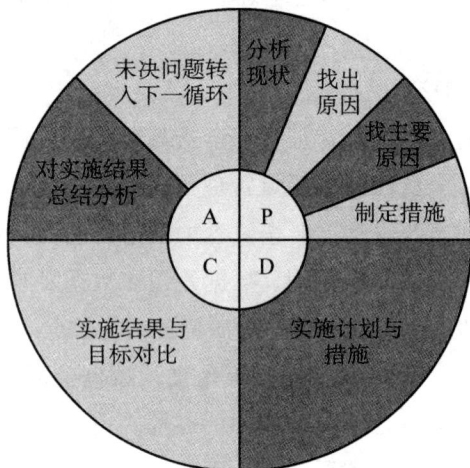

图 1 PDCA 循环示意图

四 案件质量评估数据质量管理的体系构建

这一构建的过程并非简单复制，而是结合案件质量评估工作自身的特点建立相应的评估数据质量管理体系。

（一）质量标准[①]

根据目前统计数据质量丰富的内涵，结合案件质量评估工作需求，案件质量评估数据质量标准有 6 项，具体如下：

---

① 参见朱建平、陈飞：《统计数据质量评价体系探讨》，载《商业经济与管理》2010 年第 12 期，第 78—81 页。

1. 准确性

准确性是指数据收集过程中必须保证数据的真实、准确，从统计意义上讲是评估估算值与目标特征值之间的差异程度。统计误差越小，准确性就越高。

2. 适用性

适用性是指收集的评估数据是否有用，是否符合审判管理工作的需求，具体包含对审判管理工作的适合程度和满足程度两个方面。它要求案件质量评估机构与审判管理部门等用户保持密切的联系，防止案件质量评估数据供应与需求之间脱节。

3. 可靠性

可靠性是指对原始评估数据的处理结果是可信赖的，与人们的直观感受较为一致。这涉及评估人员的专业程度、评估技术的使用程度和对数据差异的修正程度等三个方面。

4. 可比性

可比性是指同一指标的评估数据在时间上和空间上的可比程度。这要求评估的概念和方法在时间上保持相对稳定，在不同地区使用相对统一的评估制度方法和标准分类。

5. 完整性

完整性是指评估数据公布的结果是完整的，包括数据的来源、调查方法、评估指标口径以及对原始数据的处理方法，必要时考虑公布源数据及介绍评估测算方法。

6. 可获得性

可获得性是指审判管理部门等用户从案件质量评估部门取得评估数据的难易程度，包括列明用户从案件质量评估部门可以取得的评估数据内容以及应用先进便捷的评估数据服务方式。

（二）组织机构

1. 建立机构

设立由院长担任主任、副院长担任副主任、各业务部门领导为委员组成的案件质量评估数据全面质量管理委员会，主要负责评估数据全面质量管理的决策和各业务部门相应职责的设定。同时，下设案件质量评估数据全面质量管理办公室，可以合署于案件质量评估工作部门，具体执行、监督全面质量管理委员会关于全面质量管理的决策和要求。

2. 领导负责

建立案件质量评估数据质量院长总体抓，分管案件质量评估工作的副院长具体抓，案件质量评估工作部门的领导直接抓形成的一级抓一级、层层落实的领导负责机制。同时，强化领导自身对案件质量评估数据的质量意识，亲身参与案件质量评估数据的全面质量管理。

3. 全员培训

建立经常化、制度化、规范化的全员业务培训机制，持续保证新进人员的业务水平和不断提高相关工作人员的业务水平，使他们熟练掌握卷宗装订、数据电脑输录、评估数据分析等技能。同时，加强统计职业道德教育，弘扬求真务实、忠于职守的精神。

4. 制定计划

制定科学合理的案件质量评估数据全面质量管理的计划，主要包含数据全面质量管理的主要目标、程序步骤、职责分配以及为完成评估数据全面质量管理所需要的其他因素[①]。

（三）管理文件

按照全面质量管理的要求，遵循先进性、系统性、科学性、可操作性和经济性等原则，将评估数据生产过程文件化，即编写质量手册、程序文件和作业文件三个层次的文件，用以指导和规范全面质量管理活动。

1. 质量手册

评估数据质量手册是对质量管理的核心理念、基本原则、基本方法以及质量标准、组织机构和职责分工的描述，是指导相关工作人员开展质量管理活动的宏观性、基础性文件。

2. 程序文件

程序文件是对某项质量管理工作所规定途径、步骤和职责。在制定程序文件时，我们应当先分析影响评估数据质量的主要问题有哪些，分布在哪些部门和环节，再在这些关键环节设置质量控制点，具体规定相应管理途径、步骤及其主要

---

① 参见马三元：《基于全面质量管理的统计数据质量研究》，载《宏观经济研究》2010年第11期，第67页。

职责。比如，上海市浦东新区人民法院制定的《审判管理信息系统输入手册》。

3. 作业文件

作业文件是对某一业务部门或具体岗位工作要求的详尽描述。在制定作业文件时，我们结合评估数据具体质量标准和该部门或岗位工作内容，根据先前大量的质量记录，将相应职责确定到每一个固定的岗位上，使与评估数据质量相关的每一个环节都受到完备的、系统的控制，并能对导致生产出不符合评估数据质量标准要求的评估数据的所有环节进行追查、纠正并改进。比如，上海高院制定的《书记员卷宗归档实务技能手册》。

（四）过程管理

评估数据质量管理是要从事前预防、事中控制、事后检查和评估改进等全过程地进行质量管理，如下面图 2 所示。

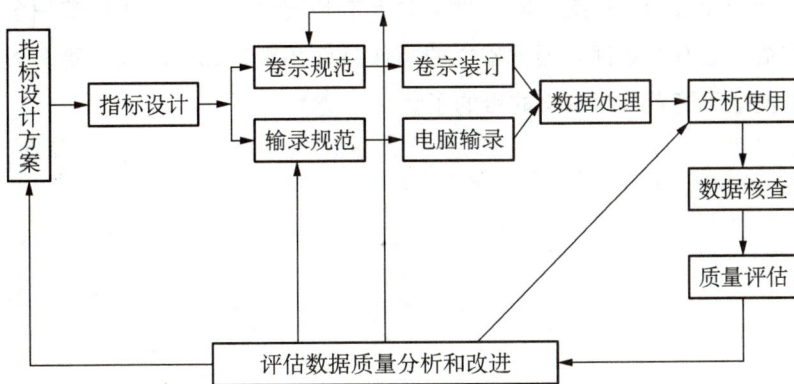

图 2　评估数据质量管理循环图

1. 事前预防

事前预防主要是指评估指标设计工作中对评估数据质量的考虑问题。根据每一个评估指标的价值导向，综合不同诉讼领域、不同法院层级和不同地区等差异，周密设计其评估口径、评估范围和计算方法，最大程度地保证评估数据的质量。

2. 事中控制

事中控制就是从搞好原始记录的卷宗装订、审判信息的电脑输入到抓好评估数据的处理和评估数据的分析运用的全程活动，就是从生产评估数据的工作标准、技术标准，到生产出来的评估数据的全面工作，从而建立评估数据质量全程管理监控体系，按照产品生产流程进行全员管理。

3. 事后核查

事后核查就是对待重点调查的评估数据或汇总的评估数据进行可靠性检验或误差判断工作。对此，我们既可以运用抽样调查法推断总量指标的准确性，也可以运用回归分析法检测评估数据的可信度。

4. 评估改进

在人民法院内部建立评估数据质量评估中心，结合自我事后核查结果、审判管理部门等用户的评价结论等因素，定时对评估数据质量进行评估，根据评估结果不断改进评估数据质量的全面管理工作。

五　结语：奢望成为一个起点

或许受专业限制，抑或习以为常，对于审判质量评估数据质量管理各级法院普遍没有给予应有的重视。因此本文的写作就像拓荒，如果能吸引更多人关注这一问题，便达到笔者撰写本文的目的了。

死刑复核语境下的发回重审

在我国还没有废除死刑的情况下，如果不得以而非要剥夺一个被告人的生命，那么，作为司法者，在终结被告人的生命之前，给予被告人公正、理性的司法救济，不仅可以防止错杀，保证慎杀，而且在一定意义上可以说，直接映射一个国家司法文明的程度。下文以死刑复核程序中的发回重审具有限制死刑适用的功能为线索，对发回死刑案件重新审判的法院以及如何审判发回的死刑案件，提出浅薄之见。

一　发回重审的类型及功能

1. 发回重审的类型

我国《刑事诉讼法》规定，上级法院在特定情形可以将案件发回原审法院重新审判，即发回重审制度。在审判实践，特别是最高人民法院在复核死刑案件过程中被广泛应用。根据不同的标准，发回重审可以分为不同的类型。按照现行发回重审发生的诉讼阶段，可以分为二审程序中的发回重审、死刑复核程序中的发回重审、再审程序中的发回重审和减轻处罚核准程序中的发回重审。

所谓二审程序中的发回重审，是指第二审法院经过审理，认为案件事实不清、证据不足，或者违反法定诉讼程序，可能影响公正审判的，裁定将案件发回原审法院重新审判。如《刑事诉讼法》第 225 条规定，第二审人民法院对不服第一审判决的上诉、抗诉案件，经过审理后，认为原判决事实不清或者证据不足的，可

以裁定撤销原判，发回原审法院重新审判。所谓死刑复核程序中的发回重审，是指死刑复核法院对下级法院报请核准死刑的被告人，不同意判处死刑时，将死刑案件发回中级人民法院或者高级人民法院重新审判。如《最高人民法院关于执行〈中华人民共和国刑事诉讼法〉若干问题的解释》（以下简称《解释》）第 285 条规定，对判处死刑的案件，经过复核，如果认为原审判决认定事实错误或者证据不足的，裁定撤销原判，发回重新审判。所谓再审程序中的发回重审，是指再审案件经过重新审理后，如果原判决、裁定认定事实不清或者证据不足，可以裁定撤销原判，发回原审法院重新审判。所谓减轻处罚核准程序中的发回重审，是指最高人民法院复核在法定刑以下判处刑罚的案件，不予核准的，应当撤销原判决、裁定，可以发回原审法院重新审判。

以发回重审的理由为标准，发回重审还可以分为"事实不清、证据不足型"、"诉讼程序违法型"、"适用法律错误型"、"量刑不当型"四种发回重审。所谓"事实不清、证据不足型"，是指原判决、裁定认定的案件事实不清楚；认定证据不能形成严密的证据锁链，不能得出唯一的结论；证据之间存在矛盾，不能排除合理怀疑；证据本身未能查证属实；或判决有遗漏。所谓"诉讼程序违法型"，是指第一审、第二审法院违反公开审判的规定、违反回避制度、剥夺或者限制了当事人的法定诉讼权利，可能影响公正审判；审判组织的组成不合法、其他违反法律规定的诉讼程序，可能影响公正审判的。如《刑事诉讼法》第 227 条规定，第二审法院发现第一审法院的审理有违反法律规定的诉讼程序的，应当裁定撤销原判，发回原审法院重新审判。《解释》第 285 条规定，对判处死刑的案件，经过复核，发现第一审法院或者第二审法院违反法律规定的诉讼程序，可能影响正确判决的，应当裁定撤销原判，发回第一审法院或者第二审法院重新审判。所谓"适用法律错误型"，是指原判决、裁定事实清楚，证据确实、充分，审判程序合法，但混淆了被告人的犯罪性质，适用罪名错误，或者引用法律条款不当。所谓"量刑不当型"，是指原判决、裁定事实清楚，证据确实、充分，审判程序合法，但对被告人是否应受到刑罚处罚或受何种刑罚，判断失误，处刑畸轻畸重等。

以有无明确的法律规定为标准，发回重审还可以分为"法定型"和"推定型"。前者为《刑事诉讼法》明文规定的发回重审。如上述二审程序中的发回重审。由于我国的《刑事诉讼法》在二审程序中明确规定了发回重审，在再审程序和死刑复核程序中却没有相应的内容。但是，相关司法解释将二审程序中可能引起发回重审的事由，推定在再审程序、死刑复核程序和在法定刑以下判处刑罚核准程序中同样适用，后三者即为"推定型"发回重审。如《解释》中规定的在死刑复核程序中的发回重审和再审程序中的发回重审，以及减轻刑罚核准程序中的发回重审。

由上可见，我国现行的发回重审制度具有如下特点：一是发回重审的理由既包括原判决、裁定事实不清或者证据不足，又包括第一审法院、第二审法院的审理违反法律规定的诉讼程序，还包括适用法律错误，量刑不当，如最高人民法院不同意判处被告人死刑；二是垂直发回，上级法院一般是将案件发回原审法院重新审判；三是授权上级法院自由裁量是将案件发回重审、直接改判还是自己提审。

2. 发回重审的功能比较

2007 年 1 月，最高人民法院发布《关于复核死刑案件若干问题的规定》，确立了具体的死刑复核裁判模式。其中大部分条款就发回重审问题作出了具体规定。客观而论，上级法院在认为下级法院的判决、裁定的事实错误、或事实不清、证据不足，或违反法定程序，或量刑不当时，将案件发回下级法院，由下级法院另行组成合议庭重新进行审判，是追求案件实体真实的必然要求。司法实践证明，发回重审制度在强化下级法院的审判职能，加强上级法院对下级法院的审判监督，保证稳妥、准确地惩罚犯罪，同时保障当事人的合法权益等诸多方面，起到了不可或缺的作用。

就发回重审本身的性质而言，它属于刑事诉讼程序倒流，即公安司法机关将案件倒回到前一个诉讼阶段并进行相应的诉讼行为[1]。它既非一种案件审理方式，也非一种审级制度，它是上级法院处理案件的一种方式。立法设置该制度的目的在于，通过对前一阶段违法程序的消极评价，否定前一诉讼阶段违法诉讼行为的效力，来补救当事人的诉讼权利，保证案件公正审判。然而，这个目的能否实现、在多大程度上实现，除了取决于该制度自身的设计是否正当和公正以外，还取决于其是否被适当应用。如果适用不当或被滥用，必然反过来制约该制度价值、功能的发挥，必然侵犯当事人的合法权益，带来负面效应。审判实际中即出现了被滥用的案例[2]。对此，我们认为，虽然不同诉讼阶段的发回重审，总体上都是为

---

① 汪海燕：《论刑事程序倒流》，载《法学研究》2008 年第 5 期，第 129 页。
② 如魏清安强奸案、佘祥林故意杀人案等。

了案件实体公正处理，但其具体的目的和功能有所不同，着力实现的目标也不一样。司法者首先应当明确该诉讼阶段发回重审的追求目标，进而公正裁判。具体而言，二审程序中发回的案件，由于经过第一审法院的审理，在第二审程序中倒流，"生"于第一审，"流"于第二审，虽然仍适用第一审程序，但与单纯的第一审案件不同。其发挥的功能，在于案件事实、证据、诉讼程序方面，是让侦控机关补充调查，下级法院纠正错误。死刑复核程序中发回的案件，由于被告人面临死刑，人命关天，因此公正和慎用死刑、限制适用死刑无疑成为突出的功能，是否属于"依法不应当判处死刑立即执行"显然成为审查的关键；而再审程序中发回的案件，禁止对被告人的不利益裁判及关注生效裁判的既判力，以及在法定刑以下判处刑罚核准程序中发回的案件，法律的统一适用成为各自最主要的追求目标。

死刑复核程序是我国特有的一项刑事司法救济程序，其目的在于保证准确适用死刑，防止错杀；严格控制死刑，保证慎杀；防止和纠正适用死刑可能发生的偏差和错误，保障死刑判决、裁定适用的公正。发回重审在此语境中，与其他类型发回重审相比，所具有的限制死刑适用的功能则更为突出。

二　重新审判的法院

有学者对发回重审制度自身的正当性和合理性，乃至其存废提出了质疑。如有人认为，我国现行发回重审的标准不明，范围不确定，程序缺乏稳定性，导致循环审判，容易造成法院内部矛盾冲突，提出要重新审视发回重审制度[1]。有人认为，现行发回重审制度"转嫁司法者的失误，让被告人来承担责任"[2]，忽视了对有关当事人尤其是被告人的权利救济。还有人主张废除发回重审制度[3]。诚然，审判实际中不当适用甚至滥用发回重审的现象确实存在，上述论者提出的理由有一定的道理。但是，我们认为，由于案件本身的复杂性，以及囿于人们证明能力和条件，允许诉讼阶段在特殊情况下"程序倒流"，是实现刑事诉讼任务，追求案

---

① 周永军：《重新审视发回重审制度》，载《律师世界》2002 年第 11 期，第 37—40 页。
② 金泽刚：《发回重审案件是否适用上诉不加刑原则》，载《法学》2001 年第 11 期，第 80 页。
③ 张步文、杨加明：《论刑事发回重审制度之废除——解读〈中华人民共和国刑事诉讼法〉第二修正案（学者建议稿）的相关规定》，载《重庆邮电学院学报》（社会科学版）2006 年第 1 期，第 83—86 页。

件实体真实的必然要求。在程序法中存在类似发回重审的诉讼程序倒流制度，这也是世界很多国家都有的先例。因噎废食而废除它实不可取。但是，我们也必须以务实态度对待实际存在的问题。在立法者没有"创造"出比它更完备的制度之前，面对现实对之改革、完善应是最佳的选择。如有人针对原审法院重新审判面临的巨大困难，另行组成的合议庭必然受到承办人意见、原审合议庭意见、审委会意见的影响①，原审法院审判发回案件，难以纠正本院裁判，为避免使新的审判程序又为原裁判机关指挥进行，避开成见发生作用，提出上级法院可以将案件发回异地法院审理②。

我们认为，为保证重审法院发现案件实体真实，提出将案件发到异地法院审理的意见有一定的见地。但为了更加贴近司法实际，增强可操作性，还有必要将其细化。以死刑复核程序中的发回重审为例，提出操作性更强的改革思路。我们主张，根据发回重审的理由而区别对待、分别处理。如上所述，发回重审的理由包括事实不清或者证据不足，第一审、第二审法院的审理有违反法律规定的诉讼程序，适用法律错误和量刑不当（如不应当判处死刑立即执行），相应将发回重审分成"事实不清、证据不足型"、"诉讼程序违法型"、"适用法律错误型"和"量刑不当型"。对"事实不清、证据不足型"的死刑案件，最高人民法院可以直接裁定移送与原审法院同级的其他中级人民法院（原审中级人民法院所在省内）。对"诉讼程序违法型"的死刑案件原则上发回高级人民法院，由高级人民法院按照一审程序审判。其中，属于管辖错误的，直接裁定移送有管辖权的中级人民法院。换言之，改变目前单一"发回"、垂直"发回"的做法，建立"发回"、"移送"双重选择、多向处理的程序倒流机制。

1."事实不清、证据不足型"死刑案件的移送

我国《刑事诉讼法》第 2 条规定，《刑事诉讼法》的任务是，保证准确、及时地查明犯罪事实，正确应用法律，惩罚犯罪分子，保障无罪的人不受刑事追究。因此，最高人民法院复核死刑案件必须对第一审法院、第二审法院裁判认定的犯罪事实享有绝对的审查权，并首先以此为依据作出核准或不核准的裁定。将原判事实不清、证据不足的案件，参照审判实践中，通常将在当地敏感、有重大影响

① 周永军：《重新审视发回重审制度》，载《律师世界》2002 年第 11 期，第 37—40 页。
② 白丽娜：《对刑事二审发回重审制度的在思考》，载《法制与社会》2008 年第 6 期（下），第 243 页。

的案件指定异地法院审判的做法，裁定移送原审法院所在省内的其他中级人民法院，由受移送中级人民法院当地同级的检察机关提起公诉。这样既有利于在第一审查明案件事实，又允许被告人再次提出上诉，可以保证被告人的上诉权利。简言之，将"事实不清、证据不足型"的死刑案件，裁定移送与原审法院同级的其他中级人民法院，是比较好的选择。

在德国，当出现：审理法庭组成不符合规定；依法不得执行审判职务的法官、陪审员参与了判决；有偏袒之嫌的法官、陪审员被要求回避，但最终参与了审判；法院行使管辖权错误；判决是在违反了程序公开性原则的言词审理基础上作出的等情形，即构成"绝对上诉理由"。其中，除了管辖错误交由有管辖权法院审判外，其他案件将发回作出原判决法院的另一个审判机关或者审判庭，或者同一个州的另一个同级法院审判；如果是州高级法院在第一审裁判程序中有上述情形，应当将案件发回该法院的另一个审判委员会①。德国立法避开诚见的考虑，值得肯定。

2. "诉讼程序违法型"死刑案件的发回

"诉讼程序违法型"的死刑案件，由于第一审或者第二审法院的审理违反了诉讼程序，如果将其发回原审法院，恐难消除当事人以及社会公众的疑虑，因为法院"不仅要主持公正，而且要人们明确无误地、毫不怀疑地看到是在主持公正，这一点不仅是重要的，而且是极为重要的"。"原因很简单，公正必须来源于信任"②。将诉讼程序违法死刑案件的一审提高审级，同时保障当事人上诉的权利，可以增强"死刑裁判及诉讼过程的可接受性"③，保证"诉讼活动是根据正当的法律程序进行，则当事人自然会接受相应的裁判及诉讼过程"④。我们主张，对"诉讼程序违法型"的死刑案件，原则上发回高级人民法院，由高级人民法院依照第一审程序审判为宜。

3. 管辖错误死刑案件的移送

对于管辖错误的死刑案件（尽管数量较少，但性质严重），最高人民法院可以直接裁定移送有管辖权的中级人民法院。在日本，当出现：判决法院没有依照法

---

① 《德国刑事诉讼法典》第 353 条，李昌珂译，中国政法大学出版社 1995 年版，第 130 页。
② ［英］丹宁：《法律的训诫》，刘庸安等译，法律出版社 1999 年版，第 86—87 页。
③ 杨正万：《死刑的程序限制》，中国人民公安大学出版社 2008 年版，第 28 页。
④ 杨正万：《死刑的程序限制》，中国人民公安大学出版社 2008 年版，第 28 页。

律规定组成；依法不能参与判决的法官参与案件判决；违反审判公开的规定；管辖违法或者管辖错误，违法受理公诉或者不受理公诉的情形，原判决应当被撤销，并发回重审，或者移送有管辖权的第一审法院，如果上诉法院有第一审管辖权案时，应当作为第一审案件进行审判①。判决主文是"撤销原判决。本案件发回（或移送）某某地方（简易、家庭法院）"。而且移送只限于在原审法院以外同级管辖的法院②。在德国，撤销原判决的原因，是因为原审法院对案件的管辖有错误的时候，上诉法院同时将案件交有管辖权的法院③。这样的立法例具有很高的借鉴价值。

在我国，也存在将案件移送至其他同级法院的类似立法例。《解释》第 270 条规定，对拟在法定刑以下判处刑罚的案件，"应当报上一级人民法院核准，上一级人民法院同意的，应当逐级报请最高人民法院复核；上一级人民法院不同意的，应当裁定发回重审或者改变管辖，按第一审程序重新审理，高级人民法院可指定中级人民法院重新审理。最高人民法院复核在法定刑以下判处刑罚的案件，予以核准的，作出核准裁定书；不予核准的，应当撤销原判决、裁定，发回原审人民法院重新审判或者指定其他下级人民法院重新审判"。这是我国在发回重审案件中，仅有的一处指定其他法院重新审判的范例，可以推广适用。

综上，我们认为，对"事实不清、证据不足型"拟被发回重审的死刑案件，最高人民法院可以直接裁定移送原审法院所在省内其他中级人民法院。对"诉讼程序违法型"而拟被发回重审的死刑案件，最高人民法院可以直接裁定发回相关高级人民法院。对管辖错误的死刑案件，最高人民法院可以直接裁定移送有管辖权的中级人民法院。

三　发回案件的重新审判

如何审判发回的死刑案件，或者说重新审判的裁判结果如何，是衡量死刑复核程序中的发回重审限制死刑适用的功能是否发挥的重要标尺之一。发回后的一

---

① 《日本刑事诉讼法》，宋英辉译，中国政法大学出版社 2000 年版，第 84、88 页。
② ［日］松尾浩也：《日本刑事诉讼法》（下卷），张凌译，中国人民大学出版社 2005 年出版，第 249—250 页。
③ 《德国刑事诉讼法典》第 355 条，李昌珂译，中国政法大学出版社 1995 年版，第 130 页。

审是基础，一审法院的审判工作起着至关重要的作用。

1. 审慎对待补充的证据材料

最高人民法院以"事实不清，证据不足"为由将案件发回或者移送下级法院后，下级法院往往积极协调、组织核查案件事实和证据，经与检察机关沟通后，由检察机关补充侦查或者补充证据，公安机关更是参与积极，紧随其后出具相应的"讯问笔录"、"证人证言"、"情况说明"、"抓获经过及发破案情况"等补充证据材料。且不说其取证或者出具材料的过程、程序是否正当，仅就其内容而言，前后不尽一致甚至互相矛盾的情形亦是多见。很明显，在这个过程中，作为利益无涉裁判者的法院应当坚持的中立性已经不复存在，二审法院（高级人民法院）、一审法院（中级人民法院）在一定程度上扮演了犯罪追诉人的角色，控、审职能难分。因此，我们认为，重审法院对补充证据材料的审查、采信，慎之又慎，应是必然的结论。首先，后补充的证据材料，在证据效力和证明力上，应大打折扣。况且"随着时间的消逝，事实被证明的可能性已愈来愈低，因此，也就无法担保，经由第二次的事实审能获得一较好的裁判"[1]。我们主张，如果补充证据材料系对被告人定罪、量刑有一定影响，不利于被告人的，应禁止对被告人适用最严厉的、不可逆转的生命刑。

2. 严格审查侦控行为的合法性

有人认为，撤销原判，发回重审只能对一审法院实施的几种程序违法诉讼行为发挥一定制裁作用，对其他诉讼阶段（如侦查阶段、公诉阶段）的程序违法诉讼行为则难以发挥抑制作用。我国现行非法证据排除规则制裁的对象也主要是以刑讯逼供为核心的预审讯问行为[2]。诚然，如果上级法院仅仅制裁下级法院审判环节的违法审判行为，而对侦查机关、控诉机关的违法侦查、控诉行为不闻不问，也无力监控，那么，即使能保证审判各个环节都能依法公正、有序进行，也决不能保证整个诉讼活动的公正性。这不是危言耸听。

我国警、检、法三机关分工负责、互相配合、互相制约。在侦诉环节，检警分立，两者都是侦查权的主体，各行其事，各负其责；同时检警制约，双向制约。这与国外实行的检警一体化有很大区别。而《德国刑事诉讼法典》第163条规定，

---

① ［德］克劳斯·罗科信：《刑事诉讼法》，吴丽琪译，法律出版社2003年版，第501页。
② 李奋飞：《通过程序制裁遏制刑事程序违法》，载《法学家》2009年第1期，第97页。

在侦查刑事犯罪范围内，警察只负担着辅助检察院的责任。在法国，检察官具有司法警察的职权，并有权指挥司法警察的一切侦查活动。在英美，检察官不仅有权亲自进行侦查，而且有权对警察机关的侦查发表意见、进行指导。这种设置顺应了侦、控职能合一的基本规律。侦查的最终目的是为控诉服务，查明案件事实、查获、保全证据的目的都是为了在庭审阶段支持控诉。而我国虽然也强调检警之间双向制约，但两机关的平等、分立占据主流，形成事实上的侦查中心主义，检察机关对警察机关在侦查过程中采取逮捕以外的强制措施，以及其他强制性的侦查手段，仅存在形式上的宣言式的制约，以至于刑讯逼供、非法取证等违法侦查、侵犯人权现象时有发生。另外，在我国现行司法体制下，法院同公安机关之间插上检察机关，切断了业务上的联系，互相制约实然缺位，加上尚未建立司法审查机制，法院无法实现对侦查行为的合法性和公正性进行审查。导致在被发回的死刑案件中，非法证据、证据不充分，需要"补充调查"、"补充说明"现象屡见不鲜。

鉴于我国尚未建立审前司法审查制度，对侦控行为的合法性缺乏审前过滤机制，因此，收到发回案件的重审法院应将侦控行为的合法性和公正性纳入司法审查的范畴。一旦发现侦控机关存在程序违法行为，侦控行为的合法性受到辩方的质疑，侦控机关又不能充分证明原侦控行为的合法性，不能作出合理解释的，则应果断排除补充证据材料。在此情形下，对没有达到判处死刑证明要求和证明标准的案件，对被告人不得适用死刑亦是自然的结论。

3. "事实不清、证据不足型"死刑案件，除非新发现的犯罪事实依法应当判处死刑的以外，不得再次判处被告人死刑

我国《刑事诉讼法》第226条规定："第二审人民法院审判被告人或者他的法定代理人、辩护人、近亲属上诉的案件，不得加重被告人的刑罚。"这是上诉不加刑原则。国外有的称之为"不利益变更禁止"，即由被告上诉或为被告之利益而上诉者，第二审法院不得谕知重于原判决之刑。在美国，当被告就有罪判决上诉后，二审法院撤销原判决，将案件发回一审法院更审，更审"法官"（非陪审团）不得判被告较原审判决之刑更重。此乃基于正当程序原则[1]。"禁止不利益变更原则的

---

[1] 王兆鹏：《美国刑事诉讼法》，北京大学出版社2005年版，第20页。

目的在于，使得被告消除其可能在下一级审判中被处以更严厉的刑罚的恐惧"①。《日本刑事诉讼法》第 401 条规定："对于由被告人提出控诉或者为被告人利益而提起的控诉案件，不得宣告重于原判决的刑罚。"《德国刑事诉讼法》第 358 条也作了类似的规定。

　　上诉不加刑是仅仅适用于第二审案件，还是也适用于发回重审的案件，在法学理论界和司法实践部门中有很大争议。有人认为从上诉不加刑原则的价值含意出发，结合实事求是、有错必纠的诉讼原则，对于发回重审案件，应当依据重审认定的案件事实，并在尊重控审关系的基础上，确定发回重审案件是否适用上诉不加刑原则②。我们赞同这一观点。因为事实不清、证据不足而被最高人民法院移送中级人民法院的死刑案件，首先在判处被告人死刑的事实依据、证据依据或者量刑情节方面存在严重缺陷，不符合判处死刑的证明要求和证明标准，即使假定被告人实施的犯罪事实客观存在，其最高刑亦在死刑（不包括死缓刑）之下。依此逻辑，发回重审后，禁止不利益变更，不得判处比原判刑罚更重的刑罚（死刑之下），亦是题中应有之义。因此我们主张，经过重审法院庭审认定的案件事实没有发生变化，即适用上诉不加刑原则，不得对被告人再次判处死刑。在这种情形下，禁止对被告人再次判处死刑。作为例外，如果发现被告人有新的犯罪事实，且依法应当判处死刑立即执行的，则另当别论。

---

① ［德］克劳斯·罗科信：《德国刑事诉讼法》，吴丽琪译，（台湾）三民书局 1998 年版，第 567 页。
② 金泽刚：《发回重审案件是否适用上诉不加刑原则》，载《法学》2001 年第 11 期，第 79 页。

判案评析

同一债务普通担保与连带担保并存时执行对象的选取

——建行 SH 支行申请恢复执行上海 XT 水质净化公司等借款纠纷案

唐荣刚*

【案例要旨】

执行程序中，审查一般保证人的保证责任条件是否成就时，被审查对象应当限定于债务人自身。法院在先执行措施对在后其他被执行人所产生的执行阻却力，当以在先执行措施能够足额兑现债权为前提条件。在执行同一执行标的所并存的一般保证和连带责任保证人财产时，既可分别处置亦可同时予以处置，相互之间不存在执行顺位之考量。

【案情简介】

申请执行人：中国建设银行股份有限公司上海 SH 支行（以下简称 SH 支行）。

被执行人：上海 XT 水质净化有限公司（以下简称 XT 公司）。

被执行人：天津 HQ 磁卡股份有限公司（以下简称 HQ 公司）。

被执行人：上海 PH 物流发展有限公司（以下简称 PH 公司）。

被执行人：上海 DJ 投资发展有限公司（以下简称 DJ 公司）。

被执行人：上海 HZ 商务广告有限公司（以下简称 HZ 公司）。

2004 年 2 月，PH 公司、DJ 公司、HZ 公司共同向 SH 支行出具承诺书，愿就 SH 支行向 XT 公司出借的人民币（以下币种均同）3000 万元承担一般保证责任。同年 3 月，HQ 公司与 SH 支行达成协议，愿就 XT 公司的上述借款承担连带保证责任。因 XT 公司未按约还款，SH 支行遂向法院起诉 XT 公司及四家保证公司。经审理后法院判决如下：XT 公司向 SH 支行归还上述借款及利息；HQ 公司

对上述债务承担连带清偿责任；HZ公司等就XT公司不能履行部分承担连带清偿责任；等等。判决生效后，SH支行遂申请法院强制执行。执行中，法院对XT公司仅有的930余万的资产拍卖偿债后，对HQ公司3200余万元的财产采取了轮候查封措施，在查明三个一般保证人均未有可供执行的财产后，遂裁定本案中止执行。2012年2月，SH支行发现一般保证人——HZ公司有新的可供执行的财产线索，遂要求恢复对HZ公司的执行。

【审判结论】

法院受理后经审查认为，本案债务人已无偿债能力，一般保证人担责的条件已经成就。虽然法院在先对连带责任保证人采取了执行措施，但两份合同之间系独立关系，在先的执行行为不能对在后的其他被执行人产生执行阻却力，故法院决定对发现有新财产线索的一般保证人予以恢复执行。

【评析意见】

评议中，本案存在三大焦点问题：一是在审查一般保证人担责条件是否成就时，被审查的对象能否扩张至债务人的连带责任保证人？二是本案的在先执行查控措施能否阻却法院在后对一般保证人的恢复执行？三是在同一执行标的中，一般保证与连带责任保证并存时，执行对象之间是否存在执行顺位问题？

一 审查一般保证人担责条件是否成就时，审查对象应当仅限于债务人自身

审判实务中，判决书对一般保证人承担保证责任一般仅判明：保证人就债务人不能履行部分承担连带清偿责任。而债务人能否履行债务即一般保证人担责的条件是否成就这一重要事实，一般均由执行法官进行审查。执行法官要对此进行判断，就应当明了保证的相关理论知识。我国《担保法》第6条规定，所谓的保证系指保证人和债权人约定，当债务人不履行债务时，保证人按照约定履行债务或者承担责任的行为。其法律关系涉及三方当事人，即保证人、债权人和债务人。保证人则是指以自身的信用和全部财产为债务人履行债务提供担保，并在债务人不履行债务时，按照保证合同的约定履行债务或者承担责任的人①。保证根据其方式的不同，又可分为一般保证与连带责任保证。当事人在保证合同中约定，债务人不能履行债务时，由保证人承担保证责任的为一般保证。而当事人在保证合

---

① 柳经纬主编：《债权法》（二版），厦门大学出版社2005年版，第71页。

同中约定保证人与债务人对债务承担连带责任的则为连带责任保证。

从一般保证概念可得知，一般保证人承担保证责任的条件是债务人不能履行债务，也就是说债务人丧失继续履行债务的能力是衡量一般保证人应否承担保证责任的必备条件。法院在审查一般保证人担责条件是否成就时，应当根据合同的相对性原则，必须将被审查对象予以特定即严格限定于保证合同所约定的债务人。故在审查本案一般保证人担责条件是否成就时，亦应将审查对象限定于本案债务人——XT 公司这一特定主体身上，而不能将其任意扩大至本案债务的连带责任保证人——HQ 公司。XT 公司与 HQ 公司系各自独立的民事主体，HQ 公司具有偿债能力并不代表 XT 公司具有偿债能力。其偿债能力的有无，与 HZ 公司等应否承担一般保证责任无关。否则，不仅有违合同的相对性原则，而且还会严重背离债权人与保证人签订一般保证合同的初衷。就本案来看，XT 公司已无偿债能力，HZ 公司等承担一般保证责任的条件已成就，故法院可恢复对 HZ 公司的执行。

二 在一定条件下，在先执行措施可对在后的其他被执行人产生执行阻却力，但本案的在先执行措施不足以对在后的其他被执行人产生执行阻却效应

同一执行案件中，存在有多个对债务应各自独立承担偿还责任的被执行人时，法院在先对部分被执行人所采取的执行措施，在一定条件下，必定会对其余的被执行人产生影响。笔者认为，该种影响主要表现为对后者产生执行阻却力。所谓执行阻却力，系指连带或分别负有全额履行执行标的义务的被执行人之间，当法院对部分被执行人所采取的执行措施便能足额兑现案件债权时，即由此产生阻却法院向其余被执行人继续采取执行措施的效力。该种效力，主要是基于在确保债权人债权能够足额兑现的情况下，防止执行措施的过度使用而造成超标的查封、多头评估拍卖等执行浪费现象，进而有效保障被执行人的合法权益，避免在执行中造成社会财富的浪费。

对本案而言，阻却对一般保证人执行的条件有两个：一个是债务人具有偿债能力；另一个便是对连带责任保证人的执行措施能够足额且无障碍地兑现债权。根据案情，第一个阻却条件即无法满足。对于第二个条件，根据案情可得知，法院对连带责任保证人的财产采取的是轮候查封措施。而所谓的轮候查封，则是指对其他人民法院已经查封的财产，执行法院依次按时间先后在登记机关进行登记，

或者在该其他人民法院进行记载，排队等候，查封依法解除后，在先的轮候查封自动转化为正式查封的制度①。从该概念可得知，本案对连带责任保证人的财产尚未实际查控到位，往后能否实际查控到位以及被查控的财产能否足额兑现债权，均系未知数。故本案的在先执行查控措施在无法确保全额兑现债权的情况下，对连带责任保证人在先所采取的轮候查封措施即不能对在后的一般保证人的执行产生执行阻却力，当法院发现一般保证人——HZ 公司有新的财产线索时，仍可对其予以恢复执行。

三 同一执行标的中并存有一般保证与连带责任保证时，各保证人的担责顺序应平等，相互间不应有执行顺位之考量

本案执行中，亦有观点认为，是否应当遵循连带责任保证责任要重于一般保证责任的担责理论，将对一般保证人的执行顺位置于连带责任保证人之后，即对一般保证人的财产只能查封，对其财产进行处置，必须要等到执行完连带责任保证人财产之后？

笔者认为，上述观点是对担保法中连带责任保证责任重于一般保证责任理论的误读。担保法中连带责任保证责任重于一般保证是指，在对同一债务作保时，选择连带责任保证方式时其责任负担将会重于选择一般保证的责任负担，而非指两个相互独立的连带责任保证与一般保证之间，连带责任保证的保证责任就必须重于一般保证。就两种保证责任类型比较而言，连带责任保证较一般保证所加重的责任主要集中在以下两个方面：一是在担责范围上，连带责任保证的责任要重于一般保证。连带责任保证人需就所担保的全部债务，与债务人一道承担连带偿还责任，且该责任不以债务人有无偿还能力和债务人需先行偿还等为前提条件。而一般保证人对所担保的债务，仅需就债务人无力偿还的部分向债权承担偿还责任即所承担的是补充偿还责任。故就同一债务而言，选择连带责任保证其可能承担的责任一般要重于一般保证人。二是在担责的成就条件上，连带责任保证的责任要重于一般保证。连带责任保证人承担保证责任的成就条件是，只要债务偿还日期届满且债务人不履行偿债义务，债权人即可要求连带责任保证人承担保证责

---

① 王飞鸿：《〈关于人民法院民事执行中查封、扣押、冻结财产的规定〉的理解与适用》，载《人民司法》2004 年第 12 期，第 8—12 页。

任。而一般保证人的担责条件则要苛刻得多，其需要主合同经过审判或仲裁，且债务人经依法强制执行后仍不能履行债务的，保证人方需承担一般保证责任。否则，一般保证人可通过行使先诉抗辩权来予以对抗。故从担责条件来看，连带责任保证的保证责任要远远重于一般保证。

笔者认为，连带责任保证重于一般保证的认识也就仅限上述情形，而不能无加限制地扩张至如同本案中同一债务并存有一般保证与连带责任保证等情形中。因为该情形下，各保证合同之间均各自独立，相互之间的法律地位平等，并无高低贵贱之分，保证责任的类型无关乎其他保证人保证责任的轻重，只要各自担责的条件均成就，相互间在担责顺序上并没有孰优孰劣之分，连带责任保证合同无需先于一般保证合同前承担保证责任。故本案在执行两保证人时，两保证人之间不存在执行顺位之考量，只要两个保证合同的担责条件都已成就，在各自担保责任范围内既可对其同时执行也可分别予以执行，但对两者执行到位的总金额不得超出本案的债务总额。

综上所述，本案可恢复对一般保证人的执行，在予后处置一般保证人和连带责任保证人财产时，双方之间亦不存在执行顺位之考量，对所查控的财产，可按照便于处置、经济节约等原则，优先选取易于处置的财产进行变现偿债，但所处置的财产不得超出各自的保证范围和本案的债务总额。

婚姻证明于不动产抵押权善意取得中的价值探究

——黄某某与王某、A银行（中国）有限公司上海分行确认合同无效纠纷上诉案

毛海波[*]

【案例要旨】

当不动产登记所有人以该不动产向银行申请抵押贷款时，银行需对该抵押物的权利归属情况以及登记名义人的婚姻状况等进行审核。如若该不动产的真正所有权属于登记名义人的配偶或者登记名义人与其配偶共有，银行却未对申请人的婚姻状况进行必要而合理的审核，认定申请人具有处分权，进而取得抵押登记，则其不符合善意取得的构成要件，无权据此取得该不动产的抵押权。

【案情简介】

上诉人（原审原告）：黄某某

被上诉人（原审被告）：王某

被上诉人（原审被告）：A银行（中国）有限公司上海分行（以下简称A银行）

黄某某因精神发育迟滞，为限制民事行为人。上海市闵行区古龙路××弄×号×室（以下简称系争房屋）系黄某某名下的房产。

2005年3月1日，王某与其前夫叶某某在上海市嘉定区民政局婚姻登记处登记离婚。

2009年3月18日，黄某某与王某在上海市闵行区民政局婚姻登记处登记结婚。同日，两人至上海市闵行区房地产登记部门，申请将系争房屋产权变更登记为王某一人所有。2009年4月8日，登记机关核准上述产权变更登记，向王某发放了产权证。

2009年4月14日，王某以系争房屋作为抵押，向A银行申请楼宇按揭贷款。

---

[*] 上海市第一中级人民法院民事审判第二庭助理审判员。

次日，A 银行向登记机关查询了系争房屋的产权登记，并确认此房产权人为王某一人。2009 年 4 月 29 日，王某向 A 银行出具了单身承诺函，声明其于 2005 年 3 月 1 日与前夫叶某某离婚，至今未再婚，并提交了离婚证、户口簿以证明其婚姻状况为离异。同日，王某与 A 银行签订了《房产抵押贷款合同（适用于个人消费抵押贷款）》，贷款金额为人民币 65 万元，并向上海市闵行区房地产登记处申请了抵押登记。2009 年 5 月 9 日，A 银行向王某发放贷款 65 万元。2009 年 5 月 11 日，A 银行取得了系争房产的他项权利（抵押）证书。

2009 年 9 月，黄某某向法院提起诉讼，要求确认其与王某之间关于系争房屋的赠与行为无效，恢复产权登记至其名下。法院作出民事判决，责令王某将系争房屋产权恢复登记至黄某某一人名下。然因系争房屋涉及 A 银行的抵押登记，法院的上述生效判决至今尚未得以执行。

黄某某据此提起本案诉讼，认为王某与 A 银行之间签订的抵押合同无效，双方应当注销抵押登记。A 银行则辩称，A 银行已尽到合理的审查义务，因此即使王某对系争房屋不具有所有权，A 银行也因善意取得系争房屋的抵押权，故不同意黄某某的诉讼请求。

【裁判结论】

一审法院认为，不动产登记具有公信效力，即该不动产的登记人推定为真正的权利人，对于信赖该登记而从事交易的人而言，即使此后证明该登记错误，在法律上仍然承认其具有与真实物权相同的法律效果。A 银行在收到王某递交的抵押贷款申请后，对抵押物即系争房屋权利状况进行了物权登记的调查，核实了王某系此不动产登记的唯一权利人，且从王某提供的离婚证和户口簿可以证明王某确实已与前夫叶某某离婚的事实，故 A 银行已履行了谨慎、合理的审查和注意义务。基于对系争房屋产权登记的信赖，A 银行与王某签订抵押贷款合同，取得系争房屋的抵押权，不存在过失，亦无恶意。据此一审法院驳回了黄某某的诉讼请求。

一审判决后，黄某某不服，提起上诉，要求二审法院撤销原审判决，支持其原审诉讼请求。

二审法院认为，王某对系争房屋并无所有权，故其将房屋抵押于 A 银行属于无权处分。根据我国物权法的规定，A 银行的行为只有符合下列三个要件，才得以善意取得抵押权：①受让该不动产时是善意的；②支付合理的对价；③系争房屋已办理抵押登记。A 银行的行为符合第②、③项规定的要件，因而本案的核心是认定 A 银行取得系争房屋抵押登记的行为是否构成善意。

一般而言，银行皆会要求申请人提供相关部门出具的婚姻证明，以审查申请人的配偶是否为抵押房屋的共有人，防止因申请人未经其配偶同意私自设定抵押引起法律诉讼。本案中，A 银行审核了王某提供的房地产权证、离婚证、户口薄等资料，但并未要求王某提供婚姻证明，而是接受了其提交的单身承诺书作为替代。然而，单身承诺书因系申请人自行写书，可能存在与客观事实不符的情形，因此其效力显然低于婚姻证明。A 银行作为金融机构，对此应当具有谨慎义务，如果其能要求王某提供民政部门的材料以证明其确系单身，王某就不可能顺利获取贷款，这亦可有效防止本案诉讼的发生。显然，A 银行未履行必要且合理的审核义务，存在过错，对系争房屋的抵押不构成善意取得，其与王某之间的抵押行为无效，负有注销抵押登记的义务。至于 A 银行与王某之间的法律纠纷，由双方另行处理。据此，二审法院撤销原审判决，并认定王某与 A 银行就系争房屋实行的抵押行为无效，双方应于判决生效之日起十日内至房地产交易中心注销系争房屋的抵押登记。

【评析意见】

一 不动产抵押权善意取得的法律规制

在汉语文本中，善意取得被限定于动产范畴，我国学者对此的经典表述为："以动产所有权之移转为目的，而善意受让该动产之占有，纵让与人无移转所有权之权利，受让人仍即时取得其所有权之谓也"[1]。就不动产可否适用善意取得制度，理论界存在着不同的观点[2]，我国《物权法》第 106 条则持肯定态度。当然，该条所规定的"受让"二字因动产和不动产而存在差异。就动产而言，"受让"是指动产占有的移转；就不动产而言，"受让"是指不动产登记的变更。而不动产受让人的善意是指在办理变更登记的过程中，因信赖转让人为登记记载的权利人而购买了该不动产[3]。由于不动产登记簿中记载的事项具有公信力，交易相对人仅须查阅相关登记即可了解不动产的权利状态，并依此取得不动产上的权利，有助

---

[1] 梅仲协：《民法要义》，中国政法大学出版社 1998 年版，第 536 页。

[2] 如梁慧星、陈华彬等学者认为善意取得制度只应适用于动产，高富平、叶金强等学者则主张不动产亦得适用。

[3] 参见王利明：《不动产善意取得的构成要件研究》，载《政治与法律》2008 年第 10 期，第 6 页。

于物权交易的便捷与安全。由此可见,不动产登记簿具有权利表象作用,或者说具有推定效力与善意取得效力①。当然,与所有权一样,动产或者不动产的他物权同样适用善意取得制度。我国《物权法》第106条第3款规定:"当事人善意取得其他物权的,参照前两款规定。"因此,不动产抵押权善意取得在我国并无规则障碍。

结合上述论述,不动产抵押权善意取得的法律要件如下:

1. 抵押人对该不动产无处分权

由于存在不动产登记的缘故,让与人须为不动产登记簿上的权利人(登记名义人)。无处分权之让与人为无权处分之登记名义人,这就意味着登记与实际情况的不符,即登记错误②。同时,这种登记错误必须在登记簿中不可见,但客观存在,即登记中的错误,在取得人尽到一个正常登记簿查询人的注意义务后,仍然无从发现③。本案中,王某利用黄某某的意思能力、行为能力低下以及与黄某某的所谓婚姻关系,通过赠与的方式将系争房屋过户至自己名下。然而,由于该行为违背了黄某某的真正意思表示,且损害了黄某某的合法权利,故被法院生效判决认定为无效。因此,王某虽将自己登记为系争房屋的权利人,但因权利的实际归属状况与此相悖,故实属登记错误,其对系争房屋亦缺乏处分权。

2. 受让人需为善意

我国《物权法》对何谓"善意"并未进行解释,就此理论上素有"积极观念说"和"消极观念说"两种学说。持积极观念说的学者认为,受让人需有以出让人为权利人之积极的观念,方可视为善意。持消极观念说的学者则认为,只要取得人不知或不应知该物不属于让与人即为善意④。显然,从不动产善意取得制度的本意以及登记公示公信原则分析,受让人基于对登记的信赖,认为不动产不可能属于让与人之外的他人所有即可,因此后者的观点更为合理。然而,信赖具体应限定至何种评判标准,即善意与过失之间的关系如何,各方亦有争论。有学者认为,"善意"指的是受让人不知让与人无处分权,有无过失,在所不问。有学者认为,所谓"善意",系指受让人不知让与人无处分权,是否具有过失,虽在所不

---

① 参见〔德〕鲍尔·施蒂尔纳:《德国物权法》,张双根译,法律出版社2004年版,第488页。
② 金俭等:《中国不动产物权法》,法律出版社2008年版,第30页。
③ 李建伟:《不动产善意取得制度初探》,载《中央政法管理干部学院学报》2000年第3期,第47页。
④ 参见喻文莉:《论民法中的善意取得制度》,载《法学评论》1999年第4期,第69页。

问，但具有重大过失者不得主张善意。另有学者认为，"善意"指不知或不得而知让与人无处分权。还有学者主张，应将"善意"解释为须非明知或因重大过失而不知让与人无处分权①。从比较法上观察，各国立法对此亦存在一定差异。如《德国民法典》第932条第2项规定："取得人明知物之不属于让与人或因重大过失而不知物之不属于让与人者，视为非善意者。"《日本民法典》第192条规定："受让人须为善意且无过失，才得以适用善意取得制度。"

上述不同观点和立法虽并无优劣之分，然而实践中善意的标准因不动产和动产应有所差异②。在动产的善意取得中，由于占有的推定效力弱，动产的善意取得以权利外观与诱因原则为共同的理论基础，所以取得人不应过分信赖"占有"这一权利外观，还应当尽到适当的审查义务，故此对其善意与否应提出更高的要求。就不动产而言，因官方编制的登记簿具有很高的可信度，登记簿相比较于占有，能提供更坚实的信赖基础，因此对依据登记簿公信力取得物权之人善意的判断标准不应同于动产善意取得中取得人善意的判断标准③。如果不动产受让人只有轻微过失即被认定为不构成善意取得，则既损害了登记制度的信用，亦会导致受让人过度谨慎，支付过高的调查成本，不利于交易的快速进行④。因此，只有受让人存在故意或者重大过失时，才得以否定不动产善意取得制度的适用。

3. 受让人有偿受让不动产

所谓"有偿受让"，系指受让人通过交易而取得该不动产，即要求受让人凭借买卖、交易、出资等方式，为其取得财产支付了一定的代价⑤。不动产抵押登记中，抵押权人与抵押人应先就设定抵押达成合意，在签订的合同中明确约定交易的规则，抵押权人则有偿取得抵押物的抵押权。显然，通过无偿等方式取得所有权或者他物权不适用善意取得制度，因为善意取得制度是以牺牲原所有权利益为代价来

---

① 参见王泽鉴：《民法物权（二）》，中国政法大学出版社2001年版，第266—267页。
② 事实上，在我国制定《物权法》时，就有不少学者提出，对不动产登记簿的公信力与动产的善意取得分别予以规定。参见孙宪忠：《论物权法》，法律出版社2001年版，第200页以下；王利明：《物权法研究》，中国人民大学出版社2002年版，第276页；梁慧星：《物权法草案（第二次审议稿）若干条文的解释与批判》，载易继明主编：载《私法》（第5辑），北京大学出版社2005年版，第5页以下。
③ 参见程啸：《论不动产登记簿公信力与动产善意取得的区分》，载《中外法学》2010年第4期，第530—531页。
④ 参见董万程：《论不动产善意取得制度》，载《河南省政法管理干部学院学报》2007年第5期，第208页。
⑤ 参见房绍坤等：《中国民事立法专论》，青岛海洋大学出版社1995年版，第53页。

保全受让人的利益，实乃一种不得已而为之的选择，因此必须慎重适用。如果允许无偿取得财产之人主张善意取得，则有悖于公平这一法律孜孜以求的价值目标①。

4. 受让人需依法完成不动产的"受让"登记

登记公信力赋予第三人凭借登记对抗真正权利人请求的权利。对抗的根源在于利益的冲突，第三人缘何与真正权利人发生权利的冲突，无外乎是第三人凭借登记这一技术手段取得了不动产权利。如果第三人未完成登记，旧的权利秩序就依然存续，其与真正权利人之间的权利冲突实质上没有发生。可见，第三人只有在完成物权变动登记的情况下，才受登记公信力的保护②。因此，受让人应完成"受让"登记才得以适用善意取得制度。当然，不动产所有权的"受让"与不动产抵押权的受让存在差异。前者是指不动产登记的变更，而后者并非如此，即抵押人无需将登记名义人变更为抵押权人，不涉及抵押物所有权的变动，仅需在登记簿上注明"抵押"字样即可。

二 银行对抵押物进行审核的边界

不动产登记名义人以该不动产为标的，向银行申请抵押贷款时，银行需对申请人提交的材料进行审核。从目前我国银行规定个人住房抵押贷款办法分析，各类银行对当事人需提交的材料规定基本相同，一般涉及借款人的身份证明，借款人的职业和收入证明，借款用途证明，抵押人、财产共有人有效身份证明以及婚姻状况证明，抵押物的权利证书等③。

（一）形式审查抑或实质审查：银行"善意"与否的评判基准

由于我国不动产登记制度的不完善以及社会诚信的缺失，房屋登记名义人为追求个人利益，不惜损害包括配偶在内的共有人权益，将房屋抵押于银行获取资金的情形相当普遍，由此引发的纠纷亦层出不穷。目前最为普遍的诉讼形式为银行因借款人无法按期归还借款而要求实现抵押权或者房屋的真正权利人或者其他

---

① 喻文莉：《论民法中的善意取得制度》，载《法学评论》1999 年第 4 期，第 70 页。

② 马栩生：《登记公信力研究》，人民法院出版社 2006 年版，第 181 页。

③ 笔者就此查询了中国工商银行、中国农业银行、中国建设银行、中国民生银行等关于个人住房抵押贷款的相关规定。本案中 A 银行亦规定了个人消费抵押贷款及个人经营抵押贷款申请所需材料，包括借款人/抵押人身份证明文件、户口簿复印件（中国公民）、婚姻证明、贷款用途证明文件、所抵押房产的权属证明文件等。

共有人要求确认抵押人与银行之间的抵押无效。无论哪种类型，本来较为简单的房屋所有权归属关系因银行的介入而变得复杂。客观而言，在很多情况下，银行对贷款申请的审核不严确系造成纠纷产生的重要原因，由此也导致了公众对银行的不满，认为银行如果严格把关，对申请人提交的材料进行实质审查，明辨真伪，则法律纠纷就可避免。

银行对申请人提交的资料予以实质审查当然能最大限度的防止抵押和贷款出错。然而，银行承担的该种义务显然过重。一方面，如上所述，基于善意取得中"善意"的认定标准，受让人如果明知或者因重大过失不知抵押人为不动产的无权处分人，其不得善意取得抵押权。在其他情形下，如受让人具有轻微过失，则其仍得以善意取得物权。而课以银行实质审查义务显然是在银行具有轻微过失前提下亦排斥了善意取得制度的适用，这有违该规则的本旨。另一方面，在市场经济框架下，商业行为的快捷、效率原则需得到认可与尊重。如果要求银行对当事人提交的所有材料皆予以实质审核，则既降低了银行的工作效率，也增加了社会成本，更会使得银行不敢甚至不愿对申请人发放贷款，这对那些真正需要资金周转的当事人而言显然不利，最终也会损害经济的健康发展。因此，银行对当事人提交的材料仅负有形式审查的义务，如若申请人按照要求提交了相关部门的证明文件，银行经表面审查认定其为真实有效，即使事后证明该材料系申请人伪造，银行亦无需负担审核不严的法律责任。

（二）银行对婚姻证明的审核缘由

既然不动产登记具有公示公信效力，则银行本无需注意登记名义人的婚姻关系，仅依据登记情况认定权利人，并进而作出相应的审核决定即可。问题是，在我国房屋登记在一方名下但却属于夫妻共有财产的情形比比皆是。目前社会的基本共识是，对登记名义人的婚姻关系进行审核是正确认定房屋真实权利人的必要环节。比如在房屋买卖过程中，买受方一般都会关注出卖方的婚姻情况，即使登记人为一人，也往往会要求其提交配偶同意出售房屋的证明，以防止交易行为因损害他人的共有权而被认定无效。银行审核当事人提交的贷款申请材料时亦是如此。由此可见，受让人对交易对方婚姻关系的重视在表面上似乎背离了不动产登记的公信力，然而却切合我国的实际情况，故而是否注意到交易方的婚姻关系是认定受让人是否具有重大过失的重要标准。事实上，从各类银行关于个人抵押贷款的审查规定分析，银行显然也契合了社会的一般价值取向，将房屋登记名义人的婚姻关系作为其应当进行认定的内容之一。

如上所述，银行仅负有形式审查的义务，因此只要申请人提供了相应的婚姻证明文件，银行本着谨慎原则，从表面上进行合理的认定即可。然而，申请人提供的关于其婚姻关系的情况说明却并非必然能归类于"婚姻证明文件"。本案中，王某于 2009 年 4 月 14 日向 A 银行提出贷款申请时，提供了民政局于 2005 年 3 月 1 日出具的其与前夫叶某某的离婚证明以及单身承诺书。就单身承诺书的作用而言，王某系向 A 银行表明自 2005 年离婚后其至今尚未再次与他人缔结婚姻，以证明抵押房屋即归属其个人所有。A 银行则依据王某提交的上述资料，同意了其的贷款申请。显然，A 银行的行为存在重大过失，因为就王某在提出贷款申请时是否已与他人结婚这一事实，A 银行完全可要求王某提供民政部门的证明文件。如若 A 银行要求王某如此行事，可能王某就会知难而退，不会发生之后的法律诉讼。同时，A 银行的这一要求也并未增加自身的工作负担和成本。然而，A 银行却忽视了这一最为基本的审查义务，直接依据王某提供的单身承诺书认定其目前与他人无婚姻关系，并进而同意了王某的贷款申请。鉴于法院的生效判决认定王某对抵押房屋并无所有权，因此王某的抵押行为构成无权处分，而 A 银行因具有重大过失，受让时不构成善意，故无权善意取得抵押权。

当然，本案的特殊性在于系争房屋并非属于王某与黄某某夫妻共同财产，而是属于黄某某个人所有，然而银行审核的原则和标准是一致的。如果 A 银行能注意到王某的婚姻关系，就必然会要求黄某某至银行，在抵押贷款合同上签字。黄某某此时取得了一个向 A 银行表达产权归属情形的机会，并以拒绝签字的方式否定王某的抵押行为。在此情形下，A 银行绝对不可能再与王某就系争房屋进行抵押登记，并将贷款发放于王某。因此，银行审核申请人婚姻关系的本质在于厘清抵押房屋在夫妻关系框架下的权利归属，防止发生无权处分的情况，这显然契合不动产善意取得制度中对受让人善意的评判标准。

三　抵押合同无效与抵押权设定行为无效：区分原则的适用

在认定 A 银行不构成善意取得的基础上，法院对最终的处理发生了争议。一种观点认为，根据我国《合同法》第 51 条之规定，王某属于无权处分人，事后亦未取得权利人追认或者取得处分权，故其与 A 银行之间的抵押贷款合同应被认定无效；另一种观点认为，王某确系无权处分，A 银行亦因存在过错无法善意取得抵押权，但此仅涉及物权取得无效，双方之间的抵押贷款合同并未涉及物权的变动，仍应被认定有效。事实上，对此问题的争议司法实践中从未间断过，而不同的认定对当事人将产生完全不同的法律后果，因而有必要在此予以阐述，而解决该问题的核心是如何理解债权行为（负担行为）与物权行为（处分行为）的区分原则。

　　所谓区分原则，即在依据法律行为发生物权变动时，物权变动的原因与物权变动的结果作为两个法律事实，它们的成立与生效依据不同的法律根据的原则[①]。负担行为者，系指发生债务关系（给付义务）之法律行为，又称为债权行为。处分行为者，系指直接使标的物权利发生得丧变更之法律行为[②]。负担行为与处分行为最主要之区别，在于处分行为之生效，须以处分人有处分权为要件，而于负担行为，则不以负担义务者对给付标的物有处分权为必要[③]。我国《物权法》第15 条规定："当事人之间订立有关设立、变更、转让和消灭不动产物权的合同，除法律另有规定或者合同另有约定外，自合同成立时生效；未办理物权登记的，不影响合同的效力。"显然，我国的立法已然接受了区分原则。然而，囿于《合同法》第 51 条[④]的规定，目前司法实践中很多法官仍将无权处分人与他人订立的合同认定为无效，这导致他人无法按照与无权处分人之间的合同约定向其主张违约责任。这种处理方法违背了无权处分制度的目的或者立法宗旨：维护交易安全和秩序，保护交易相对人的权益[⑤]。合同无效说在理论实质上是不当地借用了法国意思主义立法模式下的处理方法来套用我国《合同法》，不仅否定了当事人自我意思选择的机会，导致真正的权利人无法行使追认的选择权；而且无视当事人之间因合同而产生的期待，使当事人就签订合同所做的一切努力皆归于消灭，造成社会资源的极大浪费[⑥]。无可否认，《合同法》第 51 条确实存在瑕疵，亦为一些学者

[①] 孙宪忠：《中国物权法总论》，法律出版社 2009 年版，第 248 页。

[②] 参见王泽鉴：《民法学说与判例研究》（第四册），中国政法大学出版社 2005 年版，第 121—122 页。

[③] 王泽鉴：《民法学说与判例研究》（第五册），中国政法大学出版社 2005 年版，第 71 页。

[④] 内容为："无处分权的人处分他人财产，经权利人追认或者无处分权的人订立合同后取得处分权的，该合同有效。"

[⑤] 梁慧星：《如何理解〈合同法〉第 51 条》，载《人民法院报》2001 年 1 月 8 日；王利明、崔建远：《合同法新论·总则》，中国政法大学出版社 1996 年版，第 291 页。

[⑥] 王利明、崔建远：《合同法新论·总则》，中国政法大学出版社 1996 年版，第 304 页。

所诟病①。然而，在立法尚未改变的情形下，我们应跳出某些不合理藩篱的束缚，将其规定的"处分"定位为处分行为而非处分合同，这可以廓清当前理论上对该问题的一些纠缠不清的纷争和误解，更正确的认识债权与物权的区别，更有助于我们妥当地理顺出卖他人之物与无权处分之间的关系②。

为厘定司法裁判规则，2012 年 7 月 1 日起施行的《最高人民法院关于审理买卖合同纠纷案件适用法律问题的解释》第 3 条规定："当事人一方以出卖人在缔约时对标的物没有所有权或者处分权为由主张合同无效的，人民法院不予支持。出卖人因未取得所有权或者处分权致使标的物所有权不能移转，买受人要求出卖人承担违约责任或者要求解除合同并主张损害赔偿的，人民法院应予支持。"显然，该司法解释采用了无权处分合同有效的观点。

当然，从该规则的内容分析，其仅针对无权处分所有权的情形。然而，根据法解释学的观点，无权处分他物权的法律规范应与此相同。因此，就本案而言，应当认定王某与 A 银行就不动产设定抵押权的行为无效，但双方之间的抵押贷款合同合法有效，A 银行可依据合同的约定向王某主张相应的违约责任。

---

① 有学者认为，以出卖人无权处分而认定买卖合同无效，系错将义务当做抗辩，有百害而无一益。参见崔建远：《无权处分辨——合同法第 51 条规定的解释和适用》，载《法学研究》2003 第 1 期，第 12 页；也有学者指出，该条款背离了善意取得制度的宗旨。参见孙鹏：《论无权处分行为——兼析〈合同法〉第 51 条》，载《现代法学》2000 年第 4 期，第 35 页。
② 奚晓明主编：《最高人民法院关于买卖合同司法解释理解与适用》，人民法院出版社第 2012 年版，第 77 页。

驾驶证脱审不属于"未取得驾驶资格"保险人不能据此免责
——P保险公司诉潘某财产保险合同纠纷案

【案例要旨】

对于《机动车交通事故责任强制保险条例》(以下简称"交强险条例")第22规定的"未取得驾驶资格"的理解,应当侧重考虑驾驶人的驾驶能力对于车辆行驶安全的影响。驾驶证过期脱审,并不必然影响持证人的驾驶能力,也不当然增加承保车辆的危险性,因此并不等同于未取得驾驶资格。保险人以驾驶证过期属于未取得驾驶资格为由拒绝理赔的,法院不予支持。

【案情简介】

上诉人(原审被告/反诉原告):潘某

上诉人(原审原告/反诉被告):P财产保险股份有限公司上海分公司(以下简称"P保险公司")

潘某就其所有的一辆机动车向P保险公司投保了机动车交通事故责任强制保险,保险期间,潘某驾驶机动车与案外人张某骑行的电动自行车发生碰撞,致使张某受伤。经交警部门认定,潘某因违反让行规定而承担事故全部责任。事后,张某向法院提起人身损害赔偿诉讼,要求潘某、P保险公司对其人身损害予以赔偿,该案生效判决判定由P保险公司赔偿张某人民币60 178.40元,判决潘某除已垫付张某医疗费9703.20元、交通费12元、电动自行车施救费70元外,另再赔偿张某鉴定费1800元。P保险公司履行赔偿义务后,以潘某事发时所持驾驶证已过有效期,属无证驾驶,符合交强险条例和双方签订的交强险合同中关于驾驶人无资格驾驶车辆发生道路交通事故造成受害人损失的,保险人不负责垫付和赔偿,

---

* 上海市第一中级人民法院民事审判第六庭助理审判员。

对于垫付的费用有权向致害人追偿的规定，起诉要求潘某返还 P 保险公司赔偿款 60 178.40 元。潘某原驾驶证到期日为 2010 年 3 月 23 日。2010 年 5 月 20 日，潘某重新申领驾驶证。潘某辩称，公安机关向其换发的驾驶证起始日期是 2010 年 3 月 23 日，新旧驾驶证的有效期并未间断，因此事发时其驾驶证是有效的。潘某据此提起反诉，要求 P 保险公司承担潘某已经垫付的医药费 9703.20 元、交通费 12 元、电动车施救费 70 元、鉴定费 1800 元、停车牵引费 294 元。

【裁判结论】

一审法院认为，潘某在事故发生时所持驾驶证已超过有效期，已经丧失驾驶资格，不得驾驶机动车，须经申领换证后方可继续驾驶。潘某持过期驾驶证驾驶机动车的行为违反了行政法规和规章的禁止性规定，应当承担相应的违法责任，不得通过保险获利，保险公司履行垫付责任后，有权向致害人行使追偿权。一审判决潘某返还 P 保险公司保险理赔款 60 178.40 元；驳回潘某反诉请求。

潘某不服一审判决，提起上诉。二审法院认为，虽然潘某原有的驾驶证在涉案事故发生时已过期，但事后其换领的新驾驶证已载明其在涉案事故发生时仍具有驾驶资格，因此 P 保险公司以潘某未取得驾驶资格为由向其行使追偿权于法无据，潘某要求 P 保险公司继续承担保险赔偿责任的主张于法有据，二审遂改判驳回 P 保险公司原审诉请，由 P 保险公司向潘某赔偿 11 585.20 元。

【评析意见】

本案的争议焦点是驾驶证超过有效期是否属于交强险条例第 22 条所规定的 "未取得驾驶资格"，保险公司是否可据此免除保险赔偿责任？

交强险条例第 22 条规定："有下列情形之一的，保险公司在机动车交通事故责任强制保险责任限额范围内垫付抢救费用，并有权向致害人追偿：（一）驾驶人未取得驾驶资格或者醉酒的……有前款所列情形之一，发生道路交通事故的，造成受害人的财产损失，保险公司不承担赔偿责任。"《机动车交通事故责任强制保险条款（2008 年版）》第 9 条规定："被保险机动车在本条（一）至（四）之一的情形下发生交通事故，造成受害人受伤需要抢救的，保险人在接到公安机关交通管理部门的书面通知和医疗机构出具的抢救费用清单后，按照国务院卫生主管部门组织制定的交通事故人员创伤临床诊疗指南和国家基本医疗保险标准进行核实。对于符合规定的抢救费用，保险人在医疗费用赔偿限额内垫付。被保险人在交通事故中无责任的，保险人在无责任医疗费用赔偿限额内垫付。对于其他损失和费用，保险人不负责垫付和赔偿。（一）驾驶人未取得驾驶资格的……对于垫付的抢救费用，保险人有权向致害人追偿。"根据上述两项规定，交通事故发生时驾驶人未取得驾驶资格的，保险人仅负有在交强险范围内垫付抢救费用的义务，垫付后有权向实际致害人追偿，也即此时保险人不承担保险赔偿的终局责任。

交强险条例和交强险条款虽然规定了"未取得驾驶资格"的相关法律后果，却未对这一概念的含义和具体情形加以明确，在一定程度上导致了理解上的分歧。有观点认为，驾驶证是交通行政部门颁发的行政许可性证件，用于证明持证人具备驾驶相应型号机动车的资格，因此"未取得驾驶资格"的人驾驶机动车的行为也就是人们日常所说的无证驾驶行为。由于《中华人民共和国道路交通安全法实施条例》（以下简称"道交法实例条例"）第28条已就无证驾驶作出列举性规定，即"机动车驾驶人在机动车驾驶证丢失、损毁、超过有效期或者被依法扣留、暂扣期间以及记分达到12分的，不得驾驶机动车"。所以凡符合上述各种情形的，都可以认定为"未取得驾驶资格"。实践中，保险公司多持此种观点。本文认为，此种观点系基于文义解释得出，并不全面，还应当结合立法的本意予以解释。

一 "未取得驾驶资格"的审查标准

分析交强险条例第22条关于"未取得驾驶资格"规定的本意，之所以将驾驶人未取得驾驶资格发生交通事故，作为保险人仅负垫付义务并享有追偿权的事由，有两方面的原因。

一方面，交强险条例及其上位法以促进道路交通安全为立法目的之一。2003年10月28日，全国人大通过了《中华人民共和国道路交通安全法》（以下简称"道交法"），该法第17条规定："国家实行机动车第三者责任强制保险制度，设立道路交通事故社会救助资金。具体办法由国务院规定。"此后，国务院法制办会同中国保监会开始了交强险条例的起草工作，故而交强险条例第1条即开宗明义，明确以保障机动车道路交通事故受害人依法得到赔偿，促进道路交通安全为立法目的。因此，交强险条例的适用既要让无辜的交通事故受害人及时获得赔偿，又要督促驾驶人安全驾驶。驾驶机动车辆属于高度危险作业，未取得驾驶资格驾驶机动车极易发生道路交通事故，给社会公共安全带来严重威胁①，如果将这一行为纳入交强险责任范围，将不利于纠正危险驾驶行为。因此我国交强险并未完全采纳无过错赔偿责任制度，而是规定驾驶人未取得驾驶资格的，保险人应当承担赔偿责任，同时赋予保险人追偿权②。可见对 "未取得驾驶资格" 的理解，应当与驾驶行为的安全性有关。

另一方面，虽然交强险业务不以盈利为目的，但也以总体上不亏损为原则，因此交强险业务也需要遵守大数法则的基本原理，依靠保险精算来确定保险责任范围。交强险条例将 "未取得驾驶资格" 作为保险免责事由，是因为此时驾驶人不具备驾驶机动车的能力，导致投保车辆的危险性显著增加，交通事故发生的概率大为提高，免除保险人的保险赔偿责任，方能实现交强险业务收支平衡。因此对于 "未取得驾驶资格" 的理解，应侧重考虑驾驶人的驾驶能力对于车辆行驶安全的影响。

二 "不得驾驶机动车"、"无证驾驶" 与 "未取得驾驶资格" 的辨析

"不得驾驶机动车" 明确见于道交法第 22 条和道交法实施条例第 28 条，上述两条规定分别针对 "饮酒、服用国家管制的精神药品或者麻醉药品，或者患有妨碍安全驾驶机动车的疾病，或者过度疲劳影响安全驾驶" 和 "机动车驾驶证丢失、损毁、超过有效期或者被依法扣留、暂扣期间以及记分达到 12 分" 的情况。但事实上，《道交法》上 "不得驾驶机动车" 的情形并不止上述两条规定，例如该法第 19 条规定驾驶机动车，应当依法取得机动车驾驶证，换言之，未依法取得机动车驾驶证或驾驶证被吊销的，不得驾驶机动车。本文认为，"不得驾驶机动车" 并非严格意义上的法律概念，而是立法者为表达对某些驾驶行为的否定性态度而选择的一种行文方式。驾驶机动车作为一种行政许可行为，必须服从道路交通行政关于维护公共安全和便利事务管理这两项目标，凡与其中任何一项目标相悖的驾驶行为均可能被打上 "不得驾驶" 的标签。

"无证驾驶" 并非一项法定表述，通常理解之，凡是驾驶过程中驾驶员无法随

---

① 潘小平、李以后：《驾驶员未取得驾驶资格，保险公司应在强制保险限额内承担理赔责任》，载《人民司法·应用》2007 年第 23 期，第 101 页。

② 王伟等：《机动车交通事故责任强制保险条例解读与案例指引》，法律出版社 2006 年版，第 79 页。

身携带并出示有效驾驶证的情况均可以视为无证驾驶，除了道交法实施条例第28条列举的几种情形外，至少还包括从未取得驾驶证、驾驶证被吊销、存放在他处等情形。但上述各种情形无论从性质还是危险程度上都有所区别，在驾驶员驾驶能力方面的表现也有所不同。例如驾驶证丢失、损毁或遗忘在他处等，可能反映出驾驶人对驾驶证保管不善，但不能说明其驾驶能力有所减损；而驾驶证被依法扣留、暂扣或记分达12分等情况，则往往伴随交通事故或险情的发生，表明交警部门认为驾驶人的驾驶水平明显或可能存在瑕疵。而且，实践中并非所有的"无证驾驶"行为均会受到行政处罚，虽然道交法要求驾驶机动车时，应当随身携带机动车驾驶证，但随着驾驶证信息与身份证信息联网技术的应用，部分地区的交警可以通过驾驶人的身份证号码快速查询相关的驾驶证信息从而有效执法，因此驾驶人是否随身携带驾驶证已经不再是影响交通管理效率的重要因素，交警此时可视情不再作出暂扣车辆、罚款等行政处罚决定。

根据上述分析，"不得驾驶机动车"、"无证驾驶"与"未取得驾驶资格"的关系可以用图1表示。

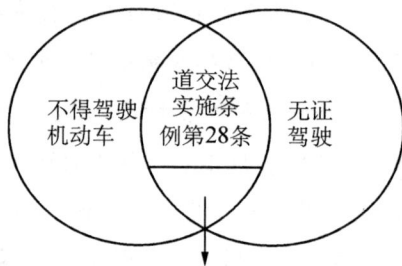

图1 未取得驾驶资格

本案中，潘某在涉案事故发生时所持的驾驶证超过有效期，应当属于道交法实施上"不得驾驶机动车"的情形，也属于通常理解上的"无证驾驶"的情形，但是否构成"未取得驾驶资格"，还得考虑驾驶人的驾驶能力对于车辆行驶安全的影响。

本文认为，对驾驶证规定有效期，是公安机关对机动车驾驶人员进行行政管理的需要，与驾驶人员的驾驶能力没有必然联系，驾驶证超过有效期，并不必然导致持证人丧失驾驶资格的法律后果，这表现在三个方面：首先，《机动车驾驶证申领和使用规定》第42条规定："机动车驾驶人具有下列情形之一的，车辆管理所应当注销其机动车驾驶证：……（五）超过机动车驾驶证有效期一年以上未换证的……"可见，驾驶证超过有效期但逾期不足 1 年的，尚不会被公安机关吊销，仅属于脱审状态。其次，实践中驾驶员换领驾驶证时，一般不会被要求重新通过驾驶技能考试。再次，驾驶员换领的新驾驶证与其旧驾驶证往往在有效期上前后连贯，应当认为公安机关已经追认驾驶员在旧证到期至取得新证期间内仍具有驾驶资格。因此，驾驶证过期脱审并不等同于驾驶员失去驾驶资格，也不当然增加承保车辆的危险性。本文注意到，这一观点也得到了国务院法制办的认可。该办在对黑龙江省公安厅的一则复函（《国务院法制办国法秘政〔2009〕334 号文件》）中明确表示，未依法取得驾驶证应包括未初始取得驾驶证和取得后被注销两种情况。驾驶证超过有效期限驾驶机动车的，与从未取得驾驶证驾车的行为，在性质、危险性上有所不同，因此驾驶证超过有效期但尚未被注销期间驾驶机动车的行为不属于"未依法取得驾驶证"的情况①。

本案中，潘某原有的驾驶证虽已过期，但并未被交警部门吊销驾驶资格，而是经申请换领了新的驾驶证，新旧驾驶证的有效期前后连续，因此潘某的驾驶资格并未中断。P 保险公司主张驾驶员驾驶证过期属于未取得驾驶资格，法院不予支持。

---

① 《关于转发国务院法制办国法秘政函〔2009〕334 号文件的通知》（哈政发法字〔2009〕19 号），载哈尔滨市政务公开网，www.zwgk.harbin.gov.cn，2012 年 7 月 31 日访问。

待岗不能成为用人单位处分劳动者的形式

——上海 W 有限责任公司与王某劳动合同纠纷案

【案例要旨】

本案是一起判断待岗能否成为用人单位处分劳动者形式的典型案例。本案例旨在明确：劳动者在工作中违反用人单位依照管理权所作出的规章制度或者工作指示时，用人单位可以对劳动者作出处理，但是处理劳动者必须有法定或者约定的依据。待岗系国家在某个历史时期针对生产经营困难企业对富余职工实行的安置形式，不能成为用人单位处分劳动者的形式。

【案情简介】

上诉人（原审原告）：王某

上诉人（原审被告）：上海 W 有限责任公司（以下简称：W 公司）

W 公司系本市治安保卫重点单位。王某于 1999 年 10 月进入 W 公司处工作，2003 年 7 月 1 日双方签订了无固定期限劳动合同。2011 年 9 月 6 日，王某至 W 公司燃料部经理黄某办公室。在双方交谈过程中，有一只塑料桶内柴油洒在地上，并溅在黄某身上，W 公司即向公安机关报警，当日，上海市公安局闵行分局以涉嫌放火罪对王某作出了刑事拘留。2011 年 9 月 20 日，该公安分局决定对王某采取取保候审。2011 年 12 月 5 日，该公安分局以王某的行为尚不构成犯罪为由作出解除取保候审决定。同年 12 月 7 日，王某至 W 公司处上班，W 公司告知王某等待通知。同年 12 月 19 日，W 公司向王某发出了《员工处理意见告知书》，明确"经公司及工会讨论通过，根据《员工奖惩管理制度》第 3 条、第 4 条，《员工考勤管理制度》第 2 条、第 4 条，《员工工资管理制度》第 7 条、第 8 条，《员工奖金考

核管理制度》第5条的规定，决定对王某处理意见如下：一、自接到该告知一周内向公司提交书面检查。二、自接到该告知一周内在公司指定地点当面向黄某道歉。三、自2011年12月5日起至2012年12月4日止（暂定）停职，离厂待岗；自2011年9月6日起，停发2011年所有奖金和停止享受企业福利（2011年9月6日前已经发放和享受的不再扣回）；自2012年1月起发放上海市规定的最低工资标准的1.5倍生活费，停止享受企业福利……"。

王某于2012年2月29日向上海市浦东新区劳动人事争议仲裁委员会提出仲裁申请，该仲裁委员会作出对王某的请求均不予支持的裁决。王某不服该裁决，遂诉至原审法院，要求判令W公司：①继续履行劳动合同，恢复其原工作岗位；②支付其2011年10月1日至2012年2月29日期间的工资差额人民币7440元（以下币种相同）；③支付其2011年9月6日至2012年4月23日期间的生产奖金9600元。

【裁判结论】

原审法院认为，W公司作为用人单位对违纪职工作出相应的处罚是企业行使自主权的体现，但须符合法律规定。本案王某在被公安机关解除取保候审后，W公司对王某采取离厂待岗一年、发放生活费的处罚，显然剥夺了王某作为劳动者基本的劳动权利，有违劳动法的基本原则，故王某要求W公司继续履行劳动合同，恢复原工作岗位的诉讼请求，尚属合理，法院予以支持。

考虑到王某在事件的发生上存在过错，在王某未提供劳动的情况下，原审法院部分支持了王某的工资差额，对生产奖金未予支持。

在此基础上，原审法院作出判决：一、王某与W公司继续履行劳动合同，W公司恢复王某原工作岗位；二、W公司于判决生效之日起十日内支付王某2012年1月1日至2012年2月29日期间的工资差额2536.66元；三、驳回王某的其余诉讼请求。

判决后，W公司与王某均不服，提起上诉，W公司要求撤销原审判决，改判驳回王某在原审中的全部诉讼请求，王某则要求支持其原审全部诉讼请求。

二审法院认为，在W公司这样一个治安保卫的重点单位，王某的行为显属不当，应当承担相应的责任。如果W公司认为王某的行为已构成严重违纪，可依法解除双方的劳动合同，但是王某在被公安机关解除取保候审后，W公司对王某采取离厂待岗一年、发放生活费的处罚，并不符合劳动法的相关规定。W公司主张对王某的处理是根据企业规章制度作出的处理决定，属于企业用工自主权，本院不予采纳。关于王某工资差额、生产奖金的诉请，原审法院的处理，并无不当。故二审法院判决驳回上诉，维持原判。

【评析意见】

一　用人单位处分劳动者必须有依据

用人单位对于劳动者的处分权在学理上又称惩戒权。对于惩戒权的性质及法源，学理上有不同观点，台湾学者黄越钦就此归纳了五种学说：

(1) 固有权说。此说认为"企业者乃为共同目的而组织之活动团体，基于组织制度之形成，当然即有统制力"，将惩戒权看成是企业体存在当然的一种固有（本来的）权能，因此不论采取何种手段皆为合法，其结果不是对基本人权的侵犯。

(2) 契约说。此说否认惩戒权系一种企业固有权，盖一般认为雇用人对受雇人有所谓劳务指挥权，由于雇主对受雇人进行统一管理的必要，对不服其指挥权之雇用人乃发生一种特别的制裁权。

(3) 集体合意说。此说仍然维护民法的基本原则，即契约必以当事人合意为基础，因此认为就劳动者一方而言，成为一项集体的统一意思，代表劳动者个人意思表示，因此，惩戒权唯于此项团体为合意时始有其存在，此乃契约万能时代残余物。

(4) 法规范说。此说乃根据劳动基准法之规定，依其规定，法律许可者限于以具备劳动基准法所定要件之工作规则所定之使用者惩戒权。

(5) 否定说。此说认为劳动契约之二重构造（地位取得固定，劳务提供、工资取得可动性），惩戒权属于固定部分是一种社会的事实，不必法律容认，不过以财产上的惩戒为限，因此雇主一方决定之惩戒其事由乃法的效力完全依民法及其他法律决定之，从而否定所谓雇主对受雇人之惩戒权。[①]

笔者认为，劳动者在工作中违反用人单位依照管理权所作出的规章制度或者工作指示时，用人单位可以对劳动者作出处分，处分的形式可能是警告、记过、罚款等，其处分基础就是企业规章制度。因此，用人单位处分劳动者必须要有依据，这里的依据一是指事实依据，二是指法律依据。

[①] 黄越钦：《劳动法新论》，中国政法大学出版社 2003 年版，第 183 页。

对于事实依据，在本案中，W 公司主张王某携带装有柴油的塑料桶至经理办公室，将柴油泼洒在经理身上，并据此提供了王某的讯问笔录，W 公司员工黄某、朱某、许某、孙某、姜某的询问笔录，许某、姜某的辨认笔录及上海市公安局物证鉴定中心的《检验报告》等证据予以证明。鉴于上述在案证据均来源于公安机关，故对上述证据的真实性均予确认。因此，W 公司的上述事实主张可以得到采纳。

对于处分王某的依据，W 公司提供了《员工奖惩管理制度》第 3 条、第 4 条，《员工考勤管理制度》第 2 条、第 4 条，《员工工资管理制度》第 7 条、第 8 条，《员工奖金考核管理制度》第 5 条的规定，依据上述规定对王某作出处理。其中《员工奖惩管理制度》规定，员工被拘审的，被拘审期间公司停发报酬，改发上海市规定的基本生活费。《员工工资管理制度》规定，待岗：员工在待岗期间，最低工资标准按照公司集体合同中的有关条款规定执行。《公司集体合同》规定，公司执行最低工资保障制度。员工因病或者非因工负伤停止工作，按照公司有关员工因病领病假工资制度实行，其实行后工资收入不低于上海市政府公布的最低工资标准的 1．5 倍发放。另外《员工考勤管理制度》、《员工奖金考核管理制度》的规定也均与发放劳动报酬有关。但是从上述规定的内容分析，对于 W 公司对王某实行待岗的直接依据并没有在公司规章制度中得到反映。

二 法院对用人单位作出的处分应进行合法性和合理性审查

用人单位对于劳动者处分的依据是否具有合法性，这是审查用人单位对劳动者处分行为的首要条件。只有用人单位对劳动者处分的依据具有合法性之后才考虑合理性的问题。至于劳动者的违纪行为应当承受什么处罚，才是与其行为相适应的，应当根据用人单位作出的具体规定，劳动者违纪行为的性质、严重程度、危害程度等因素综合判断。在本案中，事情发生后，W 公司对王某作出处理意见：一是要求王某向公司提交书面检查，二是要求王某当面向公司经理黄某道歉，三是停职一年，离厂待岗，停发 2011 年所有奖金和停止享受企业福利，2012 年 1 月起发放上海市规定的最低工资标准的 1.5 倍生活费，停止享受企业福利。针对其中最主要的处理决定对王某实施待岗一年的处分，从 W 公司的规章制度看，并没有企业可以对员工进行待岗处理的规定，因此，W 公司对王某实施处分行为的合法性就受到质疑。那么是否规章制度有了待岗的规定，企业就可以对劳动者实施待岗？关键还是要看法律对于这个问题的规定，如果法律对于这个问题是许可的，那么才涉及劳动者的违纪行为与承受的处罚是否相适宜的问题，即只有先解决了合法性问题，才能谈到合理性问题。W公司对王某实行待岗的直接依据并没有在公司规章制度中得到反映，换句话讲，就是W公司并没有可以对劳动者实施待岗的规定，W公司处分王某的合法性就受到质疑。

三　待岗不是用人单位处分劳动者的形式

待岗，顾名思义，就是指员工在保持与用人单位劳动关系的前提下，离开原岗位，用人单位暂时不安排工作岗位，员工等待安排的情况。

国务院1993年颁布的第111号令《国有企业富余职工安置规定》第7条规定：企业可以对富余职工实行待岗和转业培训，培训期间的工资待遇由企业自行确定。《国有企业富余职工安置规定》第8条规定：经企业职工代表大会讨论同意并报企业行政主管部门备案，企业可以对职工实行有期限的放假。职工放假期间，由企业发给生活费。原劳动部劳部发（1994）489号文《工资支付暂行规定》第12条规定，非因劳动者原因造成单位停工、停产在一个工资支付周期内的，用人单位应按劳动合同规定的标准支付劳动者工资。1996年颁发的《劳动部关于实行劳动合同制度若干问题的通知》第8条规定，用人单位应与本单位富余人员签订劳动合同，对待岗或放长假的应当变更劳动合同相关内容，并就有关内容协商签订专项协议。

因此从上述规定的解读中，我们可以得知，只有企业生产经营困难，才可以对富余人员进行待岗安置。待岗制度针对的是岗位本身，设立待岗制度的初衷是为了使生产经营暂时发生困难的企业通过合理安排岗位，优化企业资源配置，尽快使企业渡过难关，这实质是对生产困难企业进行的一种帮助和救济措施。企业自主根据员工具体情况安排员工待岗，是生产经营困难企业对员工进行安置的一种权宜之计，并非用人单位处分劳动者的形式。

在本案中，王某在W公司这样一个治安保卫重点单位实施这样的行为，其用意是不言而喻的，其中的危害程度是不能用结果来衡量的，应当属于严重违纪，达到了足以解除劳动合同的程度。但是W公司没有解除与王某的劳动合同，而是采取了对王某实施待岗一年的处分措施。又因为根据上述规定内容以及前述分析，待岗是生产经营困难企业对员工进行的一种安置形式，不是用人单位处分劳动者的形式；因此，W 公司对王某实施的行为实行待岗处分属于行使处分权有误，王某的违纪行为与其承受的处分不相适宜。依照《劳动法》① 和《劳动合同法》② 的相关规定，劳动者构成严重违纪，用人单位可以解除与劳动者的劳动合同。其实，这亦是用人单位对劳动者实施处分权的具体表现，只不过这种处分表现的形式是最高级别的，即双方再无法律关系。针对王某的违纪行为，W 公司可以解除与王某的劳动合同而没有解除，即使 W 公司的规章制度有待岗的规定，由于 W 公司实施的待岗处分本身不具有合法性，因此，W 公司的待岗处分应当予以撤销。一、二审法院对此处理，并无不当。

综上所述，劳动者在工作中违反用人单位依照管理权所作出的规章制度或者工作指示时，用人单位可以对劳动者作出处理，但是处理劳动者必须有法定或者约定的依据。待岗系生产经营困难企业对富余职工实行的安置形式，不能成为用人单位处分劳动者的形式。

---

① 《劳动法》第 25 条规定："劳动者有下列情形之一的，用人单位可以解除劳动合同：……（二）严重违反劳动纪律或者用人单位规章制度的……"

② 《劳动合同法》第 39 条规定："劳动者有下列情形之一的，用人单位可以解除劳动合同：……（二）严重违反用人单位的规章制度的……"

域外法制

法 国 法 对 高 利 贷 的 规 制

———— 刘言浩*

  高利贷，是出借人向借款人收取非法高息的借贷行为。由于存在道德及经济的缺陷，高利贷不仅易使借款人陷入困境，而且经常引发严重的社会事件。为了保护借款人，各国法律均对高利贷进行规范。我国法律对高利贷并无明确的规定，造成实践中对高利贷的处理困难重重。作为发达的市场经济国家，法国法律对高利贷持严厉的打击和限制态度，违法放高利贷者可能承担刑事责任。实务中，大量需求资金的法国公司为了避免因高利贷可能带来的制裁，转向伦敦、纽约等国际金融市场寻求借贷。严格禁止高利贷的法律对市场融资的巨大需求制造了障碍，妨碍了法国在国际金融市场上的竞争力，因此，近年来，法国法院的判例区分国内借贷与国际借贷，对国际借贷不再适用高利贷的禁止性规定，在一定程度上松动了对高利贷的限制，此种做法受到了法国企业和金融监管机构的欢迎。研究法国处理高利贷的立法及司法实务经验，对于解决我国不断产生的高利贷问题具有一定的价值。

一 法国法律对高利贷的禁止性规定

  为了保护消费者不受高利贷之危害，法国以成文法的方式明文禁止高利贷。法国禁止高利贷的法律始于1966年的《消费者法》，该法第313条第3款规定："若约定的借款利率超出约定之前一个季度信贷机构的相同风险之同类贷款的平均实际利率三分之一者，即构成高利贷。相同风险之同类贷款，由行政主管机关在

上海市第一中级人民法院研究室副主任。

咨询国家信贷理事会之后确定之。"该法未规定固定的高利贷利率限制，而是将高利贷利率上限与年度贷款利率（Annual Percentage Rate，简称 APR）挂钩，采取浮动的利率限制措施。违反《消费者法》规定放高利贷者，构成刑事犯罪，出借人将被处以徒刑或罚金。就高利贷的民法后果而言，无论借款合同如何约定，借款人有权拒绝支付超出限制高利贷利率上限部分的利息。1990 年，为了确定高利贷的利率基准，法国财政部针对法国消费者法第 313 条第 3 款专门发布行政命令，指定由法兰西银行（Banque de France）负责确定各种贷款是否构成高利贷的利率标准。法兰西银行按季度实时公布各种贷款的利率及高利贷的利率上限，从每个季度第 1 日起执行。高利贷的限制利率因不同的贷款种类而异，每季度均有变化。近年来，法国的高利贷贷款利率限制均在一定区间内浮动。1500 欧元以上的贷款高利贷利率限制在 20％至 22％之间，1500 欧元以下的贷款高利贷限制利率在 8％至 12％之间，住房抵押贷款的高利贷限制利率在 6％至 8％之间。以 2012 年第 2 季度为例，自 2012 年 4 月 1 日起，住房抵押贷款的固定贷款的年利率上限为 6．32％，浮动利率贷款的上限为 5．88％。个人贷款则根据种类、金额的不同确定高利贷的不同标准：消费者借款 1524 欧元以上的，年利率上限为 20.56％；个人贷款在 1524 至 3000 欧元之间的，年利率上限为 15.27％；个人贷款在3000 至6000 欧元之间的，年利率上限为 13.27％；个人贷款在 6000 欧元以上的，年利率上限为 10.93％。企业借款的高利贷利率亦有规定，如公司的非商业贷款的年利率上限为 8.99％，公司透支款项超过 2 年的，年利率的上限为13.67％。超出上述限率的即构成高利贷。

法兰西银行虽对高利贷利率上限作了上述明确规定，但对于公司超过152 500 欧元的大额借款和以外币形式的借款的高利贷利率则未规定上限，而是在法院就个案向其请示后，再根据个案情况，参考有关高利贷的法律规定以及"相同风险之同类贷款"的利率，对当事人的约定利率是否构成高利贷加以确定。

虽然法国将高利贷行为纳入犯罪，但对于大额的企业借贷没有规定明确的高利贷界定标准，遇到此类纠纷时，由行政机关通过不透明的程序对当事人借贷行为的合法性进行事后倒推，这会给借贷合同的法律安定性带来冲击，也会给企业融资带来很大的交易风险。为避免这一风险，法国公司经常向伦敦、纽约等对高利贷管制较为宽松的国外金融市场融资。以伦敦为例，伦敦金融市场受英国法的管辖。英国1974年《消费者信贷法》第137至140条对高利贷进行了规定，允许法院为了实现借款合同当事人的公平而调整合同条款，但该规定不适用于公司之间的借贷，只适用于个人之间的借贷，法律对企业借贷的利率未作规定。美国各州多有关于高利贷利率限制的法律，相比于英国，美国的高利贷法律更为宽松。以纽约为例，在1850年的Dry Dock Bank v. American Life案后，纽约的立法规定，企业之间的借贷不受高利贷的限制。借款合同的借款人若为公司，不得以高利贷为由拒绝偿付贷款利息。为了利用公司对禁止高利贷的豁免权，高利贷的放贷者在向个人放高利贷时，通常都会要求借款人先注册公司，然后将贷款放给公司。针对此种规避法律的情况，1965年，纽约专门立法规定，所有的贷款若年利率超过25%即构成犯罪，放贷者应受刑事制裁。此项立法一刀切地禁止了年利率超过25%的高利贷，即使对于资本成本与风险都很高的企业借贷也不例外。为了避免打击面过宽，后来纽约的立法又对消费借贷和商业借贷进行了区分，对于250万美元以上的商业贷款，不再受禁止高利贷的限制。20世纪70年代，美国经济陷于滞胀。1980年，在美国银行业的推动下，为解决通货膨胀问题，美国国会通过了《存款机构解除管制及货币控制法》（Depository Institutions Deregulation and Monetary Control Act)，规定储蓄银行、分期付款计划出售者和经许可的贷款公司不再受各州高利贷法的限制。在美国，信用卡逾期还款产生利息是一种很普遍的现象，如果持卡人能每月全额偿还欠款，发卡机构通常会免收利息，如果没有全额还款，发卡机构还是会对全部未偿金额征收自消费日以来的利息。美国信用卡贷款利率多在12%至16%之间。但也有远高于这一利率者，南达科塔州苏族瀑布市（Sioux Falls）的普瑞密尔银行（First Premier Bank）最近向客户推出一种"预先批准（preapproved)"的信用卡，年利率达79.9%，被称为最差的信用卡。总之，在美国，银行的地位是很有利的，社会虽有强烈的控制信用卡贷款利率的呼声，但目前美国尚无相关新的立法。

　　基于前述原因，在伦敦和纽约的金融市场，企业的大额借款，不受高利贷的限制，法国企业可以以任何双方约定的利率借款。不少法国企业为了避免国内借款高利贷法律的限制，转向国际市场寻求资金。但是，此种跨国借款的法律风险仍然存在。法国企业跨国借款是否应受法国国内法关于禁止高利贷的法律的规范？对于这一问题立法并无明确规定，法国法院试图通过判例对这一问题做出解答。

二 高利贷的禁止性规定不适用于跨国借款

跨国借款涉及国际私法问题。在国际私法上，若法国公司向外国出借人借款，存在如下影响到法院管辖权和准据法的连结点：合同签订地、合同履行地、当事人住所地、当事人国籍、企业住所地、企业营业地。若双方当事人就借款合同产生争议，法院应当根据冲突法规则来确定应当适用的实体法。随着欧盟冲突法规则的一体化，法国于1991年将《关于合同债务适用法律的公约》（即《罗马公约》）吸收入国内法。根据该公约第3条之规定，合同当事人有权选择适用于合同的法律。但当事人的选择自由受到强制性法律规范的限制。该公约第7条第2款规定："无论合同应该适用的法律如何，本公约的规定不得限制法院地法中强制性法律规范的适用。"如果禁止高利贷的规定被法院视为强制性法律规范或不能由合同约定排除其适用的法律规范，跨国借款亦应受到禁止高利贷规定的规范。法国法院对何谓强制性法律规范并无明确的界定，但是，禁止高利贷的规定限制了合同自由，从字面意思上看，当事人显然不能通过特约加以排除。根据法国刑法典第113条第7款之规定，法国刑法适用于外国人对法国人在法国境外对法国人实施的应处以徒刑的犯罪行为。如果禁止高利贷的规定属于罗马公约所指的强制性法律规范，则违反规定向法国企业放高利贷者还将受到法国刑法的追究。

2001年，法国波城法院判决了一起借贷案件（C. A. Pau, March 1, 2001, BRDA 8/01, n°15, p. 10.）。一对在西班牙的法国夫妇在西班牙贷款购买法国的房屋，因不能偿还借款而被告上法庭。借款人提出高利贷之抗辩。法院认为高利贷之禁止属于公共秩序的一部分，即使借款发生在境外，且当事人已约定适用外国法律，亦应适用。由于借款利率未超过高利贷的限制，被告的抗辩不能成立。该法院的立场与法国已有的判例并不一致。1983年，法国巴黎上诉法院的判决（C. A. Paris 1, June 9, 1983）认为，在法国国外订立的借款合同，约定利率高于法国高利贷最高限制利率，但并未超过所在国高利贷利率限制者，并不违反国际公共秩序。针对巴黎上诉法院的判决，著名学者瓦绍尔（Vasseur）评论道："该判决的重要意义在于，在国际借款合同中，法国禁止高利贷的规定不构成国际性的公共秩序，只构成国内的公共秩序。国际性的公共秩序与法国国内的公共秩序不必保持一致。"为了软化强制性法律规范的域外效力，2000年，法国最高法院在一件关于商业机构登记的判例（Cass. Com., November 28, 2000）中认可了巴黎上诉法院的思路，确定商业机构登记的强制性法律规范的效力仅及于国内，但不构成国际性的强制性规范。如此一来，在法国国际私法的司法实务中，法院通过判例将强制性规范区分为国内的强制性规范与国际性的强制性规范，只有后者属于罗马公约第7条所指的强制性规范。禁止高利贷的规定构成法国国内的强制性法律规定，对于发生在法国以外的借款行为并不产生约束力。对于发生在法国以外其他国家的高利贷行为，法官应适用该外国的法律。法国公司在法国之外的借款行为虽应适用罗马公约，但法国禁止高利贷的法律不属于罗马公约第7条第2款规定的强制性法律规定。

法国法院的判决受到了企业界与金融界的欢迎。法国股份有限公司协会指出，法国企业若在国际市场上借款，不受禁止高利贷的法律规定的约束。法国证券监督管理委员会亦发表声明，指出法国公司如果向国际市场发行债券，不适用禁止高利贷的有关法律规定。经济学界认为，利率是信贷的价格，禁止高利贷的规定是对信贷价格的管制。在一个国家内认为过高的利率，在另一个国家则不一定。因此，从市场价格的形成机制来看，对跨国的借贷利率管制应当放宽。法国法院对禁止高利贷的规定进行区别对待，在法律的硬性规定与市场的需要之间进行了平衡，体现了务实的态度和司法的技术。但是由于在法国判例并非正式的法律渊源，法国企业在国际资金市场上融资时，仍然对国内对高利贷的禁止性规定疑虑重重。

三　结语

我国法律目前对高利贷的态度尚不明朗。近年来，因高利贷崩盘而引发的社会热点事件时有发生。仅仅禁止企业间互相借贷和通过司法解释对民间借贷利率进行4倍的限制，已很难适应中国经济发展的需要。在近年对高利贷的讨论中，只有经济学家频频发表高论，法学界及司法实务界则很少对高利贷的规制发表观点。可以预见，随着经济的高速发展，因高利贷而产生的借贷纠纷将不断产生。如何从中国国情出发，同时借鉴其他国家的有益经验，从法律上对高利贷进行全面、合理、有效的规制，是到了该考虑的时候了。

研讨纪实

"加强二审职能、 推进适法共识"
2012 年第三届法官沙龙研讨纪实

主办单位：上海市第一中级人民法院、上海市第二中级人民法院

时　　间：2012 年 5 月 31 日（星期四）下午 14：00 至 17：30

地　　点：虹桥路 1200 号，一中院四楼多功能厅

主 持 人：郭文龙（上海市第一中级人民法院研究室法官）

　　　　　李　虎（上海市第一中级人民法院民一庭副庭长）

记 录 人：张　琦（上海市第一中级人民法院民一庭书记员）

校 对 人：潘俊秀（上海市第一中级人民法院民一庭书记员）

整 理 人：刘　江（上海市第一中级人民法院民一庭助理审判员）

　　　　　潘俊秀（上海市第一中级人民法院民一庭书记员）

　　　　　沈志韬（上海市第一中级人民法院研究室书记员）

一中院郭文龙：大家好！欢迎参加由一中院、二中院联合举办的第三届"加强二审职能、推进适法共识"法官沙龙。今天来到活动现场的领导有：我院周赞华副院长、二中院阮忠良副院长，让我们用热烈的掌声欢迎两位领导的到来。今天参加活动的还有来自两个中院的民一庭庭长、副庭长、审判长、各区法院的业务骨干，欢迎各位的到来。本次沙龙将围绕婚姻家庭案件中常见的三个疑难问题开展探讨，下面请我院民一庭副庭长李虎主持讨论。

一中院李虎：本次沙龙以婚姻家庭纠纷中财产处理的法律适用为主题，我们选取了当前审判实践中突出三个问题进行研讨：①夫妻约定共同财产已经分割完毕后，另行提起的离婚后财产纠纷应当如何处理；②房屋分割或者折价受让后，房屋交易契税的承担问题；③同居期间双方财产的性质如何认定，如何对同居期

间所得的财产进行析产。现针对上述三个问题逐一讨论。

■ **专题讨论一：夫妻约定共同财产已分割完毕后又要求分割的处理**

一中院李虎：本议题案例的基本情况是：时某于 1993 年与谢某登记结婚。1998 年，时某购买了系争房屋。2000 年 3 月，系争房屋产权登记到时某名下。2000 年 5 月，谢某诉至法院要求与时某离婚，并在起诉状中主张时某离婚后在系争房屋处暂住七个月。经法院调解，双方同意离婚，并达成双方共同财产已自行协商分割完毕，离婚后谢某与时某居住均自行解决的协议。2000 年 12 月，时某自缢死亡。嗣后，时某的父母要求继承系争房屋，谢某则认为时某隐瞒了系争房屋并要求分割产权。

实践中发现，一些夫妻经民政局登记离婚，在离婚协议中约定双方"无夫妻共同财产、无共同债权债务"；另一些夫妻经法院调解离婚，在调解书中约定"共同财产已分割完毕"，或者分割部分共有财产并约定"双方无其他争议"。离婚后，一方以离婚时仍有共同财产未分割而起诉要求分割。我们要讨论的问题是：根据夫妻双方的上述约定，能否认为夫妻共同财产已分割完毕？夫妻财产分割完毕的举证责任应由何方当事人负担？

一中院黄蓓：审判实践中，针对这种情况，可分两种方式处理。第一，如果当事人通过民政局协议离婚，协议书的有关条款一般较为简略，事后一方主张分割系争财产，而该财产在原先的离婚协议中已经涉及的，法院就不予分割。第二，如果双方通过法院出具调解书离婚，调解书中写明"双方无其他争议"，事后一方主张分割系争财产的，则要看在离婚案件的调解笔录、审理笔录是否已对诉争财产进行描述，没有描述的，可以按照离婚后财产进行分割。

本案中，一方面，双方分居后，谢某知道时某在系争房屋中暂住七个月，但并不清楚时某在婚姻关系存续期间已经购买了系争房屋。另一方面，在法院的审理笔录、调解笔录、离婚调解书中均没有涉及该项财产，也没有证据证明谢某明知该项财产而表示放弃。根据《婚姻法解释（三）》第 18 条的规定，离婚后，一方以尚有夫妻共同财产未处理为由向人民法院起诉请求分割的，经审查该财产确属离婚时未涉及的夫妻共同财产，人民法院应当依法予以分割。故本案当事人起诉至法院主张分割系争财产，法院应予支持。

一中院王刚：我认为，离婚协议中未涉及的财产也不应予以分割。上述案件中，谢某认为离婚时她并不知道系争财产存在，但没有证据证明；在法院调解离婚时，双方已经达成协议表明共同财产已协商分割完毕，离婚后谢某与时某自行解决居住问题。在协议离婚中，有时双方明知有未分割的夫妻共同财产，但因为当事人认为该财产不需要分割，故在离婚协议中没有涉及；随着时间的推移，该财产逐渐增值，当事人便反悔要求再次分割。从维护社会诚信、保证离婚后家庭稳定的角度出发，我认为当事人在较长时间内对系争财产不提出分割的请求，事后向法院提起离婚后财产纠纷之诉的，法院不应支持。

一中院周赞华： 该案中，如何认定"双方共同财产已自行协商分割完毕"是审理关键。我认为系争房屋作为夫妻共同财产已经分割完毕，除非出现两种例外情况：一是双方另有约定暂时不处理财产，二是确实存在隐瞒财产的情况。法官在该类案中需要审查的是，双方有无暂不处理系争财产的约定、有无隐瞒财产的事实。我不赞同离婚案件中先行处理解除婚姻关系，再处理夫妻共同财产，应将人身关系与财产关系放在离婚案件中一并处理。建议民政局、法院处理离婚案件时，在协议书、调解书中列明不动产及其他大额财产的权属。

虹口法院丁汉良： 本案调解协议中的主文表述不够严谨。如果当时双方确认系争房产归时某所有，法院应在调解书中明确，但调解书未能做到这一点，导致了谢某起诉主张房屋。司法实践中，应当区分情况处理相关案件：第一，当事人递交给民政部门的离婚协议表述较笼统，如仅载明"双方财产已经处理完毕"的，如果事后一方提出要求分割离婚协议中没有处理完毕的大额财产，应该予以准许；第二，当事人递交给民政部门的离婚协议中写明了各项财产的权属，一般情况下，当事人不得反悔。仅当离婚财产分割协议存在欺诈、胁迫等情形时，可依据《婚姻法解释（二）》第9条之规定主张撤销。

徐汇法院张雪梅： 对于夫妻约定共同财产已分割完毕后又要求分割的问题，不能简单地排除当事人的诉权，因为当事人在解除婚姻关系时可能没有完全处理夫妻共同财产。处理该类案件时，法院应当注重查看离婚调解过程中当事人的诉辩意见、调解笔录，并在庭审中适当分配举证责任，以查明事实。具体来说，原告要举证证明对方有隐匿财产的行为；被告要证明原告明知有夫妻共同财产，但离婚时表明放弃，即证明夫妻共同财产已经分割完毕。

二中院王冬寅： 近期，闸北法院向虹口民政局发送了一份关于民政局处理协议离婚的司法建议。鉴于当前民政局为当事人离婚提供离婚协议的格式条款，但不收取当事人自己拟定的离婚协议。因此，建议民政局在提供的协议中涵盖以下内容：第一，要求当事人说明夫妻共同财产是否分割完毕，有无遗漏；第二，要求当事人说明房产的分割情况，尤其是登记在一方名下的财产，当事人要写明房屋的性质、归属、补偿等问题；第三，如果当事人自行订立了离婚协议，民政局宜将协议存档，如果当事人事后发生纠纷的，也便于法院查明当事人的真实意思。同时，建议民政局办理离婚的工作人员要不断更新法律知识，尤其注重婚姻法及其司法解释的学习。

二中院蒋晓燕：离婚后财产纠纷案件处理的财产，主要指离婚时隐匿的财产，不是离婚时没有分割的财产。第一，在离婚案件中，关于夫妻共同财产分割的判决主文可能有若干条，各条主文间是独立又相互关联的，当事人对其中一条提出异议的，法院应当将几条主文作为一个整体看待，从整体上确定判决是否公平。第二，当事人离婚调解协议中载明双方共同财产已自行处分完毕的，如一方主张再次分割财产，其需要证明对方有隐匿财产的行为。如经审查，离婚调解协议确有不公平之处的，当事人可以请求撤销该协议；司法实践应逐步总结出证明离婚协议不公平的客观标准。

一中院李虎：上海市高级人民法院《关于印发〈关于审理婚姻家庭纠纷若干问题的意见〉的通知》（沪高法民一〔2007〕5号）第6条规定："夫妻协议离婚后财产纠纷中的财产范围，既包括离婚协议中未涉及的财产，也包括《婚姻法》第四十七条所规定的一方在离婚时隐藏、转移、变卖、毁损的夫妻共同财产及伪造债务侵占的另一方的财产。"根据这一规定，离婚后财产纠纷已经突破了《婚姻法》第47条关于财产的界定范围。本案中，即使谢某明知时某购买系争房屋，根据上述规定，只要存在离婚协议未处理的财产，当事人即有权在离婚后主张处理。

二中院阮忠良：该案的问题主要是事实认定问题。我认为高院规定中的"未涉及的财产"，是指双方都认为没有涉及的财产。本案中，谢某主张系争房屋属于隐匿的财产，认定隐匿财产的条件是，一方存在隐匿财产的行为，导致另一方完全不知道隐匿财产的存在。司法实践中，我们处理调解离婚案件时，要不断规范调解协议及调解书的相关条款，防止出现夫妻约定共同财产已分割完毕后又要求分割的处理问题。在过去的实践中，我们处理离婚案件的时候需要做两件事：一是要求原告在起诉离婚时，填写个人财产、夫妻共同财产；二是要求被告在应诉时必须填写个人财产、夫妻共同财产。对双方未论及的财产，可认定为离婚时未涉及的财产，应适用高院的意见处理；离婚时一方列明财产清单，当事人在最后落款处载明"夫妻共同财产分割完毕"的，法院就清单上的财产不再处理。综上所述，在处理离婚后财产纠纷案件时，应该严格按照婚姻法司法解释进行处理；市高院出具的规定适用于离婚时未涉及的财产，司法实践中应该先进行事实认定，判定系争财产是否属于未涉及的财产。

浦东法院程小勇：该案可以从意思表示的理论角度分析。在德国法中，意思表示的障碍中有几个层次：①有意的心理保留，以表意行为作为对外的意思表示，表意行为发生法律效力；②双方的虚伪表示，包括合谋的虚伪表示与单方的虚伪表示，其中对于合谋的虚伪表示，在双方当事人之间产生法律效力，对第三人不发生法律效力；③意思表示错误，包括对意思表示的客体与性质的认识错误。德国法尊重意思表示的自由，只要意思表示存在错误，都允许撤销，但要赔偿相对方的经济损失。台湾地区的学者将意思表示错误分为不同的层次，对意思表示的撤销要看当事人有无过失，过失分为一般过失、轻微过失、抽象过失等，因过失的层次不同，故对撤销的限制也不相同。我们研究意思表示中的真意，可以借鉴上述法律和学说。本案中，时某于1998年购买系争房屋，根据法律推定，谢某明知时某居住在系争房屋内，所以关于谢某的内心保留可以不予采纳。如果谢某对离婚协议中财产分割内容有重大误解的，可以要求撤销。法院在处理意思表示障碍的案件中，要平衡好交易安全与当事人的真意表达之间的关系。

一中院羊焕发：我同意两位院长的意见。今后办理婚姻家庭案件，需要注意：第一，要在调解笔录、庭审笔录、判决书中列明夫妻双方的财产，尤其是房屋、汽车等大宗财产，避免再次发生不必要的争议。第二，当事人经过法院调解离婚或经过民政局协议离婚后，再提出离婚后财产纠纷之诉时，如果原告认为被告隐匿夫妻共同财产，需要举证证明；如果被告认为原告的证据不足，也要负担一部分的举证责任，证明系争财产在离婚时有所提及，并证明当时如何处理系争财产、为何系争财产在调解书中未能有所反映。第三，法官在处理离婚后财产纠纷案件时，需要征求原离婚案件中承办法官的意见，了解当初整个调解的过程。

一中院吴薇：我认为，无论当事人是通过判决离婚、调解离婚或是民政局协议离婚，隐匿的财产都应该进行处理。同时，法院还要结合案件事实对调解协议进行解读，判断当事双方协商分割的共同财产是否有所指向。除了隐匿财产之外，如果离婚双方确有未曾分割的夫妻共同财产，可以在离婚后主张分割；仅凭相关协议的"夫妻共同财产分割完毕"字样，不能推定夫妻共同财产已经完全分割完毕。

长宁法院季立辉：我认为，在处理离婚案件时，法院要注意明确夫妻共同财产的性质，尤其是明确登记在一方名下房屋的权属。同时，对于当事人没有涉及的共同财产，应告知当事人可以另案起诉。

■ 专题讨论二：房屋相关契费的承担问题

一中院李虎：本议题案例的基本情况是：原告朱某、方某、朱某某分别系夫妻、父女、母女关系，朱某某与被告王某曾是恋爱关系。在朱某某与王某恋爱期间，三原告与被告共同出资购买了位于富平路的房屋一套及车位一个，支付购房、车位款及税费889 978元，房屋及车位产权登记为四人共同共有。后朱某某与王某恋爱关系破裂。三原告以分家析产为由起诉至法院要求房屋归三原告所有，三原告支付被告折价款600 000元。法院审理后判决系争房屋、车位归三原告所有，三原告支付被告房屋、车位折价款700 000元。判决生效后，被告王某拒不执行判决，三原告申请强制执行。执行中涉及房屋及车位产权变更，产生由被告负担的税金52 593.75元。为顺利执行过户手续，原告垫付了该笔税金。嗣后，三原告诉至法院，要求被告返还不当得利52 593.75元，法院判如所请。在离婚、继承和分家析产案件中，经常会出现一方当事人取得房屋，并根据房屋价值给付另一方当事人相应的房屋价款。对于房屋的折价款，实践中是根据房屋的估价、当事人确认价或者法院询价结合被给付一方所享有的产权份额计算而定。故取得折价款一方获得的是房屋的净价，而取得房屋一方在变更登记或变卖房屋的过程中，需要支付一定的契费。需要讨论的问题是：相关契费应由一方当事人承担，还是应由双方分担？关于契费的承担方式应在判决中予以明确，还是到案件的执行阶段处理？

二中院杨恩乾：这个问题可从三个方面考虑：第一，从审执兼顾的角度看，判决书作为执行的依据，应当明确履行方式、给付费用的承担等内容。第二，从纠纷解决的角度看，法律文书应体现一次性解决纠纷的理念，为了避免讼累，法官应在判决书中明确表述房屋契税的承担。第三，从实践的角度看，如果判决书中载明税费的承担方式，将有利于执行的进行。

一中院周赞华：从当前形势看，判决执行工作开展较难。我认为，法院的执行工作很难具体到税费问题，一般只能就税费的负担进行调解，如果调解不成功，就可能出现案结事不了的情况。处理类似案件时，法院要坚持不告不理和审执兼顾原则。

嘉定法院肖美华：第一，关于税费承担的问题。在离婚、继承、分家析产等案件中涉及的房屋变更产生契税，应该由双方分担，因为分得产权的人不是平白取得产权，其应当支付相应的对价。第二，关于契税承担方式是否应在判决书中明确的问题。我院执行庭认为，没有必要在判决书中明确税费承担方式。判决后，双方当事人到房地产交易中心后，房地产交易中心会根据法院的判决决定各方契税的负担，并开具相应的收据，执行庭据此可以采取执行措施。第三，关于税费金额的问题。判决时，因为契税的金额尚不确定，在判决主文中一般难以明确具体金额，我认为，今后判决应该在"本院认为"部分加一句"房屋税费的负担根据房地产交易的相关规定，由当事人各自承担"。使税费问题直接在执行阶段处理，这样可以避免当事人的讼累。

长宁法院耿志成：我同意嘉定法院法官的意见。第一，税费应该由双方当事人各半承担。房屋的变更登记需在房地产交易中心办理手续，其行为与房屋买卖有所类似，产生的税费应当双方各自承担。第二，关于判决书中是否应该写明税费的承担，我认为，除了要写明税费由谁承担，还要写明当事人需互相配合办理房屋变更登记手续。

普陀法院俞建平：该案中，被告也要求取得系争房屋的所有权，但是考虑到原告方有三个人，法院经综合考量后，将系争房屋判归原告所有，并无不当。同时，如果判决明确由双方共同承担相关税费，是否应进一步明确被告需承担的个人所得税，值得进一步讨论。

二中院蒋晓燕：在此类案件中，税务机关开具的税单是当事人的支付凭证，执行庭按照税单执行即可。

一中院周赞华：也要看到，税务机关开具的是税务依据，并不必然成为与司法执行的依据。

一中院阮国平：民事案件的审理遵循不告不理的原则，法官需依据当事人的主张及其举证作出判决；当事人没有主张的，法官就不应作出判决。司法实践中，关于房屋的权属问题，应该在判决主文中明确；而税费承担的问题则由公法调整，不宜在民事判决书中明确。

一中院李虎：我赞同周院长的观点，如果当事人能就税费问题达成和解的最好；如果不能，按照不告不理的原则，当事人在起诉时候只要求法院确认对房屋权属，并未要求处理税费承担问题，法院不应进行处理。同时，法院在诉讼中也应考虑到审执兼顾，要适当引导当事人。如果当事人就税费承担达成合意的，因税费的负担属于当事人自由处分的范围，应尊重当事人意思；如果当事人无法就税费承担达成合意，则税费应按照国家规定承担。

一中院吴薇：我认为这类案件的审判过程中，应该考虑税费负担问题。法官要适时询问当事人如何承担税费，如当事人能够就此问题达成一致意见，则按照协议执行；如果不能，法官可以在裁判文书中写明"各自承担按相关规定各自应承担的税费"。

二中院傅佐：在此类案件中，税费承担问题也与房龄长短、房屋性质等因素有关，需要全市各级法院共同研讨、合力解决。

高院洪波：该类案件可以从不当得利的角度来考虑，但也要认识到，税收由税务部门征收，税收关系是一个公法问题。在该类案件的处理过程中，如果当事人就税费达成一致意见的，可以尊重当事人的意思；如果当事人未能达成一致意见，应按照公法规定处理。

黄浦法院李红云：该案是确认之诉，我院一般不予执行。如果当事人申请法院开具《协助执行通知书》的，我院将在笔录上载明"执行费由原告承担，由此后果产生的所有费用由原告承担"，然后再出具协助执行通知书。实践中，有些法院判决载明"被告协助原告办理产权过户手续"，原告以判决书为据申请执行，并由被告在协助过程中承担相应的税费。但如果判决书中没有明确税费承担方式，我院认为应由原告负担。

一中院羊焕发：该案不处理公法关系，公法意义上的税费业已产生，本案审理并不涉及税收项目、征税数额的问题。本案处理的是税费由谁负担的问题，与税务机关的征税行为没有关系。我认为，本案税费以均额分摊为妥，由此产生的费用也应均额分摊。

▉ 专题讨论三：同居期间财产性质认定问题

一中院李虎：本议题案例的基本情况是：王某与袁某于2005年同居生活，王某于2008年购买系争房屋，2010年8月开发商交房。2009年4月，为解除同居关系、分割同居期间的财产，双方签订协议书，王某同意将自己名下的系争房屋由王某还清贷款后过户给袁某。后王某反悔，认为其在同居期间购买的系争房屋属于其个人财产，在办理房屋过户手续前有权撤销对袁某的赠与；袁某则认为，同居期间一方购买的房屋应属共同财产，并要求按照协议履行。

因同居关系解除而产生的财产纠纷中，双方当事人常会对同居期间取得财产的性质发生争议。需讨论的问题是：同居期间取得的财产应认定为个人所有，还是共同所有？如果认定为共同所有，其依据又是什么？

一中院羊焕发：我认为，同居期间和夫妻婚姻关系存续期间的财产性质是不同的，法律规定的处理原则也不相同。对于合法的婚姻关系存续期间的财产，应以认定为夫妻共同财产为原则，以认定个人财产为例外。对于同居期间取得的财产，能够证明为个人财产的一般应认定为个人财产；对于归属不清，双方有争议的财产，才认定为共同财产。本案中，法院查明，王某名下的房产由其个人收入购买，该房产应是王某的个人财产，不是共同财产。

一中院孙卫：我基本认同羊焕发的意见。如果同居双方共同使用某项财产，并且双方生育了子女，共同使用系争财产是为了抚育子女，那么该财产可以认定或者部分认定为同居期间的共同财产。但是，如果同居双方共同使用系争财产，其中一方对同居财产没有任何贡献的，还是认定为个人财产为妥。

一中院黄蓓：目前，我院受理了不少同居析产纠纷案件，这类案件近年来有增多趋势，涉及的标的非常大。我认为，同居期间所取得的财产与婚姻关系存续期间所取得的财产完全不同。同居期间登记在一方名下的财产，除非有相反证据证明存在双方共同经营、共同管理的事实，应当认定为个人财产。本案中，涉案房屋以男方个人收入购置，应当认定为个人财产。

浦东法院程小勇：根据1989年颁布的《最高人民法院关于人民法院审理未办结婚登记而以夫妻名义同居生活案件的若干意见》第10条的规定，解除非法同居关系时，同居生活期间双方共同所得的收入和购置的财产，按一般共有财产处理。所以，我们处理同居期间的财产时，除非双方有约定，应按照一般共有财产处理。如果是男方赠与婚外第三者的财产，配偶要求予以撤销的，法院可以同意撤销。

一中院李虎：第一，关于《最高人民法院关于人民法院审理未办结婚登记而以夫妻名义同居生活案件的若干意见》第10条的适用问题。该条适用时需要满足以下条件：①在20世纪80年代末期以前，双方以缔结婚姻为目的，并以夫妻名义共同生活，不包括有配偶者与他人同居的情形；②同居生活期间双方共同所得的收入和购置的财产，按一般共有财产处理，所以根据文义解释，其不适用于有配偶者以夫妻名义与他人同居；③强调共同购置的行为，即判断是否存在对系争财产存在当事人共同所得、共同出资的事实。本案中，女方不能以任何方式证明对系争房屋存在出资的事实，所以系争房屋为男方个人财产。第二，关于男方撤销赠与的问题。按照《婚姻法解释（三）》第6条的规定，婚前或者婚姻关系存续期间，当事人约定将一方所有的房产赠与另一方，赠与方在赠与房产变更登记之前撤销赠与，另一方请求判令继续履行的，人民法院可以按照合同法第186条的规定处理。本案不存在《合同法》规定的不可撤销的情形，且《婚姻法解释（三）》第6条适用于配偶之间，根据举重以明轻的原则，同居期间发生的财产赠与也可以撤销。

一中院周赞华：1994年2月后，我国对非法同居的定位已经明确，不再适用事实婚姻的规定。对于同居期间所得的财产，是否还能适用上述1989年的司法解释，并认定为一般共同财产，尚待讨论。本案中，涉案房屋如果是同居期间的共同财产，王某只能赠与袁某一半的财产，在房屋未交付之前，王某有权利撤销赠与。

高院黄晓陶：从理论上分析，我国采用的夫妻共同财产制为拟制共同财产制。同居关系与夫妻婚姻关系是不同的，由于没有领结婚证，就不存在夫妻关系，不能适用拟制共同财产制。我认为，同居期间所得财产，应该认定为个人所有，如果要认定为共同共有，要看是否存在共同出资、共同管理的行为。关于赠与是否可以撤销，因为系争房屋为王某个人财产，且根据《婚姻法解释（三）》，只要房屋尚未过户，就可以按照合同法规定撤销。

高院洪波：首先，法官沙龙活动通过案例研讨促进适法统一，对于一类民事案件的处理而言，意义深远。如今天讨论的第一个话题，即当事人是否能主张分割离婚案件中遗漏的财产，普遍的观点认为，法院在处理时要注意审查是否有隐匿财产的情况。其次，就今天探讨的三类案件，法官在审理时需要合理适用证据规则，在当事人间适当分配举证责任，注重行为意义上举证责任的转换，使当事人能够提出更多的证据来证明案件事实。最后，对司法实践的疑难问题，各级法院可以共同讨论、共同分析，高院也将注重收集信息、加强研究，为我市同类型案件的审判工作提供指导意见。

一中院周赞华：对本次沙龙活动，我有三点总结意见。第一，要进一步提升调处纠纷的司法能力。本次沙龙活动研讨了婚姻家庭纠纷中的适法难题，要以本次活动为契机，不断总结审判经验、梳理裁判方法、提升司法能力、提炼同类案件的适法标准。第二，要进一步发挥业务骨干的带头作用。参与沙龙活动的法官均是各级法院的业务骨干，鉴于我市年轻法官数量不断增加，业务骨干在活动后要做好"传帮带"工作，主动关心、悉心教授，帮助年轻法官快速成长。第三，要进一步完善"法官沙龙"平台。要珍惜"法官沙龙"资源，集各方之力将其打造成增进全市法院适法共识的长效平台。要延伸"法官沙龙"实效，对在沙龙中能形成统一意见的问题，报请高院研究制定指导意见；对存在较大争议的问题，报请高院进一步调研论证。

一中院郭文龙：今天的沙龙活动到此结束，谢谢大家的参与。

"加强二审职能、推进适法共识"
2012年第四届法官沙龙研讨纪实

主办单位：上海市第一中级人民法院、上海市第二中级人民法院

时　　间：2012年7月12日（星期四）下午14：00至17：30

地　　点：虹桥路1200号，一中院四楼多功能厅

主 持 人：王剑平（上海市第一中级人民法院民三庭副庭长）

　　　　　郭文龙（上海市第一中级人民法院研究室法官）

记 录 人：叶　敏（上海市第一中级人民法院民三庭书记员）

　　　　　李晓佳（上海市第一中级人民法院民三庭书记员）

整 理 人：叶　佳（上海市第一中级人民法院民三庭书记员）

　　　　　沈志韬（上海市第一中级人民法院研究室书记员）

一中院郭文龙：大家好！欢迎参加由一中院、二中院共同举办的第四届"加强二审职能、推进适法共识"法官沙龙。今天来到活动现场的领导有：我院周赞华副院长、二中院阮忠良副院长，让我们用热烈的掌声欢迎两位领导的到来。今天参加活动的还有来自两个中院民三庭的庭长、副庭长、审判长，各区法院的业务骨干，欢迎大家。本次沙龙将围绕劳动争议审判实践中出现的新型疑难问题展开探讨，下面请我院民三庭副庭长王剑平主持讨论。

一中院王剑平：劳动合同法施行至今已有4年之久，劳动争议数量也由原来的井喷式爆发逐步趋于稳定。本次沙龙有3个议程，主要讨论由3个案例引申出的实务问题：①劳务派遣以及人事代理的区分认定；②新类型的竞业限制纠纷所涉争议；③股权激励纠纷与高管解聘相关争议。现逐一进行讨论。

280

■ 专题讨论一：劳务派遣以及人事代理的区分认定

一中院朱鸿：本专题案例的基本案情是：耿某于 2009 年 7 月入职 K 公司，双方签订了为期 3 年的劳动合同，约定 K 公司每月 8 日支付耿某上月工资。另 J 公司与 K 公司签订有人事代理服务协议，约定 J 公司提供的服务项目有代办录用/退工手续、代缴社会保障金、代做代发员工工资/代扣代缴个人所得税等；还约定 K 公司委托 J 公司每月 8 日代发员工工资，K 公司应提前支付款项，如逾期，J 公司亦将顺延发放工资，并由 K 公司承担责任。

J 公司为耿某办理了录用手续，正常发放耿某工资至 2010 年 3 月，并为其缴纳综保至 2010 年 6 月。后耿某以 2010 年 3 月后不能正常获取工资为由向 K 公司提出辞职，并实际工作至 2010 年 6 月 30 日。另 J 公司于 2010 年 6 月 25 日为耿某办理了退工手续，并于 2010 年 6 月 29 日书面通知了 K 公司。后耿某申请劳动仲裁，要求 K 公司补发工资并支付经济补偿金。仲裁委追加 J 公司为第三人，并裁决 J 公司支付工资、K 公司支付经济补偿金。后 J 公司不服裁决涉诉。

这个案件的争议焦点是 J 公司与耿某之间能否认定存在劳务派遣关系？案件处理过程中有两种观点：观点一，J 公司与耿某之间可以认定为存在劳务派遣关系，J 公司以其名义为耿某办理招退工手续、支付工资和缴纳综保，实际履行了用人单位的义务；观点二，J 公司与耿某之间不存在劳务派遣关系，双方之间并未凸显劳动关系中的管理与被管理等隶属性特征，J 公司仅与 K 公司存在人事代理关系。

我认为，本案当事人间为人事代理关系。在实践中，一般三方当事人均认可是劳务派遣关系时，当事人间才构成劳务派遣。根据上述约定，人才公司履行的是先行支付义务，但不能推导出其应当承担劳务派遣的义务。

二中院陈樱：从本案事实来看，我赞同朱法官的观点。双方不存在劳务派遣关系，只存在人事代理关系。

长宁法院娄嬿：我同意朱老师的观点。从法律的角度看，人事代理服务是一项附属性的工作，人事代理公司与劳动者之间不存在管理与被管理的关系。从保护劳动者的角度看，法院也不能随意判定他们存在劳务派遣关系，尤其在劳动者不知情的情况下，认定当事人间为劳务派遣对劳动者不公平。

闵行法院徐剑虹：通过分析，我院认为本案当事人间并非人事代理关系。根据相关规定，人事代理公司可以代理的项目大多直接与劳动者权利义务相关，但这些规定均未规定人事代理公司可以代发工资。此外，在民事代理关系中，代理人是以被代理人的名义行事，但此案中代理人是以自己的名义从事相关行为。所以，我认为本案当事人间为劳务派遣关系。

徐汇法院钱文珍：我院法官就本案进行了讨论并认为，法院认定劳动关系时应看当事人的意思表示，即当事人应有建立劳动关系的合意。本案两家公司之间签订协议，与劳动者没有任何关系；此外，本案出现的社保手续瑕疵可以后续纠正，并不影响基础性质的认定。

一中院蔡建辉：劳动合同法并未规定人事代理的定义。虽然本案可不认定是劳务派遣，但因两家公司之间订立了相关合同，故涉案公司因此要承担给付工资的义务。

二中院竺常赟：总体来讲我同意第二个观点。涉案用工关系不符合一般的劳务派遣，同时，要认定为人事代理关系，又缺少了当事人委托的要件。从法律关系的角度看，劳务派遣是一个三角法律关系，但本案当事人间并非如此，所以第一个观点可以排除。

一中院周赞华：这个案件讨论表明，一中辖区法院和二中辖区法院在相关问题的理解上还存在差异。从法律效果看，劳动关系、派遣关系、人事代理关系，三方面的区别点主要在处理决定上。还值得探讨的问题是，本案裁判K公司支付经济补偿金的依据是什么？有没有逻辑矛盾？

市人保局张宪民：我赞成朱法官的观点。我认为本案并不成立劳务派遣关系。劳务派遣公司和劳动者之间为劳动关系，并基于劳动关系产生了对人的管理权。本案中，耿某的劳动关系是在K公司，劳动报酬也由K公司给付。在合同履行过程中，三方当事人间的法律关系不因J公司单方面的认定而发生变化，故本案不是劳务派遣关系，至多可能是直接借用关系。

高院竺琴：如何认定本案所涉的法律关系，应当看三方当事人的真实意思表示，J公司只为个人办理了录用手续，个人对这个没有任何异议，也明知了J公司是代K公司办理有关手续，从真实意思表示来看，个人与J公司不存在劳动关系。

浦东法院程小勇：赞成朱老师的意见。个人先直接和K公司签了3年的用工合同，劳动者本人明知其与K公司建立了劳动关系，只不过后面是由另外一家公司来支付工资。在实践中这样的情况很多，如何处理这种劳动关系，是否可以赋予劳动者选择权，都值得探讨。

浦东法院俞波：我同意朱法官的意见。个人和 K 公司签订了书面合同，同时，涉案经济补偿金是 K 公司支付，借此可以认定 K 公司与个人建立了劳动关系。K 公司、J 公司间的协议只能约束两家公司，对个人并无法律效力，因此，劳务派遣是不成立的。同时，本案人事代理公司做法不规范，相关手续应以委托人名义去办，而不是以自己的名义去办。

一中院郑东和：就这个案子，我同意大多数同志的观点。劳动关系的建立要看当事人的意思表示，个人与 K 公司存在建立劳动关系的合意，个人在申请仲裁时可能也不知道 J 公司要向他承担责任。如果本案为劳务派遣关系，个人与劳务派遣公司之间应该订立相关协议，并就派遣关系作出明确约定。在未确定劳动者了解自己被派遣用工的情况下，法院不应轻易认定劳动者和涉案公司间存在劳务派遣关系。

专题讨论二：新类型的竞业限制纠纷所涉争议

一中院王剑平：竞业限制一直是劳动争议审判中的难点。劳动法司法解释四的征求意见稿里面有很多条文即是为了规范该类纠纷的审理。下面一个案例里面反映的很多问题值得探讨，现在请我院蒋克勤法官来介绍下案情。

一中院蒋克勤：随着当事人知识产权保护意识不断增强，竞业限制的情况越来越多。但劳动法律相关规定较少，就司法实践中的一些问题，不同的法院做出了不同的处理。下面我们来看一个案例。

郎某于 2004 年 5 月入职主营化工产品的 M 公司从事新涂料开发工作，后双方签订保密协议一份，约定郎某在职期间及离职后 3 年内不得以各种形式入职或投资竞争企业，否则相关利益将归 M 公司所有。协议未明确约定补偿金标准，只提及 M 公司同意按照双方达成的约定支付补偿金。2009 年 6 月 8 日，郎某辞职并离开 M 公司。2007 年 6 月，郎某之妻吕某及岳母陆某作为股东，与他人共同成立了与 M 公司有竞争关系的 P 公司。2009 年 9 月，M 公司发函要求郎某遵守保密协议，并将竞业限制期限缩短为 2 年，同时按郎某上一年度工资 50％为标准支付年补偿金。郎某收函后未予回复，M 公司此后也未向郎某实际支付补偿金。后 M 公司就郎某和 P 公司违反保密协议一事提起劳动仲裁，劳动仲裁委作出裁决后，M 公司不服并起诉，请求法院判令：①郎某继续履行保密协议；②郎某和 P 公司共同承担连带赔偿责任；③P公司禁止雇用郎某。

本案涉及的疑难问题有二：第一，通过郎某之妻的投资行为能否认定郎某本人违反了竞业限制义务？第二，P公司是否应负连带责任？

本案的争议在于：关于第一个问题，一种观点认为，法院可以从当事人以合法形式掩盖非法目的，或者涉案财产属于夫妻共同财产等角度，认定郎某违反了竞业限制义务；另一种观点认为，在无约定的情况下，劳动法上的竞业限制主体仅限于劳动者本身，故不能认定吕某的行为违反了竞业禁止规定。关于第二个问题，一种观点认为，法院可判定郎某与P公司共同侵害了M公司的权利，应承担连带责任；另一种观点认为，不能判定P公司与郎某承担连带责任，因为法定连带责任仅限于劳动合同法第91条规定的情形，本案并不适用；另外，本案系劳动争议而非民事侵权之诉，基于合同相对性及法人独立性原理，判令P公司与郎某共同承担连带责任依据不足。

徐汇法院钱文珍： 本案是我院处理的案件，当时，4名劳动者同时起诉要求赔偿。从夫妻财产处理一体性来看，我赞同蒋法官的意见。夫妻一方的个人行为可以推定为夫妻双方的共同行为。但远亲的行为能否共同违反竞业限制？对法院来说是一个难点问题。关于连带责任问题，劳动合同法第91条规定了相关情况；但P公司的行为性质较为恶劣，故从法律的社会效果、示范性和公平性的角度来看，应当判决P公司承担连带责任。

一中院金绍奇： 第一，郎某行为是否构成竞业限制？这不能仅仅从夫妻关系角度认定，而应结合劳动者是否为公司真正的股东、有无利用工作期间获得知识产权等因素来认定。第二，P公司是否要承担连带责任？我认为，法院认定当事人承担连带责任时，要有明确的法律依据；在其他股东对这个情况不知情的情况下，如果要求公司承担连带责任的，将会损害到其他股东的权益。

二中院陈樱： 首先，劳动者妻子或者岳母的行为，是否与劳动者本身的行为共同违反了竞业限制规定，应该看当事人是否为公司的实际控制人。其次，在本案中，郎某实际上是否是P公司的控制人？P公司是否应当承担共同的连带赔偿责任？本案如何适用劳动合同法第91条，还是要从具体案件来看。本案要求P公司承担连带责任依据有些不足。

一中院郑东和： 我赞同金绍奇法官的意见。首先，本案中，可以认定郎某以合法形式掩盖了非法目的。其次，P公司是否应该承担连带责任，要看合同的约定或法律的规定，没有法律规定的前提下，要求其承担连带责任，缺乏法律依据。M公司可以选择打一个侵权官司。

青浦法院徐蔚青：本案实际上是不正当竞争案件，我觉得徐汇法院判连带责任有点激进，不符合劳动合同法第91条的规定，直接判连带责任没有相关法条可以支持。

一中院姚蔚薇：本案涉及公司高管的忠实勤勉义务。在判断当事人是否违反义务时，要结合当事人的股份利益、公司实际控制人等因素来认定。在认定法律责任时，如何确定赔偿数额，是劳动争议审理中应当认定的问题。同时，本案涉及请求权的竞合，当事人行为亦构成侵权责任，本案直接判P公司承担连带有点激进。

浦东法院程小勇：第一，根据劳动合同法规定，用人单位竞业限制的范围，可通过协议约定；当事人间发生纠纷的，有约定的应按约定处理。实践中，有的约定不仅要限制劳动者的行为，还限制劳动者亲属的行为。劳动者入职和投资行为涉及妻子利益的，因夫妻关系存续期间取得的财产可以认定为共同财产，在没有特别约定的情况下，应当认定为夫妻共同债权债务，如果法院一味要求用人单位举证，显得过于严苛。劳动者的行为涉及丈母娘或其他亲属利益的，就要看当事人有没有相关约定。第二，本案的连带责任是针对郎某违约行为的连带责任，如果要求P公司承担违约金，刻意认定为连带责任显得过于牵强。

市人保局戴建平：劳动关系的主体不能随意扩大。竞业限制对当事人的行为有一定限制作用，但其作用相对有限，因为权利人举证较难。从本案来看，主要应当要看郎某是否违反了竞业限制规定，而其妻子和岳母的行为是不属于竞业限制的范围的。但如果郎某把商业秘密透露给妻子，而妻子将此商业秘密运用在公司经营中，则可另当别论。此外，P公司是否应当承担连带责任，不属于劳动关系问题。

一中院孙少君：在劳动者违反了竞业限制的前提下，权利人可以用两种方法主张违约赔偿损失：一是依据劳动法提起违约之诉；二是依据反不正当竞争法，提起侵犯商业秘密之诉。现实中，当事人如选择第二种方法，其诉讼难度较大，胜诉可能性较小。在侵犯商业秘密的案件中，是由原告方举证证明自己的损失或对方的收益，而用人单位如何完成举证责任，应由法院根据案情来认定。如果用人单位提起违反竞业限制义务之诉，在双方没有约定违约金义务的情况下，认定相关责任时，可参考侵犯商业秘密案件的审理思路。

高院竺琴：劳动权属于生存权的一种，不同于一般的法律权利，其在权利位阶上高于单位的财产权。在确定劳动者竞业限制范围时，应考虑其合法性和合理性。第一，从限制主体看。竞业限制约定的主体为劳动者和用人单位，法院不应随意将劳动者的其他家庭成员纳入竞业限制范围内。第二，从限制范围看。两家涉案公司都主营化工产品，郎某从事的是新涂料开发工作，这仅仅是化工产品中的一个领域。第三，从限制协议的合理性看。劳动者在工作中必须掌握的技术是否属于商业秘密，还需结合实际情况认定。第四，从赔偿费用看。本案中，劳动者开始履行竞业义务的时候，用人单位一直没有向其支付合理对价。

二中院竺常赞：民事案件审理中，法官也要考虑道德风险的问题，如果按照第一种观点来判的话，法官就应当对企业道德风险进行评价；此外，还要考虑到劳动者配偶和家属的问题。在确定连带责任时，法院不能仅仅依据当事人与P公司一名股东系配偶关系的事实，就认定P公司承担连带责任。

一中院周赞华：首先，关于涉案竞业限制条款的效力是否能及于劳动者亲属的问题，法律并未明确规定，法院认定这一问题时不应任意扩大解释法律规定，而应当考察相应的证据再做决定。其次，关于本案当事人是否构成连带责任的问题，法院也要按照法律规定确定，并由M公司承担举证责任。我感觉这个案例很典型，值得我们深入讨论。

▨ 专题讨论三：股权激励纠纷与高管的解聘相关争议

一中院王剑平：下面我们进入第三个专题。市场经济的发展离不开现代企业的发展，企业的发展归根到底是人才的竞争。许多企业为了留住人才，建立了股权激励机制，但由此带来了实践中许多新问题。下面请我院蔡建辉法官介绍一下相关案例的基本情况。

一中院蔡建辉：沙某入职J公司任总经理，期间双方签订了劳动合同的补充协议，约定J公司每月将减少向沙某发放现金工资，但承诺给付其一定数量的公司股票；给付股份的方式，以大股东出具的《股份赠送证明书》为准；J公司应当制作、备置《股东名册》，将沙某的股权实际信息登记入名册中，并出具股权转移证明书给沙某；如大股东未能出具《股份赠送证明书》，沙某有权要求J公司支付现金补偿。合同期内，J公司董事会免除沙某职务后沙某离开公司。嗣后，沙某收到J公司发出的《员工持股确认函》，载明其获得的赠与股份为569股、公司股票奖金和股票工资的股份数额为 1041 股，每股股价为 0.82 美元。沙某遂申请仲裁并起诉，要求 J 公司按《确认函》计算标准支付工资、奖金差额。

问题：第一，类似本案的股权收益属于股东权益还是劳动报酬？由此引发的争议的业务管辖归属？第二，董事会解除沙某的职务是否等同于解除劳动关系？就高管的劳动关系解除，公司法与劳动法的适用协调关系？

争议：关于第一个问题，有观点认为，本案所涉争议系股东权益，应由商事审判庭审理；另有观点认为，本案所涉争议实质上是劳动报酬，应由劳动争议审判庭审理。关于第二个问题，有观点认为，根据《公司法》第 47 条、第 109 条的规定，董事会对总经理、副总经理、财务负责人等高管的聘用与解聘有自主权，基于高管职务的特殊性，董事会解聘即等同于劳动关系解除；另有观点认为，劳动关系解除应严格适用劳动合同法之规定，董事会解聘职务不等同于劳动关系解除。

我现在来谈谈自己的看法。关于第一个问题，类似股权收益的案件由商事审判庭还是劳动争议审判庭审理？就本案而言，如果沙某要求确认股东权益，那么相关纠纷应由商事审判庭审理。司法实践中，劳动争议一般指劳动者和用人单位履行劳动合同时发生的争议，本案当事人间的股权收益纠纷是否属于劳动争议呢？劳动法司法解释二规定，因劳动报酬发生的争议，属于劳动争议受案范围。本案沙某主张支付工资奖金，故可以归为劳动争议。关于第二个问题，涉案公司董事会解除沙某的职务是否意味着同时解除了劳动关系？根据公司法规定，董事会有权解除沙某职务。但解职是否意味着解聘，要根据个案的不同情形分析，尤其要看沙某任总经理期间是否还担任过其他的职位；如果沙某还担任过其他职务的，即便公司解除了其高管的职务，也不意味着劳动合同的终止。

一中院姚蔚薇：本案系劳动争议与商事争议相交叉的案件，从诉讼程序上看，应由先立案的审判庭审理。就此案件的处理，我非常同意蔡法官的观点，即如果当事人的诉请是确认其对公司享有的股份，则应由商事审判庭来审理。但本案沙某要求确认其公司股东身份的诉请与传统商事案件的诉请不同，表现在：第一，沙某权利的取得来源和传统商事案件不同。在一般商事案件中，股东主要通过原始取得或继受取得而获得公司股权的，但本案中沙某获得的是一种"干股"。第二，本案当事人签约转让方和公司法规定的不一样。本案中，沙某股权的签约转让方是公司本身，且因为沙某获得股权的方式与公司法规定并不相同，一般来说，商事庭是不会确认其股东资格的。关于本案所涉经济利益的赔偿问题，若双方没有约定的，可以由劳动争议庭审理。今后碰到类似案件，或可以跨庭组成合议庭，以便审判人员能从各自专业考察案件。

市仲裁委曹建明：第一，本案中，单位应向劳动者支付的薪酬并没有减少，将部分薪酬用以购买公司股份系当事人双方的真实意思表示，故我们认为这个案件不是劳动争议。第二，根据公司法，高管是由董事会聘任的，我们认为董事会解除其职位就意味着公司将解除与其的劳动关系，不应存在总经理被解职后还因存在劳动关系而保留相关待遇的情况。

市人保局戴建平：由于我国法律没有确定雇主的范围，所以在实践中还存在着高管与公司之间会形成劳动关系的情况，但我觉得这个问题可以从公司法的角度来认定。

长宁法院娄嬿：关于第一个问题，劳动报酬是劳动者付出劳动后获得的对价，劳动者并不承担企业经营风险，而股东却要承担经营风险。本案中，公司和沙某约定减少工资现金发放，并给予沙某部分公司股份。我个人认为，相关股份不能被视为劳动报酬。关于第二个问题，公司解除沙某职务只是对其职务的调整，要解除劳动关系的话，当事人间必须要有明确的意思表示；否则，解除职务不能被视同为解除劳动关系。

一中金绍奇：通常情况下，劳动者认为解除职务就意味着解除了劳动关系，当然，我们有必要进一步探讨其中是否涉及违法解除劳动关系的问题。根据我国公司法规定，董事会可以任意解除高管职务，但解除以后是否意味着解除劳动关系，还需探讨。

一中孙少君：关于第一个问题，我认为涉案公司给予劳动者股份，是用人单位的一种激励方式，并非股权的真正转移，从本案的表象看，本案应由劳动审判庭审理。关于第二个问题，从目前劳动合同法注重平衡保护劳动者和用人单位的利益的角度考虑，董事会解除沙某的职务可以认为是解除了劳动关系。

点评总结

一中院王剑平：在今天的活动中，我们对3个案例进行了热烈的讨论，现在欢迎高院赵明华审判长对今天探讨的问题作点评。

高院张明华：一中院的"法官沙龙"是一个具有很高品牌效应的活动。今天的沙龙选择就劳务派遣、竞业限制、股权激励纠纷与高管解聘的问题进行了讨论，讨论十分透彻，效果很好。今天讨论的 3 个问题体现了一个共同的特点，即都是劳动争议边缘的问题。

在第一个案例中，虽然在劳务派遣关系和人事代理关系中都存在代缴社保费的情况，但从法理上看两者存在本质差别。劳务派遣关系就是一种劳动关系，派遣公司与劳动者之间的权利义务也应按照劳动合同法来调整。在劳动派遣关系中，实际用人单位应当承担连带责任，而在人事代理当中，实际用人单位应承担用工责任。

在第二个案例中，法院应当综合考量竞业限制、商业秘密、不正当竞争这三个方面的因素。首先，关于哪些人员属于竞业限制范围，应根据企业不同情况来设定。其次，当事人通过内幕交易获得的信息，只要没有正当信息来源和理由的，就可以认定为侵犯企业商业秘密。一中院对这个案件的处理有一定突破，对保护知识产权和商业秘密是有利的。

在第三个案例中，本案应主要按照双方意思表示来认定股权。同时，我国对管理者、劳动报酬的定义还有欠缺，因为劳动合同法并未排除总经理的劳动者身份，故有可能造成股东身份和劳动者身份竞合。在本案中，法院需要查明相关事实，并综合考虑相关因素后才能作出判断。

一中院王剑平：最后请周院长对今天的法官沙龙做小结。

一中院周赞华：感谢各位参加今天的活动，对于今天的沙龙，我谈三点意见。第一，要注重提升调处纠纷的司法能力。本次沙龙活动研讨了劳动审判实践中的热点、难点问题，要以本次活动为契机，不断总结审判经验、梳理裁判方法、增进同类案件的适法共识。第二，要注重形成统筹兼顾的办案机制。今天探讨的案件中，有的既涉及劳动争议也涉及商事争议，今后在办理此类案件过程中，不同业务庭的法官可以共同分析、一起研讨，以期更加缜密地认定案件情况，更加全面地适用法律规定，更加妥善地保护各方当事人利益。第三，要注重学习行业管理部门的经验做法。我市人保局、仲裁委等单位在长期的工作中，处理了大量的典型争议案件，积累了广泛的纠纷处理经验。今后，人民法院要进一步加强与行业管理部门的研讨交流，从外部借力借脑，不断提升审判质量。

一中院郭文龙：今天的沙龙活动到此结束，谢谢大家的参与。

减刑假释案件公示制度交流推进会综述

章立萍 *

2012 年 6 月 11 日下午，我院组织召开了一中院辖区监狱减刑假释案件公示制度交流推进会，会议主题为：构建审前公示制度、推进减刑假释工作。市监狱管理局副局长刘金宝、市检察院监所处处长方全、市社区矫正工作办公室副主任梅义征、市高院审监庭副庭长包晔弘、市监狱管理局刑罚执行处处长杨军民出席会议。一中院辖区白茅岭、青浦、南汇、周浦、北新泾、女子、总医院、未管所八家监狱分管监狱长与刑罚执行科科长，我院副院长宋学东，审委会专职委员、审监庭庭长王犁，少年庭庭长秦明华，审监庭审判长以上人员及减刑假释合议庭成员参加了会议。

今年 2 月 22 日，最高人民法院颁布了《关于办理减刑、假释案件具体应用法律若干问题的规定》（以下简称《减刑假释规定》），该规定将于 7 月 1 日起正式实施。《减刑假释规定》第 25 条规定："人民法院审理减刑、假释案件，应当一律予以公示。公示地点为罪犯服刑场所的公共区域。有条件的地方，应面向社会公示，接受社会监督。"我院召开此次会议的目的就是为了贯彻落实《减刑假释规定》，建立健全减刑假释罪犯公示制度，深入推进开庭审理工作。会上，审监庭法官代表与辖区各监狱代表进行了充分的交流发言，王犁庭长对一中院减刑、假释工作的基本情况和存在的问题进行了总结，并对下一步减刑、假释工作的工作重点进行了展望。出席会议的领导对我院在减刑假释工作中的成绩给予充分肯定，并对下一步减刑假释公示制度的推行工作提出了许多切实可行的建议和要求。现将此次会议中总结出的经验做法和下一步的工作要求综述如下：

---

* 上海市第一中级人民法院审判监督庭审判长。

一　明确目标，积极推行公示工作

完善减刑假释案件审理制度，是贯彻最高人民法院宽严相济刑事政策，落实"三五改革纲要"精神，推行阳光司法的必然要求。此次最高人民法院颁布的《减刑假释规定》为进一步规范减刑假释案件的审理提供了强有力的法律保障。为全面贯彻《减刑假释规定》，我院宋学东副院长要求我庭："讲学习多总结，全面掌握办理减刑假释案件的司法解释规定。"即：严格按照《刑法》、《刑事诉讼法》和最高人民法院《减刑假释规定》的有关规定，坚持以事实为依据、以法律为准绳的原则，积极认真审理好每一件减刑、假释案件，确保办案质量。落实减刑假释案件审理一律公示和六类减刑假释案件必须开庭审理的要求；贯彻宽严相济的刑事政策，严格重大刑事犯罪的减刑假释条件；准确掌握减刑假释标准，推动假释案件审理全面对接社区矫正；明确财产刑执行与附带民事赔偿义务履行情况系考量罪犯是否"确有悔改表现"的条件之一，维护刑罚执行制度的严肃性。审监庭王犁庭长在会上提出，要以贯彻落实最高人民法院《减刑假释规定》为契机，重点抓好三方面的工作：第一，加强领导，健全提请名单公示制度；第二，加强协调，规范财产刑的执行机制；第三，加强监督，推进开庭审理深入发展。

二　积极探索，建立健全公示制度

为贯彻落实司法解释，使下阶段减刑、假释案件的审理工作能顺利对接《减刑假释规定》的公示要求，在我院党组和分管院长的领导及市高院审监庭的指导下，在市监狱局和辖区监狱、驻监检察室的大力支持下，我庭对减刑、假释案件公示制度进行了有益探索，以期更好地建立、健全该项制度。卑其荣法官作为减刑、假释合议庭的审判长介绍了全面建立审前公示制度的系列方案：①公示的范围。依据《减刑假释规定》第25条的规定，公示范围可分两步走：第一步全面建立监狱内公示制度。对于符合减刑、假释案件法定条件的，将罪犯情况在监狱内进行公示，接受狱内其他服刑人员的监督；第二步试点推进典型案件面向社会公示制度。在监狱内公示制度运行成熟的基础上，才考虑推出第二步措施。②公示的时间。《减刑假释规定》对公示张贴的时间并无具体的规定，审判实践中有两种意见：一种意见认为，应当在案件经过实体审理，并在合议庭评议后作出裁定前进行公示；另一种意见认为，中级人民法院审理减刑假释案件实行的是合议庭负责制，合议庭评议后对罪犯作出的减刑假释决定属于审判秘密，因此，在案件受理后，对案件进行初步的形式审查，确定执行机关报送的材料齐全后，即可进行公示。我院更倾向于后一种意见。此外，卑其荣法官还就公示的内容、公示的形式、公示张贴区域的设置以及监狱书面反馈异议情况的要求等方面，详细阐述了审监庭关于贯彻《减刑假释规定》"公示"要求的具体做法。高院审监庭包晔弘副庭长听取上述意见后指出，针对公示的具体要求，高院正在酝酿出台规范性意见，目前处于征求意见阶段，对于一中院提出的实施方案与各监狱提出的建议，高院将作进一步的研究，以便早日出台正式意见。

三　多方配合，共同推动公示制度

减刑、假释案件由监狱提出减刑、假释建议，检察机关作审查并提出检察意见后启动，法院审理减刑、假释案件过程中的公示地点为罪犯服刑场所的公共区域，因此，案件的审理需要检察机关、刑罚执行机关的多方配合。宋学东副院长要求审监庭在实地走访辖区各监狱、认真听取监狱意见的基础上，梳理需要监狱支持与配合的具体事项，并一一予以落实。市监狱管理局刘金宝副局长表示，法院有需要监狱配合的问题可以与监狱协调，对于公示中的一些具体问题要进一步予以完善。市检察院监所处方全处长对我院的减刑假释工作予以了积极的评价。他认为，公示是为了让罪犯接受教育，同时也是罪犯的一项权利，一中院采用表格的形式制作公示很好，检察机关将与法院配合把这项工作做好。我院辖区各监狱、市社区矫正办公室等负责人纷纷表示最高人民法院的司法解释有助于提高减刑假释的公正性与公信力，各部门积极配合协调才能更好地贯彻执行司法解释。各部门对我院就公示制度拟定的各项具体落实措施原则上均表示赞同，同时部分监狱就我院提出的公示时间、公示期限、公示张贴区域等具体问题，提出了一些有益的意见与建议：

（1）关于公示的范围。因现阶段先在监狱内部进行公示，各监狱将积极予以配合。同时，市社区矫正工作办公室梅义征副主任表示，尽管现阶段尚未推行面向社会的公示措施，但如果今后需要试点面向社会作公示，可选择到社区进行公示。

（2）关于公示的时间。南汇监狱江峰副监狱长、白茅岭监狱丁俊龙副监狱长等均倾向于我庭提出的后一种意见，认为公示的时间应放在案件实体审理前更好，这有利于案件审理的顺利开展。

（3）关于公示区域的设置。多数监狱分管监狱长认为，从监狱目前的体制来说，基于罪犯服刑区域相对固定，每个楼层都设置意见信箱会比较恰当。监狱总医院齐安定副院长提出，总医院对服刑罪犯教育改造主要采取护理病犯的方式，病犯流动性比较强，总医院是否可以结合自身特殊情况另行采用更适当的意见信箱设置方式。

四　开拓进取，早日完善公示制度

此次召开的减刑、假释工作会议，一方面总结了前一阶段我院审理减刑、假释案件的成功经验以及实践中发现的问题，另一方面将以公示制度为新起点继续推进减刑、假释案件的审理。对于我院审监庭近年来在减刑、假释案件审理方面所取得的突破，王犁庭长介绍说，2011年审监庭以开庭审理方式审结减刑假释案件101件，这些案件呈现出四个基本特征：第一，开庭范围力求全面性。突破了开庭审理仅限减刑案件的局限，进一步拓宽了假释的开庭面。第二，开庭对象选取典型性。将罪犯中的累犯、惯犯作为审查的重点，并严格审核多次减刑的罪犯。第三，工作机制注重协调性。积极引入假释罪犯所属社区矫正组织参与案件的开庭审理，以确保假释案件裁决100％无缝对接社区矫正。第四，裁判结论考量综合性。审监庭注重结合罪犯入狱前的表现、财产刑履行状况等综合评断其是否确有认罪悔改表现，对累犯、缓刑期间再犯及刑罚执行中发现漏罪的罪犯从严掌握减刑幅度。对于下一阶段的工作，王犁庭长强调要按照《减刑假释规定》的要求，进一步拓宽开庭范围，强化庭审监督功能，尤其要关注"公示期间收到投诉意见"的案件，以更好地实现减刑假释案件审理的公开、公平与公正。

我院宋学东副院长就贯彻落实《减刑假释规定》提出几点具体要求：依据循序渐进、有序可控的原则建立减刑、假释案件审理公示制度，先建立减刑、假释案件审理的监狱内公示制度，在时机成熟时再推出面向社会的公示制度；进一步完善现有的减刑假释案件审理规程，使之更加符合透明、公开、规范的要求；积极探索各种开庭审理模式，在条件具备时引入远程审判和庭审的网络直播；注重审判经验的总结与积累，适时制定减刑假释案件开庭程序操作规范。此外，对于减刑、假释案件在发挥审判职能、参与社会管理方面的作用，宋院长提出，要从维护我国刑罚执行制度严肃性和维护法院裁判公信力的高度，认识财产刑执行和民事赔偿义务履行的意义，积极推动建立符合法律规定且具有操作便利性的财产刑执行工作机制；探索法院对服刑人员法制宣传的新途径，适时开设法官讲坛，安排法官定期到监狱进行法律巡讲，将法官讲法与法院廉政教育结合起来；健全假释罪犯回访机制，建立书面和当面回访工作制度，确保假释人员刑罚执行效果；进一步完善法院与检察机关、刑罚执行机关和社区矫正组织的信息资源共享机制，各部门共同努力推动社会管理工作取得新的成效。

根据本次会议的交流情况及领导提出的工作要求，我院审监庭进一步明确了接下来的工作目标：①按照《减刑假释规定》拓宽开庭审理的范围；②提升庭审对促进罪犯积极改造的示范作用；③法院、监狱局沟通协调，适时引入远程审判。

《审判前沿观察》稿件技术规范

为遵守学术规范，统一《审判前沿观察》文章体例，特制定本技术规范。

一、基本要求

1. 来稿应在 5000 字以上，除本刊特约稿件外，请勿超过 10 000 字。

2. 来稿请用 A4 纸打印，稿件正文应为宋体字（小 4 号，行间距 1.5 倍），并请将电子版发至本刊电子信箱：spqygc@hotmail. com。

3. 来稿篇名请勿超过 16 个汉字，必要时可以加副标题。

4. 在来稿文章标题下署作者姓名，多个作者之间用空格隔开，并以脚注说明作者基本情况，如姓名、单位及职务、职称等。

5. 稿件正文前请附不超过 150 字的内容摘要以及 3 至 5 个关键词。摘要应简要体现文章的主要观点，关键词应直接从文章中抽取。

6. 引用他人著作或观点必须遵守学术规范，注明出处。

7. 来稿应为未曾公开发表的作品。

8. 正文后请附作者的联系方法，包括详细地址、邮政编码、电话号码、电子信箱等。

二、注释体例

1. 《审判前沿观察》文章注释采用脚注，每页单独编码，注码号为①、②、③等。

2. 注释中重复引用文献、资料时，应描述完整，不用"同上注"、"前引……"等表示。引用自己的作品时，请直接标明作者姓名，不要使用"拙文"

等自谦词。

3. 非引用原文者，注释前加"参见"等词；引用资料非来自原始出处者，请注明"转引自"。

4. 作者（包括编者、译者、机构作者等）为三人以上时，可仅列出第一人，使用"等"予以省略。

5. 注释举例。

（1）著作。应依次注明作者姓名或名称、著作名称、出版社以及出版年代、具体引征页码，如：

① 周鲠生：《国际法》（上册），商务印书馆1976年版，第156页。

（2）译作。应依次注明作者国别、作者姓名或名称、著作名称、译者姓名或名称、出版社以及出版年代、具体引征页码，如：

① ［意］加洛法罗：《犯罪学》，耿伟等译，中国大百科全书出版社1996年版，第139页。

（3）报刊。应依次注明作者姓名或名称、文章名称、报刊名称及期号、具体引征页码，如：

① 沈岿：《行政诉讼举证责任个性化研究之初步》，载《中外法学》2000年第4期，第456页。

② 周薪宁：《恶意欠薪罪举证责任和数额标准的理解》，载《检察日报》2011年4月8日第3版。

（4）网上文献资料。应依次注明作者名，文献名，网站名，网址及访问日期。如王胜俊：《最高人民法院工作报告》，载新华网，http://news.xinhuanet.com/politics/20121h/2012-03/19/c111672109.htm，2012年6月1日访问。

（5）裁判文书。应依次注明法院名称、案号，如：

① 上海市第一中级人民法院（2007）沪一中民一（民）初字第1号民事判决书。

（6）外文作品的引征依该文种的学术引征惯例。

《审判前沿观察》稿约

　　《审判前沿观察》是由上海市第一中级人民法院主办的应用法学领域的连续出版物，本刊立足于司法实践，通过对审判工作中的热点、重点和难点问题进行研究，以期总结审判经验，推动司法实务的进步；本刊亦关注法学前沿动态，吸取来自于法学界的先进成果，构建法学界与司法界交流的平台。本刊主要栏目包括主题笔谈、审判前沿、专题研究、调查分析、改革探索、审判论坛、专家讲坛、研讨综述、判案评析、裁判精选等，欢迎广大法学界和司法界同仁惠赐佳作。

　　来稿请遵照《审判前沿观察》稿件技术规范。

　　来稿请注明作者姓名、单位及具体联系方式（电话、电子信箱、邮编等）。

　　由于编辑部人力有限，来稿一律不退，请作者自留底稿。自收稿之日起3个月之内未接到用稿通知的，作者可将稿件另作他用。本书拒绝一稿两投或多投。本书对决定采用的稿件有权在尊重原作基本观点的前提下作适当修改或删节。作者如不同意修改，请在来稿中注明。来稿一经采用，即寄付稿酬及样刊。

　　本书辑录的所有文章，任何转载、摘录、翻译或结集出版事宜，均须得到本书编辑部及上海交通大学出版社的书面许可。

　　来稿请寄：上海市虹桥路1200号　上海市第一中级人民法院研究室《审判前沿观察》编辑部

　　邮　　编：200336

　　电子信箱：spqygc@hotmail.com